贺龙在西南

HELONG ZAI XINAN

樊家勤 著

人民出版社

责任编辑:孙兴民　林芝玉

装帧设计:徐　晖

责任校对:张　彦

图书在版编目(CIP)数据

贺龙在西南/樊家勤 著. —北京:人民出版社,2016.10
ISBN 978－7－01－016842－5

Ⅰ.①贺…　Ⅱ.①樊…　Ⅲ.①贺龙(1896—1969)-生平事迹
Ⅳ.①K825.2

中国版本图书馆 CIP 数据核字(2016)第 245137 号

贺龙在西南

HELONG ZAI XINAN

樊家勤　著

人民出版社 出版发行
(100706　北京市东城区隆福寺街 99 号)

保定市北方胶印有限公司印刷　新华书店经销

2016 年 10 月第 1 版　2016 年 10 月北京第 1 次印刷
开本:787 毫米×1092 毫米 1/16　印张:18.25
字数:262 千字

ISBN 978－7－01－016842－5　定价:38.00 元

邮购地址 100706　北京市东城区隆福寺街 99 号
人民东方图书销售中心　电话 (010)65250042　65289539

目 / CONTENTS
录

第一章　进龙潭

1 重要机密

1921年，四川境内形势十分紧张，内战极其严重。孙中山当选为非常大总统后准备北伐，召见原川军将领石青阳，令石青阳从桂林火速入川。

石青阳是重庆巴县人，他回川援助熊克武打军阀。他来到酉阳、秀山、黔江、彭水（简称"酉、秀、黔、彭"）等地活动，召集他的旧部和军事人才，但却遇到了很多麻烦。

一天下午，石青阳向酉阳县龙潭镇的万寿宫走去。

万寿宫在龙潭镇较僻静的地方。里面有一间小屋子，屋子内桌子旁的长板凳上坐着一个二十五六岁的年轻人。他上穿一件土布单衣，脚踩一双旧草鞋，俊秀的脸庞上留着一排黑黑的短胡子，整个人显得仪表堂堂、豁达开朗，但又表现得深谋远虑、不同凡响。他左手拿着一个两寸多长的大头烟杆，右手往烟斗里装着黄色的烟丝，问身边的参军刘金久："金久兄，我贺龙的部队这次随石青阳来到龙潭，有没有诈？石青阳会不会整我的部队？"

与贺龙同龄的刘金久中等身材、身体稍胖。他在农村结了婚，有了一个孩子后，就出来打仗了。他听到贺龙这么一说，便发表了自己的意见："石青阳以前曾反对过熊克武，现在又要来援助熊

贺龙在西南

克武，是真是假，还很难说。熊克武是倾向孙中山的，你也拥护孙中山。万一石青阳打熊克武，那我们的部队就要遭殃。不管怎样，凡事都要多长个心眼才好些。"

"说得对，我的部队跟他石青阳来龙潭可以，但到龙潭后我还要摸摸他的脉，看他肚子里究竟装的什么货，然后我才好行事。"

贺龙的部队是怎么来到龙潭的呢？原来，石青阳从桂林出发，经长沙来到湘西。在湘西，他听说贺龙年轻有为，敢同恶势力抗衡，便找到贺龙说明自己是奉孙中山之命来召集人才打击军阀的。贺龙不完全相信，但经过慎重考虑，决定跟着石青阳，把部队带出湘西，然后再观察石青阳的言行。

贺龙和刘金久正在交谈时，警卫员跑来向贺龙报告说石青阳来了。

贺龙有些诧异，自从他的部队在万寿宫住下后，石青阳从未来过，今天怎么突然来了。不管怎样，既然来了，就应该接待，不过要做好防备。

贺龙站起来，做好了布防，和刘金久迎了出去，把石青阳接到小屋里。

他们坐下后，说了几句开场白。石青阳神情饱满地着向贺龙："明天上午8点钟，我要开一个重要的会议，请你参加。"

贺龙深吸了一口烟，把烟杆握在手里，缓缓吐出烟雾。等那烟雾弥漫过他的头顶后才开始说话："会议的内容是什么？"

石青阳认为这是军事秘密，此时不能讲出来，便说："到时候你就知道了。"

贺龙觉得石青阳不说，这里面一定有文章，说不定还有鬼。可即便有鬼也不怕，贺龙便提出了第二个问题："地点定在哪里？"

"就在龙潭镇的汪家庭院。不远，从你这里出发，不到一袋烟的工夫就到了。"

贺龙不知道是什么重要的会议，也不知道石青阳打的什么主意。他沉默了一会，果断地站起来："行，我明天来参加！"

石青阳见贺龙答应后，就告辞了。等石青阳一走，贺龙就给刘金久交代了明天如何去参加这次会议……

第二天，贺龙吃过早饭，把他那支"自来得"手枪拿出来装满子弹，别在腰上，和刘金久带着十几个背着"汉阳造"枪的士兵，向汪家庭院走去。

来到庭院门口，贺龙想把士兵带进去，但门岗只准贺龙一人进去。贺龙转头看着刘金久："你们就不进去吧！"贺龙说话时向刘金久使了一个眼色，意思是要刘金久按昨天交代的事情办。刘金久很领会贺龙的眼色，带着士兵们在庭院外面等着，如果庭院里出现了枪声，就马上冲进去。

汪家庭院是木结构的房子，庭院中间有一棵楠木，枝叶繁茂，郁郁葱葱，仿佛给庭院带来一种神秘的色彩。

贺龙进了庭院门，经过楠木，上了几步梯坎，进了右边的一间屋子。

这间屋子有20多平方米，进门右边的墙壁中间有一张八仙桌。石青阳正坐在桌子旁。桌子前面有一些长板凳，上面已经坐了一些人。贺龙进屋后，发现门口左边不远处顺着墙壁有一条板凳是空着的，便去坐了下来。

石青阳把桌子上的瓦茶壶提起来向碗里倒了一碗茶水，见人都到齐了，便说："我们开会吧。在开会之前，我先来介绍一下。"他指着第一排靠门口边的第一个："这位是我的助手汤子模师长……"

汤子模站起来，面向众人笑了笑，坐了下去。贺龙看着汤子模，瘦高瘦高的，显得有点亲近。

石青阳把第一排介绍完后又介绍第二排第一个："这位是黔军旅长周绪成……"

周绪成站起来，面向众人点了点头，坐了下去。贺龙看向周绪成，圆圆的脸庞被黑乎乎的络腮胡遮挡了很多，那样子有些生硬、古怪，好像心不在焉的样子。

石青阳还介绍了熊克武的代表，最后他把目光投向贺龙，并用左手指了一下："这位是我请来的一条龙，很有威力。他曾拿着菜刀带领乡邻好友闹革命，影响不小。他就是贺龙。"贺龙站起来向在座的敬了个礼后又坐了下去。

　　经石青阳这么一说，屋子里的目光都向贺龙投来。汤子模看着贺龙，微笑着。周绪成看着贺龙，脸上的肌肉抽了一下，不知是什么意思。

　　贺龙直了直身："我贺龙没有什么本领，才疏学浅、能力有限，在座的将军都有很多值得我学习的地方。如我有什么不对之处，还望众将指教指教。"

　　石青阳微笑了一下，觉得贺龙太谦虚了。他开始讲话了："我现在给大家念个东西，希望仔细听听，看是谁的意思。"

　　石青阳在桌子上拿起一份材料，端起茶碗喝了一口后就念了起来："民国政府成立，已有11年了，内治不修，民生困苦……"

　　此时，贺龙对石青阳仍有疑心，他当然想听下去，以便了解真情。

　　"国贼窃权，使人民处于水深火热之中，使国家局势极不稳定，随时都有覆灭的危险。全国志士，引为深忧……"

　　听到这里，贺龙好像悟出一点意思，但还不是很清楚。这样的文字，这样的口气，是谁说的呢？石青阳这样念出来的目的究竟是什么？想要搞清楚，他又继续听着。听完后，他基本上知道是谁的了。他暗暗背着这些话：

　　"本大元帅上体国势，下察民情，非扫除元凶，不足于清障碍，非发扬民治，不足于应潮流……负国民之重托，誓达统一之目的，期望国家基业巩固，期望百官人民，共体此意，团结一致……"

　　石青阳念完后，把材料放回桌子上目视着大家："这是孙中山的紧急通告，原文我没有，我是凭记忆把大意记下来的。"

　　石青阳的脸色有些严肃，他也不太清楚在座的心中此时是怎么想的。但他还是继续道："孙中山主张维护民主政治，发展实业，保护平民，维护国际平等地位。但要实现这些谈何容易？各派军阀势力争相割据地盘，人民群众陷入痛苦的深渊。"

　　说到这里，石青阳把眼睛向屋内看了看。他还特地看了一下坐在凳子上认真听的贺龙。贺龙此时也发现石青阳在看自己，猜着石青阳要干什么?！也想到外面带着真枪实弹的弟兄们……

石青阳喝了一口茶又道："孙中山要我联络友军，组建部队，精诚团结，共赴国难。坦白地说，我过去曾打过熊克武，挨了孙大元帅的批评。过去的摩擦，我不记恨，要以国事为重，打军阀。希望你们也和我一样，怎么样？"

顿时，屋子里显得很清静。

汤子模首先打破了屋子的沉默："孙中山发出了紧急通告，国家处于危难之中，我应该为国家出一点力，打军阀。"

贺龙本来是带着几分防备来参加这个会议的，但当他听完了石青阳的讲话后，戒心有所减少。他等汤子模发了言，也谈出了自己的心里话："北洋军阀，破坏国家，残害人民，是国家的败类，人民的死敌。地方上的军阀也是一样。不把他们打垮，国家不得安宁，人民不得安居。我坚决拥护孙大元帅的通告，和在座的将军们一道，奔赴前线，英勇讨贼，不达目的，誓不罢休，就是赴汤蹈火，粉身碎骨，也在所不惜。"

贺龙的发言引来了许多赞许的目光，也把会议的气氛搞活了。众将个个情绪高涨，决心大增。人人磨刀霍霍，杀敌心切。

只有周绪成的态度很冷淡。他看到整个屋子里没有一个女人，显得有些单调他最后有气无力地发言："既然是孙中山喊打，我还有什么话说呢。"

石青阳等大家发了言，也来劲了。他立即站起来，左手握着拳头往上一抬："对，我们一定要打倒北洋军阀……我现在要委任贺龙为警备旅长，担负长江上游的防务。据我所掌握的情况，杨森、袁祖铭就在长江上游活动，大家回去做好准备。什么时候出战，我到时会通知你们的。现在散会。"

贺龙走出了汪家庭院，见他的士兵还在门外，便和他们往万寿宫方向走去。在路上，刘金久问贺龙："会上没有险情吧？"

"是。石青阳这次是奉孙大元帅的命令回来打军阀的。老实说，如果不是孙大元帅的意思，我就不愿干了。"贺龙道。

"打军阀打不打得赢，还很难得说清楚。"

贺龙参加了石青阳组织召开的会议回到万寿宫后，感到很快就要打仗了，心想："汤子模、周绪成和我的部队都属于石青阳领导，那两支部队的情况如何我还不很清楚，但不管怎样，我自己的部队要严格要求。"

于是，贺龙趁还没有出兵的时候狠抓练兵。这个时候，他还不知道有件事情会使他十分伤心。

2 秘密信

在万寿宫那不太宽敞的坝子里，士兵们正在做劈刺训练。刘金久正在执教。

贺龙很关心战士们的操练，便来到坝子里观看。他看得很认真，看到一个大个子士兵的动作特别出色，感到很高兴，想和大个子比一比，便把衣服脱了，交给刘金久，赤膊上阵。他和大个子士兵各执一木枪，护具也没有，拉开架势，互相对刺。刺了几个回合，大个子士兵让了贺龙一手。

这动作被贺龙看出来了，他停了下来："你是在让我，这样不好。平时要当战时练，只有这样，打起仗来才不会吃亏。敌人是不会让你的。来来来，硬碰硬地刺。"

大个子士兵听了后，表情显得认真起来。他见贺龙旅长拿起了"武器"，便马上握着"军械"，成弓步状。双方刺得很认真，脚步一会儿前进，一会儿后退。"枪支"时而碰撞，时而分开。双方的双手时而伸出，时而收回。身子时而前倾，时而后仰。

一场杀完，贺龙已是满头大汗。他把木枪递给一个战士，到刘金久那里去拿过衣服，伸出大拇指对大个子士兵气喘吁吁道："好，有本事！我并不认为你是我的堂弟才这样说。"

9

大个子叫贺锦斋，英武粗犷，机智勇敢。

贺龙看着刘金久："把贺锦斋提起来当排长。"他说后又侃侃而谈："我的兵是能够打仗的。都是些农民嘛。受苦的人无牵无挂，不怕死。但吃亏的就是训练不够。要爱兵，最要紧的是要练兵，平时苦一点，打起仗来才有真本事，伤亡就会少一些。练兵，既要死，也要活。死，就是说一不二，要求三分钟集合好，多半分钟也不行；活，就是不要把士兵练成个木头人，牵一下，动一下。反正既要一丝不苟，又要注意培养官兵机动灵活的思想作风。"

贺龙说到这里看了看周围，又沉着稳重地："莫看训练立正、稍息、列队，训练步伐这一套，打仗的时候用不到。其实，这些训练培养了军人的精神：服从命令、听从指挥，遵守纪律、动作一致，吃苦耐劳、勇敢顽强。一个军人，就是要有精神，没有精神的人我是不要的。做人要老实，但打仗就要'鬼'一点。"

刘金久觉得贺龙说得很透彻："是呀！不然孙大元帅要我们讨贼怎么能打赢呢？"

说到孙中山，贺龙的话匣子又打开了："我最佩服的人是孙中山，我很想见他。别人说他是孙大炮，我看说得对。中国就是需要他这样的"大炮"。清政府怕他，北洋军阀怕他，就因为这门大炮有威力。他把全中国同胞鼓吹起来，这个威力还得了嘛！"

贺龙和刘金久一边看士兵操练，一边交谈着。贺龙谈话的兴致仍很高："你听说过俄国革命没有？"刘金久："几年前听说过，但具体情况不清楚。"

贺龙："我也不太清楚。听说沙皇、贵族、地主、资本家统统被打倒了，由工农兵当家，搞共产。我很想知道这个'产'怎么'共'法？它和孙中山的'平均地权'有什么不同？我知道中国也有了共产党。"

刘金久认为贺龙非常留意政治，在荆棘丛中探索革命的道路。贺龙很钦佩孙中山，但孙中山目前处境艰难了。刘金久不想跟他说，但这样对他更不利："贺旅长，有一件事情我讲出来你不要难过？"

贺龙对刘金久说出这样的话感到吃惊，但他很快镇静下来："什么大事发生了？"他见对方犹豫，有些着急了，便重复了一遍前面的话。对方还是不敢说，贺龙大声地："你今天怎么了？"

刘金久这才放慢语速，轻声地："广东省省长陈炯明反对孙中山的北伐，与帝国主义和军阀相勾结，公开叛变，炮轰总统府，逼迫孙中山下野。孙中山避难于永丰舰上与叛军对峙 50 多天，最后不得已退避上海。"

贺龙听了大吃一惊，这是他之前根本没有想到的："有这么回事？"刘金久点了点头。

贺龙不说话了。他表情严肃，心里难过，脑海里在不断地翻腾着：孙中山的革命，对目前的中国来说是最有希望的，没想到内部出了叛徒。国家的前途将如何？不行，孙大元帅不能倒，我要表明我的态度……

贺龙想到这里，穿上衣服，向万寿宫的小屋子走去。进了屋后，他找来纸笔墨，在桌子上写了起来：

孙大元帅：

　　惊悉您在广州蒙难。对您和国家的前途，我十分担心。

　　陈炯明背叛革命，谋害大元帅，实属罪不容诛。

　　当前国家纷乱，军阀争霸，群众苦难深重。中国迫切需要您来领导革命。

　　为了革命事业，不管遇到多大困难，我都愿尽微薄之力，坚定不移地拥护您、支持您。誓师讨伐逆贼，平定国难。哪怕是抛头颅、洒热血，我也心甘情愿。

　　近安！

孙龙

贺龙把信写好后，又找来信封，在上面写"孙中山亲启"后，将信件装在里面封好。这时，他突然想到，孙中山会理我这个小人吗？但不管怎样，要把信给孙大元帅看。他走出小屋子，来到刘金久面前："金久，孙大元帅在上海的消息确切吗?"

"没有错。"刘金久不知贺龙问这话的意思是什么,还看到他手上拿了一封信。

"我叫你到上海去一趟。""去干什么?"

贺龙把信递给刘金久:"把这封信亲自交给孙大元帅,一定要亲自交给他。他在危难之中,我要支持他。你明天就走。"

刘金久接过信,明白了贺龙的意思,马上向贺龙敬了一个军礼:"坚决照办!"

刘金久走后,贺龙仍抓紧练兵不松劲。这期间,石青阳为了解军阀的动向,经常来万寿宫和贺龙研究敌情,掌握敌情。

一天,贺龙把石青阳送走,刚刚回到小屋子,刘金久就进来了。

贺龙见刘金久从上海回来,马上高兴起来:"哎呀,终于把你盼回来了。你不知道,你走后我天天都在想,想孙大元帅接见你的情况。来来,坐下慢慢说。"

刘金久坐在桌子边的长板凳的一头,另一头是贺龙坐的。

贺龙看着刘金久迫切地问:"怎么样,信交到没有?"

刘金久一边在身上摸着东西,一边出着粗气:"当然交到了,而且我还和孙中山谈了话的。"贺龙睁着一双惊喜的目光看着刘金久。

刘金久:"当我汇报到你是个只有 26 岁的旅长时,孙中山赞叹道:'我在危难之中,能有这样一位年轻的旅长忠诚自矢,壮志不渝,深为贺龙先生坚定的革命信念所感动。'"

贺龙微笑着摆着头:"过奖了,过奖了。"

刘金久把孙中山的回信摸出来递给贺龙。贺龙接过去并没有马上看,而是想先从刘金久的嘴里知道一些情况:"孙大元帅还说了什么?"

"孙中山还问了杨森、袁祖铭军阀的情况。我说杨森、袁祖铭主要在长江上游的一些城市里活动,军阀混战,严重地损害了人民的生命财产。"

贺龙:"孙大元帅对你说的这些有什么看法?"

"他要求我们摸准敌情,抓住战机,狠狠打击军阀。"

贺龙觉得这很重要，一定要向石青阳报告。他又问刘金久，想尽量知道得多些。

刘金久尽可能地满足他的要求："孙中山还谈了俄国十月革命胜利的情况。他非常注意俄国的事业，特别是苏维埃的组织、军队、教育。他说中国革命党对于俄国革命党艰苦卓绝的奋斗表示敬意，希望中俄两国革命党团结一致，共同奋斗。"

贺龙听到这里，眼睛都睁得大大的："看来孙大元帅也在探索新的路子。"

贺龙把刘金久会见孙中山的情况摸得差不多后，脸上露出了笑容。突然，他想到了孙中山的回信，便迫不及待地把信封撕开拿出信纸看了起来：

贺龙先生：

来信收悉。边界久戍，生活艰苦，时间又长，而壮志不渝、忠诚自矢，此真可为干城之寄，当勉望于无穷者也。

川中久苦内战，近来各将领真心诚意，共企新图，遂有开发实业计划……我驻闽各军实力充裕，稍事休息，即需出讨。驻桂各军，现已下迫梧州，西江震动，我断定叛逆者陈炯明很难逃避。切望做好作战准备，等待时机，共同用武力解决这次大难。

……

贺龙看了一遍，感到很高兴，又看了第二遍，就更加高兴，心想孙大元帅对我寄予这么大的希望，我一定要追随孙大元帅革命到底。贺龙把手往桌子上一拍："好！我相信孙大元帅能平定陈炯明。我们要做好准备，枕戈待命。"

孙中山最终没有要贺龙去讨伐就平息了叛乱。但贺龙后面的路像一座座难越的高山，究竟怎样过，他自己心里都没有底。

贺龙在西南

就在这个时候，石青阳下达了作战令，令贺龙、汤子模、周绪成攻打涪陵县城。

得到这一情况，刘金久看着贺龙问："我们多久出发？"贺龙迅速而明确地回答："时间非常紧迫……"

第二章　攻打军阀

1 占领涪陵

贺龙接受了打涪陵县城的任务后，立即找汤子模和周绪成商量办法。他们两人认为贺龙的部队有几千人，比较多，就叫贺龙打先锋。贺龙认为为老百姓打军阀，多出一点力没有什么。于是，他便派贺锦斋到涪陵县城去侦察，得知县城内驻有杨森的田冠五1个团。田冠五最爱带周化树的连队打仗。

贺龙对涪陵县城很熟悉，小时候赶骡马做生意时经常在城里走。其地形是两面靠江，一面靠山。他认为敌人如果知道我要进攻，据险扼守，我军就很难进去。只有乘敌人不备时一鼓作气、先发制人，才能取得胜利。

决定做出后，贺龙就率领部队从龙潭出发，路经酉阳龚滩，在龚滩坐船沿乌江而下，经过彭水，来到武隆县时，天色已黑。贺龙知道武隆离涪陵不远了，便让士兵们今晚好好睡一觉，凌晨3时出发，争取在明晨7点钟以前赶到涪陵。

夜幕静悄悄，江水缓缓流。贺龙的部队在半夜后借着朦胧的月光，顺江而下。

一路还算顺利，可快到涪陵时，船行得特别慢，漫天的大雾弥漫着乌江，弥漫着涪陵县城。

刘金久看到这种情况着急了:"贺旅长,怎么办?"

贺龙倒显得很兴奋:"天助我也!继续前进!"

船到涪陵城边,贺龙对刘金久说:"我带一团人马到望州关进入县城,其余的人由你带队上岸后直攻县城。"

凌晨的涪陵,在大雾的遮盖中还没有完全苏醒。

突然,城内枪弹齐鸣,喊声、杀声连成一片。

这时,杨森还在床上和女人睡觉。他长着一脸横肉。当他被枪声惊醒后,预感情况不妙,分析是石青阳的军队,便立即命令部队抵抗。他觉得涪陵城里本身有田冠五1个团,外加昨天又进了1个团,两个团的兵力能够打赢石青阳的部队。他虽然这样想,但心里没有底。他快步来到屋外看,近处的房屋被青纱般的大雾弥漫着,稍远一点的地方什么也看不见,白朦朦的。到处是枪声、喊声,时而缓慢,时而激烈。他感到城里到处是石青阳的部队。这怎么得了。他又看到矮胖矮胖的周化树带着士兵退到他的房屋前来了,有的抱着鲜血直流的头,有的跛着脚走路,有的在哀叹……

杨森吼了起来:"妈的,给我顶住。"他见周化树和士兵们离开后才几步走进屋里去。

贺龙带着战士从望州关入城后,左冲右杀,杀得敌人鸡飞狗跳。

讨贼军士气高昂,在城内越战越勇,一直战到雾散日出才占领了整个涪陵城。

杨森见自己的士兵死的死,伤的伤,逃的逃,便带着残兵败将乘船逃跑了。

贺龙攻下涪陵城后,才知道杨森在昨天增加了1个团:"全靠大雾助我士气,不然定要吃大亏。"

刘金久开玩笑道:"你是一条龙,打仗能呼风唤雨嘛!"

"我要是有那样大的本事就好喽。"

"其实我想说的意思是你为老百姓打仗,老百姓拥护你。只要有老百姓的支持,这个仗就好打。"

贺龙的旅部,设在涪陵城的火神庙。庙里有几根板凳,一块大木板搁在凳子上。

　　贺龙在多次的战斗中对群众体察较深，一向治军严格。攻占了涪陵县城后，他立即制定守则、公告，向群众宣传。

　　贺龙认为驻进涪陵城的不光是他的部队，还有汤子模、周绪成的部队。老百姓对这些部队有什么看法，应该做到心中有数，应该出去走一走，看一看。

　　一天，贺龙穿上老百姓的衣服，从火神庙来到街上逛。他走到长江边的码头旁，看到一个衣衫褴褛的人力车夫坐在车上哭。他走了过去："小青年，生意不好，是不是？"

　　车夫一边擦泪，一边说："刚才有一个当兵的坐着我的车沿街走了两圈，下车后扬长而去。我找他要钱，他说没有。我拉着他不准走，他反而给我几拳，说要钱去找周旅长。"

　　贺龙知道周旅长就是周绪成："你光哭也不起作用，去告他吗？"

　　"现在这世道，到哪里去告得准哟？打走了杨森，来了石青阳，我看是换汤不换药，都是整老百姓。"

　　"不一定吧。你多烧几支香，多磕几个头，也许菩萨会显灵的。"

　　"我都要气死了，你还在开玩笑。"

　　"我不是开玩笑，我说的这个菩萨不是泥菩萨，而是真正的活菩萨。"

　　贺龙看出车夫不相信世上有活菩萨："石青阳就是活菩萨，去向他反映吗？"

　　车夫觉得此人不凡："我找都找不到他，你不能给我反映一下吗？"

　　贺龙沉默了会，从身上摸出两块大洋："我碰得到石青阳就给你反映，你把这两块大洋拿去，就作为你拉车的车费。"

　　贺龙离开了车夫，又在大街上走。突然，他看到一个店铺柜台前围了很多人，好像还有士兵，便走过去看热闹。

　　店铺老板在柜台里抓住一个站在柜台外吃得醉醺醺的士兵："你来买我的叶子烟，我给了你，你又觉得叶子烟霉了，其实没有霉，你不给钱，想拿起就走，这是什么军人？"

　　士兵很傲慢："老子坐人力车都不拿钱，对你还是不给钱，你能把我怎么样?"说后,挣脱了老板的手。

"那不行,你们部队有纪律。"老板走出柜台,拉着这个士兵来到店铺侧边的墙前:"你看这墙上贴的是什么?"

士兵看到墙上贴有两张大纸。一张是《军队警备旅巡查守则》,一张是《军队警备旅公告》。他瞟了一下内容,没有仔细看,也不敢仔细看。

守则是这样写的:

1. 着军服士兵乘坐人力车者立即阻之。
2. 酗酒滋事者责罚。
3. 与人民口角者查究之。
4. 服装不整者纠正之。
5. 聚赌者责罚。
6. 占据民众物品者责罚。
7. 擅拉民夫者责罚。
8. 调戏妇女者严惩之。

以上规定,各部官兵如有违犯者,当场处分。

公告写得更具体:

本军奉令入城,为保持安定秩序,四民各安其业,商店照常贸易。对于地方责任,自以全力捍卫,纪律素尚严明,军士亦明大义,如有宵小之徒,或借搜索滋事,准其扭送来部,立即军法惩治。

警备旅长 贺龙

那老板见士兵不看,大声发话了:"这是你们贺龙旅长规定的,你怎么不执行?"

士兵也很得意:"我是周旅长的部下,可以不听贺龙的。"

贺龙见那士兵挣脱老板的手走到柜台前硬要拿着烟走，便走向前去双眼瞪着士兵："买烟就要付钱，这是规矩。"

那士兵认出此人是贺龙，便把烟向老板丢去："老子总有一天要来找你算账。"说后摇头晃脑地走了。

老板得了烟，肚子里的气还没有消。他伸手想去撕那两张大纸。贺龙忙劝阻道："不撕。这上面的内容并没有错。""我知道没有错，但那些士兵就是不这样做。"

围观的群众议论开了：

"其实，贺龙的士兵很好，没有一个干坏事的。"

"所有的兵像贺龙的战士那样就好喽。"

"我们没有见到周旅长贴这样的制度出来。"

"都是石青阳的部队，怎么出现了两种不同的情况哟？"

"这个年代，今天在一起，说不定明天就成了对敌。"

贺龙回到火神庙。他站在庙堂里的木板旁，一直在思考问题：老百姓对军队的不满，这说明军队内部有问题，如果一支部队不讲纪律，任其欺凌老百姓，侵犯群众利益，这和军阀、土匪没有什么区别，怎能谈得上救国救民呢？贺龙决定要把看到的和想到的告诉石青阳。

正在这时，火神庙外面响起了激烈的枪声。贺龙急忙抓起武器向外面跑去。他刚刚跑到门口，贺锦斋就跑了进来。

"报告旅长，我的排在庙外的坝子里被周绪成旅突然袭击，伤亡惨重。"

贺龙快速跑到坝子来，见几个士兵已倒在地上死了，还有几个受了伤。贺龙对没有受伤的士兵大声道："马上把伤员送到医院去。"

贺锦斋向贺龙讲起了起因："我们正在这里练队列，练得起劲时，坝坎边突然冒出来 10 多个周旅长的兵，向我们射击后就跑了。"

"你们和周旅长发生矛盾没有？"贺龙冷静地问。"没有呀！战士们个个忿忿不平，摩拳擦掌，表示要去打回来。"

贺龙："那怎么行呢？我们是有组织的革命队伍。周绪成的部下无理，总有原因。我们要顾全大局。如果发生内战，就会贻误国家大事，不利于打击我们的共同敌人。你马上去叫周旅长到火神庙来一趟。"

贺锦斋走后，贺龙又安排处理后事。刚刚处理完，周绪成就来了。贺龙要周绪成进火神庙里谈，可周绪成不愿意，态度很傲慢。在坝子里，贺龙和周绪成谈得很激烈。

"周旅长，我的部下没有惹你们，你们为什么要开枪打死人？"

周绪成对贺龙有意见是从龙潭开会后开始的。贺龙开了会后在回万寿宫的路上，捉到了两个侮辱妇女的军人，经审问是周绪成的人。贺龙派人把这两个战士带到石青阳那里。从此，周绪成便对贺龙记恨在心。周绪成的士兵拿烟被贺龙阻止，周绪成也认为贺龙欺人太甚。

周绪成说话的语气很特别："今后，我的人做什么事，你不要管就不会再发生类似事件了。"

贺龙一下明白了。但他像没有发生什么事一样，仍用克制的态度："周旅长，爱国爱民，应当是我们部队的宗旨，要想打败我们的共同敌人，部队就要有一个特别的纪律，不然，不但战胜不了敌人，而且也得不到群众的信任和拥护。"

"我是军人，我知道该怎么打仗。士兵有点小犯规又算得了什么？""你这话不对……"

周绪成抢着贺龙的话："不管对不对，今后井水不犯河水，大家的日子都好过，不然的话，别怪我周绪成不客气。"说后转身就走了。

周绪成回去后，立即给石青阳报告，说贺龙打了他的下级。贺龙知道此事，非常气愤，没想到恶人先告状，他马上致函石青阳：

> 此次周绪成无端横暴，龙仍安缄默，以顾本军名誉。请明察，以不至为周所蒙惑，尚求力主公道。

然而，令贺龙失望的是，石青阳并没有把双方请去解决，而是要双方克制。这么严肃的一个问题，就不了了之了。

贺龙叹息："这样下去，以后的仗怎么打哟！"

2 战丰都

一天中午，天气较冷。

丰都县城的名山路冷冷清清。街边的食店很少有顾客吃饭。

一个年约二十六七的男人，右手举着一面招幌，上面写着"算命"二字。他走进了名山路的"聚仙饭庄"。

他坐在饭桌前，向对面柜台前的那个妇女道："老板娘，给我来一份回锅肉，一碗干饭，一碗菜汤。"

饭菜很快端来了。算命先生吃了一会又找老板娘要了一份仙家豆腐乳："你这豆腐乳真好吃。"

"当然好吃，在坛子里陈酿了一年才拿出来卖的。"老板娘回答。

"有没有多的，我买一点回去吃？""没有了。前不久，我还有一坛，但被杨森的兵抢去了。""光天化日之下都敢抢？"

老板娘估计算命先生不是坏人，便从柜台处来到他的桌前坐着轻声道："现在这个世道，哪个老百姓敢惹杨森？自从他的部队来到丰都后，老百姓就再没有过上好日子。在丰都，他派他的士兵出来，横征暴敛，大肆敲诈勒索，老百姓敢怒不敢言。"

"你们团结起来和杨森打嘛。"

"打不赢，杨森的兵多得很。"

"有好多吗？"

"具体数字我也不知道。听说他在涪陵有两个团，被讨贼军打垮后逃到忠县，在忠县又遭打，又逃到万县，最后才来到丰都。"

算命先生想了一会又问："杨森现住在哪里？"

"住在丰都县城那栋最豪华的禹王宫里。"老板娘又转题道："先生，你会算命，能不能给我算一算？"

算命先生吃完饭后，问了对方的出生年月日，又看了看对方的手掌："你的命不算好，是属于劳苦人的类型，本来你经过自己的诚实劳动，是不会愁吃穿的，就因为军阀的横行，你才受苦，不但生意做不好，而且家庭也很清贫。你要多行德，多为受苦的人做好事，你的日子会好的。"

算命先生说后就要付饭钱。老板娘不要，但他还是给了一块大洋。

他出了"聚仙饭庄"，拿着他的招幌又来到禹王宫那条街。他沿这条大街走着，突然看到一栋最漂亮的房子门前有士兵站岗，他估计这可能就是杨森的住地。于是，他在房子对面的街边停了下来。

"算命，算命，算不准不要钱。"然而，没有人来找他。

站岗的士兵要他走，他笑嘻嘻地说等一会就走。那战士不理这一套，见他不走，便来火了，端起枪就准备向他打。

正在这时，那豪华的房子里走出来一男一女。男的全副军装。算命先生认出来了这人就是杨森。那娇滴滴的女人双手挽着杨森的左手肘。他们后面还跟着两个警卫员。

杨森看到岗哨正要打那算命先生，即把右手一抬，示意哨兵不要开枪。他来到算命先生面前，睁着凶狠的眼睛，把算命先生看了一阵，然后摸出手枪对着算命先生："信不信老子今天打死你！"．

算命先生跪在杨森面前求饶道："长官饶命，长官饶命。我没有做坏事，我算命是为了找点饭吃，是想让人先知他（她）们的未来，高兴高兴。"

杨森把子弹拉上了膛："在这战乱年代，我不要你来高兴。"说后瞄起了手枪。

他身边的那个女人见到这种情况，忙伸出嫩白的手把他的右手压了下去："让他给我们算一算！"

杨森看着娇气的女人："我经常到名山上去给那些鬼神烧香，难道鬼神还不保佑我们？"

娇女人撒娇道："那不一定，那些鬼神不会说话，这个算命的能说话，我们听得见嘛。"

杨森将就了那个女人："好吧，今天不上名山，就叫这算命人给我们算算吧！"

算命先生被带进了杨森的住地。

在一间屋子里，算命先生坐在沙发上，他对面坐着杨森和那个女人。

算命先生先给女人算，说得女人心花怒放，乐滋滋的，然后又给杨森算。

"将帅领兵去出征，骑着烈马拉硬弓。百步穿场射的准，箭中金钱财运生。马到成功喜气扬，求名取利大吉昌。婚姻合伙无妨碍，出门交易也顺当。鬼城丰都驻下兵，无人敢来与君争。枪生锈了不妨事，士兵不练心不慌。有鬼有神保佑你，整天悠闲也平安。"

杨森听了大笑后道："鬼城这样好，我都可以高枕无忧喽。你会不会称命？"

算命先生说得很爽快："当然会称，我还是按蜀国丞相诸葛亮的方法来称。"

"好好好，你给我称一称。"杨森说。

算命先生问了杨森的出生时间后，沉默了一会："嗯，你有指挥有方、万户封侯之命。共6两3钱。命主为官福禄长，得来富贵定非常。名衔金榜传金吾，命停中高天下扬。"

杨森很高兴："说得极好。"他面向那女人："给他5块大洋。"

算命先生接了大洋，走出了杨森的住地，急往涪陵县城赶去。他要把掌握的情况及时向贺龙旅长报告。这算命人便是刘金久。

25

贺龙在西南

孙中山回到广东重建政府，熊克武组织了但懋辛、赖心辉等部队在成都、泸州等地讨贼，要石青阳负责长江上游地区，以重庆为后盾打军阀。贺龙就在长江上游地区打仗。当贺龙听说杨森在丰都后，便派刘金久化装成算命人去侦察。

刘金久回到涪陵，把侦察到的和涣散杨森军心的算命情况给贺龙讲后，贺龙立即给石青阳报告，并同汤子模一起研究。最后决定由石青阳带领贺龙、汤子模攻打丰都。

这日上午，杨森叫警卫员去名山给他烧香。这警卫员去烧香后顺便到冥府楼上看风景。

他转上冥府楼，名山的景色吸引着他：高高的楼下是美丽的树林，树林中间点缀着栋栋有"鬼神"的楼房；山外是滚滚的长江水不停地向东流去。突然，他发现山脚下有很多军人，再仔细一看，穿的衣服不是杨军长部下的人。他立即跑了回去。

"报告军长，我发现名山脚下有很多兵，好像是来打我们的。"

杨森正在沙发上逍遥着："不可能，我有鬼神保护，整天要都平安。"

"真的，我们应该引起重视。"

杨森根本听不进去，坚信无事，轻描淡写地问话。当他了解到名山脚下约有一个连的兵力后，随便派了两个连去。

原来，名山脚下确实有兵，是汤子模的。这是贺龙设的计。贺龙认为在丰都县城里不好打，让汤子模把敌人引出来。贺龙的部队驻在离名山不远的双桂山上。

杨森的两个连来到名山脚下和汤子模的兵激战，打了一阵，发现对方的兵力很大，不只一个连，便立即向杨森报告。

杨森听了战情后，有些着急了。他一方面向驻在忠县的刘湘求援，一方面增加少量的兵力应战，其余的兵力呆在城里不动。

贺龙隐藏在双桂山里，他能观察到敌人出城的情况。他的士兵得知名山脚下战斗激烈，都想贺旅长早点发命令。

贺龙表现得很沉着。他想这次要把杨森消灭在丰都。他除了密切注视着城里的动静外，还派刘金久入城了解情况。

贺龙曾在忠县、万县和杨森打过仗。要不是有军阀的支持，杨森的头早就飞了。

下午3点钟，刘金久来向贺龙报告杨森要亲自带兵出城打汤子模。

贺龙得到这个消息后，更加注意县城里的动向。他发现杨森的部队浩浩荡荡从县城里出来了。他估计杨森的部队与汤子模的部队交上火了，便一声令下，战士们冲下山去，向杨森的部队背后开火。

杨森遭到前后夹击。前方是汤子模，后方是贺龙。地形也很特别：左边是陡峭的山岩，右边是滔滔不绝的长江水。

战线越缩越短。战斗越来越激烈。眼看杨森就要被消灭了。

正在这关键时刻，长江上开来了一艘军舰。军舰上响起了枪声，并很快靠了岸。从舰上下来很多兵。这是刘湘接到杨森的电报后派军舰来援助的。

讨贼军见敌人的援兵来了，而且兵力强大，便主动撤兵。

贺龙的部队撤退时，刘金久在最后面边打边撤。他用的枪是"汉阳造"。这种枪只能打一枪又上一颗子弹，速度很慢。敌人如排山倒海压过来。他一边打一边退。他已经掉部队很远了。来到名山路，他借着一转弯处做掩护，转身飞快地跑。来到"聚仙饭庄"前，见老板娘正在关门，忙闪了进去。

老板娘见进来一个兵，睁着一双害怕的眼睛看着他。

刘金久忙表明自己的身份："老板娘，我是贺龙的部下，后面的敌人追来了，我在你这里躲藏一下。"

老板娘听说过贺龙的部队是为老百姓打仗的，便急忙把他拉到厨房去，把案板下的背篼拉出来，将里面的菜倒在地上，对刘金久："快蹲下！把枪放在地上！"

刘金久怕枪放在外面不安全，便将枪甩进案板下面的地上，然后蹲了下去。

老板娘见他蹲下了，忙把背篼从他头上往下盖，盖好就推。推到案板

27

下面后，老板娘再将那些菜码到案板下堆好。她在案板上抓起一张抹桌帕来到饭堂抹桌子。她不敢去关门，怕被追兵发现，引起怀疑。

老板娘的抹帕刚刚接触到桌子，一个追兵就进来了。

追兵端着枪，在饭堂里左找右找，没有发现情况。他又到厨房里面去。他抬头望望天上，又看看锅里，正蒸着烧白，是熟的，便端起一碗来，用手抓着吃。吃后，他又端着枪到处找。他觉得案板下堆了很多东西，应该检查检查。

老板娘对这个追兵的一举一动都看在眼里。当追兵正要弯腰检查案板下面时，她非常着急：那追兵如果掏出案板下的菜，情况就危险了。在这千钧一发之际，她急中生智，双手把桌子一抬，桌子"咣当"一声，倒在地上。自己也随之倒了下去。

那追兵被吓着了，忙从厨房跑出来："干什么？"

老板娘从地上爬起来："这地下滑，我被摔倒了。哎哟！哎哟！"

那追兵看着右手按着股部的老板娘，"哼"了一声，走了出去。

天黑了，名山路清静了。老板娘去把刘金久喊出来。这时，她认出了刘金久。

"你不是前次给我算命的那个先生吗？"

刘金久毫不隐瞒："是的。我是奉贺龙的命令来了解杨森情况的。"

"贺龙的部队可好呢，听说我们丰都县的县官刘愿庵知事都很欣赏他。"

刘金久觉得现在不是说话的时候："我要感谢你，咱们后会有期。"他说完悄悄走出了饭庄，消失在夜幕之中。

第三章　驻防彭水

1 除恶霸

　　贺龙的部队从丰都撤退后，几经周折，最后来到彭水县城，驻在摩云书院里。没想到，他驻下不久，就遇到了很棘手的事情。

　　这摩云书院是清朝的建筑物，全是木结构，地方还比较宽敞。书院中间有一个天井。

　　贺龙住的屋子在靠天井的西面，有10多个平方米。屋子里只有一张简单的床和一条方凳。

　　贺龙在书院里住下后，就出去了解情况，听群众的反映。经过了解，他知道了老百姓反映周曰庠的情况最大。

　　一天，他从外面回到屋子里，刚把乔装的外衣脱下来放在床上，刘金久"蹬蹬"地走来向贺龙报告：外面有一个叫龚渭清的人求见。

　　贺龙听到龚渭清这个名字，觉得在哪里见过，但一时又记不起来了，也不知此人来找他有什么事。他便穿好军服走了出去。

　　来到大门口，贺龙看到一个长得很英俊，穿着长衫，不到30岁的人站在门外。贺龙一下就想来了。

　　"哎呀，龚先生。"贺龙伸手去握着龚渭清的手："多年不见，真想你哟！屋里坐，屋里坐。"

31

贺龙把龚渭清请到他的屋子里。两人都坐在床边，显得很亲热。

"龚先生，我们那次到郁山买盐巴，全靠你的帮助，我应该好好感谢你，但后来就没有再碰到你，加上这几年经常打仗，更不容易与你联系，没想到我们今天在这里见面了。"

龚渭清想到那次买盐巴的事很谦虚地说："区区小事，不必挂在心上，贺旅长。"

他们说的这件事已经是好几年前了。一天，贺龙赶着骡子，和骡客们来到离彭水县城不远的郁山买盐巴。由于盐巴产量不高，供不应求。他们等了几天，都没有买到。一个盐商曾继光看到这种情况，主动提出卖盐巴给他们。在交易时，贺龙发现这盐巴要比市场价高些，就不要。曾继光的几个打手就要打贺龙。正在这危急关头，龚渭清出现了。他是个仗义疏财、乐善好施的人。当他了解情况后，便给了曾继光几块大洋，把事情平息了下来。事后，龚渭清又帮助贺龙他们买到了便宜的盐巴。

贺龙说话很干脆："今后你就不要喊我贺旅长了，就叫我小弟吧，我就喊你大哥，这样亲切些。好不好？"

龚渭清笑了："很好。"贺龙："大哥，你今天来有什么事吗？"龚渭清："我听说你的部队驻防彭水，便来向你表示热烈的欢迎。"

贺龙趁机向龚渭清了解情况："你长期住在彭水，觉得老百姓最关心的是什么？"

这时，刘金久进来准备向贺龙报告一个重要情况，见屋子里有人便出去了。

贺龙忙招呼："金久，不要走，你也来听听。"

刘金久转身又进来了。贺龙为他们相互做了介绍。

刘金久坐在他们对面的方凳上，他自从那天夜晚在丰都老板娘的饭庄里出来后，摸到双桂山去找贺龙的部队，没有找到，又去找汤子模的部队也没有找到，便独自来到涪陵，最后在彭水找到了贺龙。他专心听着龚渭清的话语。

"这几年，军阀混战，彭水这一带兵来军往，战乱不断，大小军阀，占地为王，欺压百姓。自从黔军周曰庠团占据彭水后，到处打家劫舍，横行霸道，奸淫掳掠。老百姓整天担惊受怕，白天不敢出门，夜晚不能归家。希望小弟的部队来了，能对周曰庠进行严惩。"

贺龙也知道群众对周曰庠的怨愤极大："这是一个祸害，大哥，你说该如何严惩?"

"依我看，他的部队驻扎在郁山上。那里地势不利，应乘其不备，给他来个突然袭击，将其全部消灭。"龚渭清说出了自己的看法。

刘金久本来就是来向贺龙反映周曰庠事情的。他听龚渭清这么一说，也发表了自己的意见："我认为用武力解决不是最佳办法。我军驻在彭水，本身对周曰庠就是一个威胁，加之周曰庠也有一些实力，如硬打，双方必有伤亡。不如招安。如果这一办法能行，也可以充实我军的力量，是一件好事。"

龚渭清："周曰庠本性难改哟。"

贺龙表态了："一个人难免犯错误，关键是看改不改。如果周曰庠愿意接受招安，改邪归正，立功赎罪，我们还是欢迎的。我看可以先晓之以理，劝其改过，如其不改，负隅顽抗，那时再实行武力，这样更好些。"

龚渭清对贺龙有宽阔的胸襟感到十分佩服。刘金久也赞成贺旅长的看法。

贺龙看着刘金久："金久，招安的事就由你去办喽。"

刘金久："我去试试吧。"

贺龙："去的时候，带上这封信去。"

刘金久经过认真准备，带着贺龙写的信往郁山走去。周曰庠黑黑的脸上长着一对猫头鹰似的眼睛。他见贺龙的人来了，显得倒很热情，又是请坐，又是倒茶。

"我们贺龙的部队进驻彭水的事，周团长可能都知道了?"

"知道。本来我想抽个时间去拜见你们的贺旅长，就是时间太紧，抽不出来。今天刘参军大驾光临，肯定有什么要事?"

刘金久不慌不忙地把信拿出来递给周曰庠："这是我们贺旅长给你写的

信。"周曰庠接过去打开看了起来：

　　周团长：
　　　我军奉孙中山大元帅之命，在长江上游地区防务，打军阀，
　　所到之处，无不受百姓欢迎。现在，杨森已被赶出涪陵。我军进
　　驻彭水后，了解到你的一些情况。我们的政策是：对于那些分裂
　　祖国，占地为王，不顾百姓死活的祸首，将坚决惩办；对于那些
　　过去做过一些坏事，但又愿意悬崖勒马，立功赎罪，率部投诚者，
　　既往不咎。识时务者为俊杰，何去何从，请你慎重考虑。
　　　……

　　周曰庠看了信后没有马上表态。他沉思片刻，才对刘金久说："其实，
我也是拥护孙中山的。"
　　刘金久顺水推舟："那好，你就跟我们一道去打军阀吧？"
　　周曰庠深知贺龙年轻有为，其部队纪律严明，敢打敢拼，在彭水很有
群众基础，若与之硬斗，很难取胜，不如暂时妥协，再做打算，便说："贺
旅长深明大义，像我这种做过许多错事的人，向贵军投诚，不知贺旅长会
怎么安排？"
　　刘金久知道周曰庠是想刺探口风："你投诚后，还是当团长，在贺旅长
之下成立一个独立团。团部第一、二营驻彭水县城，其余的仍驻郁山。"
　　"那好吧，我向贺龙投诚。"
　　贺龙收编了周曰庠的部队后，彭水的老百姓拍手称快。贺龙又多次劝
戒周曰庠不要重蹈覆辙，自走绝路。周曰庠表示会坚决听贺龙的话。贺龙
感到很高兴。
　　然而，周曰庠背着贺龙却干出了一些惊人的坏事，这里仅举两例：
　　郁山上有一个叫苏三的农民，家中有一些财产，并经营着一个红橘果
园。日子还算过得去。周曰庠却对苏三打起了鬼主意。一日，周曰庠部下
的两个士兵不满周曰庠横行霸道的做法，便带枪逃跑了。周曰庠硬说是苏

三杀了那两个士兵，并把事先藏在苏三屋子后面果园林里的两支枪拿出来作证，将苏三五花大绑，先吊"鸭子浮水"，再做"猴子搬桩"，要苏三招供，不招供就要他的命。苏三被折磨得死去活来，违心地承认自己杀死了那两个士兵。周曰庠乘机向苏三勒索1200块大洋。苏三没有办法，八方借钱，才拼凑了400块，余下的以苏三的全部屋子、田土和当年的橘子收入作抵押。

一天上午，周曰庠跑马练操时，看到一个少女长得水灵灵的，便起了歹心，要少女跟他走，少女不愿意，他就撂下话：要娶这少女为妾。少女的父母得知此事，抱头痛哭，无策以对。两天后，一乘花轿便强行将少女抬到了周曰庠的帐前下榻。从此，这少女落入了火坑。

贺龙得知后对周曰庠的行为怒不可遏。他在屋子里走来走去。稍过片刻，他站在屋中，看着刘金久："你说，对这种败类该如何处理？"刘金久很果断："除掉他！"

可怎么个除法？贺龙想了一会，终于想了一个好办法……

这是一个不寻常的中午，摩云书院里热闹非凡，几十张桌子都坐满了人。原来，这是贺龙摆的生日酒宴。

桌子上摆满了丰盛的佳肴，很多人都举杯向贺龙祝寿，贺龙笑着应酬着。他表现得神态安然，谈吐自如。宴席四周站着一些背盒子枪的士兵，其中有贺锦斋。

周曰庠坐在一个角落的桌子旁，看到这种情景心想：今天的气氛有点不对，要多加小心。他摸了摸身上的手枪，暗道：老子不怕，看他要搞什么把戏。

喝了一阵酒，贺龙站在一张桌子旁，拱了拱手："承蒙大家看得起我，屈驾到此，我贺龙不胜感激，一杯薄酒略表心意。大家都知道，我自从带兵以来，治军的第一条就是严明军纪，如遇有不服管束、不守纪律的败类，是绝不宽容的。"贺龙越说表情越严肃，他把目光移向周曰庠："周团长，听说你在郁山干了一些不体面的事，不知是不是真的？"

周曰庠仗着酒气："贺旅长，你是请我来赴鸿门宴的吧？"贺龙："我是直言问你，你何必……"

周曰庠不等贺龙把话说完便将桌子一拍，提高了嗓门："既是如此，独立团的跟我走！"周曰庠知道赴宴的有他团里面的人。可是。当他站起来要走时，却没有人响应。

贺龙看到这种情况，脸色马上严肃起来，两眼瞪着周曰庠厉声道："把他拿下！"

周曰庠忙去摸他的枪。怎知，他的行动已经晚了。贺锦斋和几个士兵没等他摸到枪就被绑起来了。

贺龙见周曰庠被擒获，当着众人大声道："周曰庠占据彭水后，仗着权势，欺压百姓，明军暗匪，无恶不作。我部来彭水后，群众要求处理他。我们为了给他一个改恶从善的机会，要他招安。他迫于无耐，向我军投诚。但他并不是真心诚意，暗地里仍干着一些罪恶的勾当，强占民女，掠夺民财等等。这种人不杀不足以平民愤。把周曰庠拉出去枪毙！"

周曰庠被拉出了摩云书院。贺龙站在桌前，等到外面的枪响了两下后才坐下来继续喝酒。

处决了周曰庠，贺龙放了那位无辜的少女，将从周曰庠那里搜出来的大洋退还给了苏三，并改编了独立团。

然而，周曰庠被处决后，贺龙又遇到了更麻烦、更棘手的问题。

2 铁面无私

一天，贺龙办完公事，见时间不早了，就准备出去吃午饭。

正在这时，刘金久进来了："报告旅长，郁山上发现一股土匪。"

贺龙一惊："哦，有多少人？"刘金久："估计有十多个，在二峰关一带活动。"

贺龙认为要坚决把这伙土匪消灭。但派谁去呢？他想了一会，觉得派阎俊臣连长去最好。阎俊臣是他的表弟，又是同乡，平时交往很深，感情甚好。

"金久，阎俊臣在哪里？""在吃饭。""你去把他叫来。"

刘金久走后，贺龙在屋子里等着。他认为阎俊臣智勇双全，在战斗中多次立功，一定能够消灭土匪。

过了一会儿，阎俊臣来了。他20多岁，皮肤黝黑，身体很健康。

贺龙关心地问阎俊臣："午饭吃好没有？"阎俊臣："吃好了，贺旅长找我有什么事？"

贺龙表现出很认真的样子："郁山的二峰关一带发现有土匪，你带兵去把土匪剿灭了。"

阎俊臣立正敬礼："是"。贺龙再三嘱咐："对土匪要狠，但对老百姓要好，要爱。坚决不要做出对不起老百姓的事来。"

"请旅长放心，我们连全体人员坚决照办。"

阎俊臣接受任务后，带着全连经过郁江河畔向二峰关出发了。几天后，他带着连队凯旋而归。

贺龙听了阎俊臣的汇报，很高兴，决定要为阎俊臣摆庆功酒。

在酒桌上，贺龙对大家讲话："这次阎俊臣的连到二峰关去打土匪，任务完成得很好、很出色，为老百姓扫除了害群之马。我提议，大家干杯!"贺龙说后，大家碰杯、喝酒。

阎俊臣坐在桌子旁，话也多起来："这次打土匪很费力。二峰关山高路险，土匪在暗处，我们在明处。面对这种情况，我来了个分头搜索。这种方法消灭了大部分土匪，经过激烈的清剿，最后只剩下土匪头子了。这家伙很狡猾，他藏在半山腰的洞子里不出来。这洞连过去的路都没有，他是爬着岩上的树子进去的。他在洞里居高临下，对我方很不利。我方几次想接近洞口都没有成功。最后，我想到了一个办法，爬到山顶，用绳子吊着悄悄往洞口接近。靠拢洞口时，洞里传出了枪声。我想一定是被那家伙发现了，但仔细一听，感到这枪声打得没有目的，是在乱打。我断定土匪还没有发现。我吊在那里不动。等了一会再向洞口移，发现那家伙坐在洞口深处打瞌睡。因为我们晚上对洞进行不断射击，使土匪疲劳。机会来了，我端起枪向那土匪头子打去，正中那家伙的脑袋，开花了。消灭了土匪头子，战斗就结束了。"

大家都知道阎俊臣是个英勇善战的连长，又是贺龙的亲戚，听他这么一讲，都十分佩服。

贺龙也很欣慰阎俊臣能打仗，准备提拔他。

第二天，贺龙刚起床，龚渭清就来敲门了。贺龙把门打开。龚渭清一进屋，神色有些慌张。他见门是开着的，即叫贺龙把门关上。

贺龙感觉龚渭清这么早来，而且表情又不正常，一定有重大情况。他去关了门，看向龚渭清："出了什么事?"

"不好啦，阎俊臣连长到二峰关去打土匪……"龚渭清把知道的事向贺龙全部讲了出来。

贺龙听了，勃然大怒："混帐！"但他很快镇静下来，认为事关重大，不能偏听偏信。于是，他立刻派刘金久去调查。

刘金久根据贺龙的交代，来到离郁山二峰关不远的郁江河畔的一个村庄，找到了一个叫饶明轩的老大爷。

这时，饶明轩正在堂屋里坐在小方凳上和他的幺女选着玉米种子。他见刘金久进来，表现得爱理不理的。

刘金久蹲在饶明轩的身旁："老大爷，我是来调查阎俊臣连长有关事情的，希望你能如实把情况讲出来。"饶明轩不理刘金久，仍选着玉米种子。

刘金久不灰心："我们贺龙旅长说了，如果情况属实，将严肃处理。"

饶明轩听刘金久这么一说，站起身来，从堂屋角里端来一条木板凳叫刘金久坐。

刘金久坐下后看着饶明轩："阎俊臣的连在二峰关剿匪后曾住过你家？"

饶明轩一边选玉米种子一边讲了起来："那天晚上，我和幺女刚刚吃完晚饭，就听到外面有人在敲门：'老乡，老乡，我们是贺龙旅长的部队，请开开门。'我听说过贺龙的部队纪律严格，又是为老百姓打仗的，便把门开了。我见到门外有很多军人，不知要干什么。这时，那个身体强壮的军人说：'我叫阎俊臣，是贺龙的连长。我们奉贺旅长之命，到二峰关去打土匪，现在任务完成了准备返回，但天黑了，不便行走。我们打算在你家里住一晚上，明天好继续赶路。'我听后二话没说，就让他们进来在堂屋打地铺睡觉。没想到好心得不到好报，反而引狼入室。阎连长竟干出了伤天害理的事！他坐在堂屋休息时，我幺女从灶房屋里出堂屋去开门倒洗脚水。他见我幺女长得乖，顿起坏心。待我幺女睡觉后，提着枪去把我幺女强奸了。幺女被阎连长侮辱后，悲痛欲绝，感到无脸见人，几次要上吊自杀，还好都被我阻止了。我见阎俊臣是个连长，惧于权势，只好忍气吞声，但看到幺女那样子又不愿这样忍受下去。听说贺龙的部队爱护百姓，我要向贺龙告状！于是，便到彭水县城去向龚渭清讲了此事。"

刘金久听到这里，对阎俊臣的行为非常气愤。

刘金久："你幺女在哪里？"饶明轩看了看他侧边的女孩："她就是"。

刘金久向她问话，她只是埋头选玉米种子，不说话。不管刘金久怎么开导，她都不表态。

饶明轩："我幺女没有见过世面。"

刘金久又想了想，问道："你爸爸说的是不是真的？"那女孩还是不说话，但点了点头。

刘金久得到了肯定的答复，便带上饶明轩及其幺女迅速赶回去向贺龙汇报。

贺龙叼着烟斗，听完刘金久的汇报后大骂："混帐！阎俊臣竟如此败坏我军军纪。"

"贺旅长，我觉得为了稳妥，还是应该审一审阎俊臣。"

贺龙："万一阎俊臣不承认呢？"刘金久："我已把饶明轩的幺女带来了，可以对质。"贺龙觉得可行，便叫刘金久去喊阎俊臣来。

贺龙拿着烟斗在屋里转来转去，心想，阎俊臣是自己的亲戚，这次他犯了这么大的罪，怎么处理呢？如果从严处理，现在正值用人之际，可惜了他打仗的本事。若置之不顾，我贺龙日后还如何约束其他将士？将功折罪行不行？如不行，处理到什么程度？贺龙一边想，一边吸着烟，感到很伤脑筋。

阎俊臣被刘金久带进来了。贺龙盯着阎俊臣严肃道："我问你，你在二峰关剿匪返回的途中干了什么见不得人的事？"

阎俊臣故做镇静："我没做什么呀！"贺龙："没有？难道是冤枉你吗？别人跟你无冤无仇，怎么会陷害你？"阎俊臣："我真的没干坏事！"贺龙："还嘴硬，你没干，我找你干什么？"

阎俊臣一听，脸色马上变白，低下了头。但他很快又抬起头来坚持道："我们剿了匪后，天已经黑了，便到饶明轩家里住了一晚上，难道这也错

第三章　驻防彭水

了？我为民除害，错在哪里？"

"你不要狡辩，要知道我的军纪是不容任何人破坏的。虽然你立过很多战功，但这不能作为你为所欲为的资本，犯了军纪我同样要处理你。"

"问题是我没有违犯军纪呀！"

贺龙见阎俊臣不承认，心里更气了。对刘金久说："把受害者带进来！"

刘金久出去了。稍过片刻，饶明轩的幺女进来了。

贺龙对女孩说："那天晚上，是谁糟蹋了你？"女孩子动了动身，斜眼看了一下屋子的人，不说话，埋着头。

贺龙对女孩安慰道："不要怕，有我贺龙撑腰，谁也不敢把你怎样。"女孩听贺龙这么一说，抬起头来，指着阎俊臣大声道："就是他！"

等那女孩子出去了。阎俊臣还存在着侥幸："这有什么大不了的事嘛，我下次不干就是了。"

"你想得倒好。要知道，你破坏了军纪，军法难容。在剿匪之前，我一再叮嘱你不要损害老百姓的利益，你答应得很好。可事实怎样呢？"

阎俊臣这时才认识到问题的严重性，一下子跪在贺龙面前："龙哥，我错了，请饶恕我这一回吧！"

"已经晚了。"贺龙毫不留情："来人呐！"外面的贺锦斋带着一个士兵进来了。贺龙见来了人，大声道："枪毙阎俊臣！"

贺锦斋和士兵拉着阎俊臣就往外面走。只见阎俊臣被拉到门口了，贺龙忙喊站住。

阎俊臣一双眼睛盯着贺龙，以为贺龙会发善心，不管怎么说总还是亲戚，会放自己一马

贺龙看着贺锦斋："要把阎俊臣带到郁山下面的郁江河畔去枪毙。""龙哥啊，我保证以后再也不犯了。我可以将功补过啊！"

刘金久看到阎俊臣有悔改之意，也有些心软了。他来到贺龙面前轻声道："旅长，阎俊臣虽然罪行严重，但他多次立战功，就对他从宽处理吧！"

贺龙毫不动摇："我只认军法，不徇私情。他违犯了我的纪律，罪有应得。"

41

贺龙在西南

郁江河畔，空气清新，急流的江水，预示着这里将要发生一件大事。河岸上站满了前来看热闹的老百姓，黑压压的一大片，饶明轩也来了。

河滩上铺着一张大红毯。阎俊臣跪坐在红毯上，低着头，一点精神也没有。他后面站着持枪的贺锦斋。

贺龙站在河岸的人群中。这时，龚渭清突然挤过人群，来到贺龙身边："小弟，枪毙不得！枪毙不得！"贺龙认真地看着龚渭清："为什么？"

龚渭清也说不出什么理由，只是觉得贺龙过火了一点："能不能用其他方法解决阎俊臣的问题？"贺龙问："什么办法？""叫他将功赎罪。""不行，枪毙。"

贺锦斋的枪响了。阎俊臣倒在了地上。

贺龙趁群众还没有走，站在河滩上放大了声音："今天，我在这里枪毙了阎俊臣，阎俊臣是我部下的一个连长，还是我的表弟，但是，他违犯了军纪。我若徇私不办，官兵何以服从？不服从，我又怎能带兵打仗？如果我们的官兵都像阎俊臣那样，就不会受到老百姓的欢迎，就不是为老百姓打仗的军队。"

饶明轩等贺龙讲完话，挤过人群，来到贺龙跟前拉着贺龙的手热泪盈眶："你们的军队是真正为着老百姓的，是有希望的军队。"

贺龙双手握着饶明轩的手，亲切道："老大爷，我们的工作还做得不好，今后还望你老人家多多监督。"

群众散了。郁江河畔又恢复了平静，只剩江水湍急地流着。

贺龙从郁江河畔回到彭水县摩云书院的屋里，还没有坐稳，阎俊臣的母亲便哭着进来了。

"你这个贺龙当了官就不得了。我的儿子在你的部队里战绩累累。不说这个，单说他是你的亲戚，也该宽容一下嘛！"

贺龙安慰她坐下后解释道："我很喜欢俊臣，而且还是我要他来部队的。说实话，我枪毙了他，心里也很难过，但他违犯军法，我怎么能不依法严惩呢？"

"你再严惩，也不能把他枪毙了。你知道他是我唯一的儿子，要传宗接代啊!""不这样办,军心不服,民心不依啊!"

阎俊臣的母亲哭闹了一阵,觉得说不服贺龙就走了。

这时,贺龙头脑里浮现出另一幅情景,像滚滚翻腾的大江,需要马上去找龚渭清。

3 挚友

　　贺龙把军中的一些大事办完后，提着一个装着东西的布袋去了龚渭清的家。

　　龚渭清的家在彭水县城里的一个巷子里。贺龙进去后，与龚渭清并排坐在木椅子上，把那口袋放在椅子边。

　　龚渭清的夫人泡了一杯香茶来，放在他们前面的小方桌上。贺龙看着龚渭清："大哥，你觉得我的部队在彭水怎么样啊？"

　　龚渭清说话时显出了喜色："你处决了恶霸周曰庠，又枪毙了亲戚阎俊臣，彭水的秩序好多了。在你们没来之前，好多商店都不敢开门营业，现在不同了，老百姓真心拥护你们。"

　　贺龙很谦虚："不，我还做得不够。几天前，有两个女子来问我她们可不可以上学？我说可以呀，孙中山先生主张男女平等嘛。那两个女子又说为什么彭水只有男校没有女校呢？她们这么一问可把我问倒了。"

　　龚渭清也承认："彭水县是没有女子学堂。"

　　贺龙感到女子不能和男子一样受教育，这是不公平的。中国歧视妇女的现象相当严重，人们头脑里装的满是"男尊女卑"的封建思想。

"大哥，现在县城里有几所学堂？"

"两所，都是男校。"

贺龙知道龚渭清在彭水是非常有知名度的人物，上至县知事，下至老百姓，他说话都很有影响。

"能不能在彭水办个女子学堂？"

"小弟，你这个想法确实很好，有了女子学堂，让彭水县的女孩有个上学的机会。但不瞒你说，困难啊！办个学堂谈何容易，老师哪里找？就是找到了，要住宿，要生活，谁来供给？！地点定在哪里？就是找到了也不一定办得起来。什么都要费用，没有钱，怎么办？"

"这么大一个县，难道一点办法也没有？"

"人穷地也穷啊！一些有钱人又不愿意支持。"

贺龙听到这里当即表示："我知道经费有困难。这样，我来个抛砖引玉，先捐400块大洋出来，其余的由你去负责筹办。"

龚渭清听了很受感动："小弟，你们军队的开支都很困难，我们地方上怎么好收你们的钱？"

贺龙也知道部队的经费确实紧，主要是靠一些大户出钱，再有就是打仗缴获一些军用物资："军费是很有限，但办学堂是为民办好事，这是我贺龙应该做的。"贺龙说后，就把椅子边的那个口袋拿起来，解开带子，从里面抓出一半的大洋来清点给龚渭清。

龚渭清忙用长衫兜起："真是太感谢了。"贺龙又从口袋里拿出他写的一张便条递给龚渭清。龚渭清右手接过便条，双眼在便条上慢慢移动：

捐赠400块大洋，作为专门兴办彭水县女子学堂之用，希望彭水县的有识之士也积极响应。

龚渭清收了大洋和便条，喜悦之情难于言表："彭水的女子学堂有小弟的大力支持，我相信一定能办起来。我绝不辜负小弟的重托，定会积极筹办此事。"

贺龙在西南

贺龙听龚渭清这么一说，心里也很高兴。他又看着龚渭清，把在走访中了解到当前学堂存在的一些问题讲了出来："教育是开发民智之本。中华民族多灾多难，需要教育。我们不但要办女子学堂，现有的学堂也要整顿。毕业生在升学时一个也考不上，这样剃光头的学堂不知在干什么。初小是升学的初步，尤其应当注意。"

龚渭清认为贺龙谈得极为深刻："当前的学堂确实存在很多问题。"

贺龙提出了自己的看法："要严格选择教员，免误青年学子。我小的时候读书很用功，先生每天点的书，我能很快背下来。但读久了，觉得先生教的是老一套，我提一些问题，先生答不上来，就骂我、罚我。后来我就不读书了。当然，家庭贫穷也是一个重要的原因。我感到没有文化很吃亏，写封信都有些吃力。后来我就自学，文化才像现在这个样子。所以选教员很重要，要给学生讲一些易懂好学的内容。学堂学风不正，校长有一定责任，对校长应该严格考察。对于教育经费的问题，我认为大都有人亏空，以后应反对亏空学款，无论何人，逃往何地，都应通缉追缴严办。"

"对，小弟谈的这些，我一定要向县知事、教育长反映。"龚渭清说，他看了看用长衫兜着的大洋："你把这么多的大洋给我办女子学堂，你放心吗？"

"你说哪里去了？我完全相信你。"

的确，贺龙和龚渭清的交往已经很深了。贺龙只要有空，就常到龚渭清家里来摆谈。龚渭清也常到摩云书院贺龙的屋子里谈心。

其实，贺龙带来的大洋只拿了一半给龚渭清，他把视线移到小方桌上，看着茶杯，端起来，喝了一口茶，又放回原位。他又说出了惊人的话："大哥，我还要拿400块大洋给你。""够了，够了！不能再拿了。"

贺龙看着龚渭清，慢慢地说："这400块不是拿来办女子学堂，而是拿来修桥的。"龚渭清有些不理解，双目盯着贺龙："修桥？"

"是的。郁山下的郁山镇有一条大路，隔着一条深沟，群众到郁山镇赶场很不方便。我建议在深沟处修建一座桥。群众赶场就方便了。"

"你想得太多了。"

"不是想得多，而是想到那条深沟我就睡不着觉啊！听说不久前，有一个妇女背着柴路过那深沟，一不小心，摔到深沟里死了。真使人难过！"说后，他又把口袋里的大洋全部抓给了龚渭清。

"但你这400块大洋也不够修一座桥啊？"

"我只是带个头，修桥的费用还是用捐款的办法才行。"

贺龙说后，喝了一口茶就告辞了。

贺龙又亲自去找了县知事、教育长谈了自己的想法。

隔了一段时间，贺龙听说他的抛砖引玉见效了。彭水县掀起了一股捐款办学、修桥的热潮。知识界的孙汝翌深受感动，表示女子学堂创建后愿做第一任校长。饶明轩听说要修桥，主动去采石，干得很起劲。经过广大群众的努力，加上贺龙的亲自参与，桥建起来了，名为"断矶桥"。

贺龙又到龚渭清家里去了。这次去他另有打算。他想继续听龚渭清讲石达开精彩的故事。

龚渭清首先想到的是修桥的账："小弟，我还是把修建断矶桥的收支情况给你报一下吧。"贺龙把手一挥："不忙，我今天来的主要目的不是这个。我要听故事。"

几天前，龚渭清到贺龙那里讲了石达开入川的故事，很动人，但没有讲完。贺龙非常想听，他觉得可以从中吸取一些有用的东西。

"算了，以后再讲。我还是谈账目的事吧？""不行！"贺龙说得很果断。

没办法，龚渭清只好讲起来了："……太平天国领导出现严重分裂后，翼王石达开便率数十万兵从湖北进入四川，在涪陵乌江东岸连营达200余里，准备攻打涪陵。涪陵里的将领知道石达开有爱民之心，便把城外的老百姓迁入城内，如不迁者处以军法，并把靠近城边的房屋全部焚毁。不久，石达开开始攻涪陵城，知道城内有很多老百姓，在加紧军事攻城的同时，向城内投射箭书一道……"

贺龙很想知道内容："箭书上写的是什么？"

龚渭清说了起来："石达开说，爱民的人，宁愿捐身以救民，而不忍心伤害老百姓。那将领把民房化为灰烬，恶焰熏天，扰民何其凶残。石达开看到这种情况，十分伤心，真是饮泣吞声。石达开想攻入城内，为民雪恨，采取火攻又怕城内所有的东西都被烧掉，使老百姓无栖身之所。"

贺龙听到这里发表了看法："石达开真不简单，在那种情况下还想着老百姓。他攻下涪陵城没有？"

龚渭清继续讲："石达开亲率士兵，日夜奋战，但涪陵城也难于攻下。正在这时，他截获了一封书信，内称：石达开入川志在成都，望相机剿灭。"

"看来石达开的处境有些困难，他之后又怎么办呢？"贺龙问。

"石达开确实是想在成都立脚，他很清楚，如果涪陵城久攻不下，不仅拖延了时间，而且还消耗了自己的有生力量，加上他的敌对方又控制了很多无辜百姓，战争的结果不利，于是，经过最后一场激战后，率部撤退了。石达开秋毫无犯的军纪和爱民的实际行动，得到了老百姓的拥护。部队经过多次苦战，但兵力都能得到及时的补充，仍能保持有几十万的兵。"

贺龙很想知道石达开后面的情况："石达开撤退后又到哪里去了？"

"石达开从涪陵撤退后，到过綦江、巴县。进入巴县时，清军已经撤走，没有发生战争。后又经过贵州、云南，石达开分几路进攻四川。由于种种原因，他陷入绝境，誓众死战，直至弹尽粮绝，死伤惨重。他想自杀，但想到还有几千名部下。为了保存实力，他给清军投书，以舍身保全将士。清军接到他的投书后，假为答应，实为另有所谋。待他率部入清军营后，清军失信，将他及其几千士兵全部杀害。"

贺龙摇着头："可惜，可惜，真可惜！"

龚渭清讲完，把修建断矶桥的经费收支情况拿来递给贺龙："这个统计表你拿去看一看，如有不清楚的，可以问我。"

贺龙："我完全相信你。"

龚渭清："不是这个意思。这是为群众办的好事，你应该心中有个数。关于女子学堂的事正在办，办成了我再跟你报告。"贺龙见龚渭清说得有理，就接了下来。

不久，贺龙旅部奉命重返涪陵。临行那天，彭水街上挤满了群众，夹道欢送。

　　贺龙看着这些依依不舍的老百姓，心里也很不舍，但他强忍着，挥着手："再见了，父老兄弟。"两旁的群众有的在招手，有的在擦泪。

　　人群中，挤出来了龚渭清，他拿着一面用红缎制成的锦旗，跑到贺龙面前："这是我们彭水人民的一点心意。"

　　贺龙接过锦旗，打开一看，上面写着四个金光闪闪的大字：经文纬武。

　　贺龙把锦旗递给侧边的刘金久，双手紧握龚渭清的手："感谢彭水人民对我的赞扬，其实我给老百姓做的事太少了，用不着这样。"

　　"彭水的群众还要给你建德政碑呢！"

　　"不可，不可，千万不可。"

　　龚渭清又说："你这一走，老百姓可能又要受苦了。"

　　"如果发生了大事，你就通知我。我还有一支部队驻在武隆的江口镇，离这里较近。说不定，我会再回来的。"贺龙说后，松开了手随部队走了。

　　龚渭清看着渐渐远去的贺龙，眼里闪动着泪花。

　　贺龙到涪陵，是去接受更艰巨的任务。

第四章　主持正义

1 三到鬼城

在鬼城丰都的县衙内，知事刘愿庵正在办公桌前办理公事。他有 20 多岁，瓜子脸上长着一双聪明的眼睛。

突然，他的秘书敖建五进来报告："刘知事，外面有一个叫贺龙的人要见你。"

刘愿庵一听是贺龙，有些诧异："是不是警备旅长贺龙？"

"是的。"

刘愿庵早就听说贺龙旅长了，而且对贺龙旅长的做法很赞赏："快叫他进来，我正想见他呢。"

贺龙从彭水到涪陵后不久，便到丰都来巡逻，驻财神庙。此时，杨森已不在丰都，到重庆城驻守去了。杨森离开丰都后，川军陆柏香营移驻丰都。陆柏香听说贺龙要来丰都巡逻，趁贺龙还没有到时，便逃出了丰都。

贺龙在刘金久那里听说过有关刘愿庵的一些情况，也想见见这位知事。

于是，他到丰都不久就来找刘愿庵了："你好呀，刘知事。"

"贺旅长，早闻你的大名，很荣幸和你见面。"

刘愿庵叫贺龙坐下后说："你前次在丰都打杨森打得好。看来丰都是个要地，几年前，刘伯承也曾大战过丰都。"

贺龙想到刘愿庵讲到的杨森摆摆头："可惜，让杨森跑掉了。"说后，他又转而问道："刘知事是哪里人？"

刘愿庵微笑说："我的祖籍是陕西咸阳，曾随父去南昌就读于大同中学。辛亥革命后，我到四川乐山电报局当工人，后到川军杨春芳部队当秘书。有一次，杨春芳那里内部发生纠纷，我很好地解决了，避免了骚乱，受到器重，被推荐为丰都知事。"

贺龙笑道："看来你是一个有能力的人。"

刘愿庵谦虚地说了两句，又说起另外的事来了："孙中山先生的革命，我是非常拥护的。你们讨伐逆贼的做法是一件大好事。你来到丰都，我刘愿庵很高兴。"

谈了一阵，贺龙觉得越谈越与刘愿庵合得来："你年少多才，走的路又跟我相似。我们怎么不早点认识呢？"

"现在认识也不晚啦。"刘愿庵说到这里脸色突然沉下来："哎，当前国内军阀混战，不成个样子。"

"是呀，这样下去，国家怎么办？老百姓怎么活哟？"贺龙说。

刘愿庵考虑到贺龙来丰都供给问题还没有落实，便主动提出来："贺旅长，需不需要筹备军饷？"

贺龙想部队生活已非常困难："当然要，但我就是怕有困难呀！"

刘愿庵很有把握的样子："筹备军饷之事，包在我身上。"

"那太感谢刘知事了。"贺龙说后就告辞了刘愿庵，往财神庙走去。

贺龙要走到财神庙的坝子时，看到坝子里站了很多士兵，中间放着一条长板凳，一个士兵被脱掉衣裤趴在板凳上，已升为营长的贺锦斋正怒气冲冲地给士兵们训话。

贺龙走了过去。贺锦斋见贺龙来了，便对士兵喊了声"立正"，跑步去给贺龙敬礼后大声道："报告旅长，这个士兵想逃跑，刚刚抓来，打军棍，整顿军纪。"

贺龙一言不发，脸上很严肃。他走到板凳前对趴着的那个士兵说："下来，把裤子穿上。"

那士兵从板凳上下来，在旁边的地上拿起裤子穿上，低着头站在贺龙面前。

"把脑袋抬起来，挺起胸膛。"贺龙大声说，见那士兵抬起头来，他才心平气和道："这才像个军人嘛。你叫什么名字?""甘育箴。"

"为什么要逃跑?"贺龙问后见甘育箴不敢回答，便诚恳道："说吧，没有关系。"

甘育箴终于大胆地说了出来："在部队里缺吃少穿，我想回家。"贺龙亲切道："你家里有什么人?"甘育箴："有一个多病的母亲，一个瘫痪的父亲。"

贺龙听后，面对着士兵们，感慨道："你们跟着我革命，连年打仗受苦，这么多年。你们来是自愿，现在受不了这个苦，要走，我也不勉强。要回家，你们就走吧。回到家里，对你们父母说我贺龙问候他们。"说后，他又转过头来对贺锦斋道："带甘育箴到军需处去，发两块大洋，让他走吧。再给他带点粮食在路上吃，衣服也换一换，不要为难他了。"

士兵们轻声议论起来了。甘育箴看到这种情况，"哇"的一声哭了起来，"咚"的一下跪在贺龙面前："我不走了，打死我也不走。"

贺龙眯着眼看着甘育箴。

"我坚决要归队。"甘育箴说。

贺龙同意了："好吧，你归队去。"

甘育箴站起来向队伍里走去。这时，坝子里的士兵不约而同地发出了热烈的掌声。

贺龙对着大家大声道："你们背井离乡，跟着我贺龙，为的是什么?"

"为了革命。"战士们齐声说。

"什么是革命?!"贺龙在坝子中间走动着："我用两把菜刀打盐局，是为了穷苦的人。现在军阀、土豪劣绅对劳苦人民进行极其残酷的剥削和压迫，我们不把他们打倒，能过上好日子吗?"

"不能!"士兵们说。

贺龙又深情道:"为了达到此目的,许多战士献出了宝贵的生命。今天,我们生活上遇到了困难,有些人受不了这一点苦,要逃跑喽。难道是想回家去重新当奴隶?"

士兵们说:"不愿意"。

他又道:"逃跑是违犯军纪的,犯了军纪是要受处分的。不准这么做了,谁要走就明说,贺锦斋不答应,就来找我。我贺龙要有钱,就给你发盘缠,没有钱也要送双草鞋。你们好好想想吧!"

贺龙说后就走进庙里去了。

贺龙说的那些话,使每个士兵都很感动。很长一段时间都没有人逃跑。

回到庙里,贺龙想到了刘愿庵。他觉得刘愿庵是个不错的人。不久,贺龙知道了一件事,对刘愿庵很感激:

刘愿庵为了给贺龙的部队筹备军饷,把任务分配下去,但有几个地区一直交不上来,他就派敖建五去催交。敖建五走到这些地区去,发现农民的生活极度困难,无法交军饷,便回来如实向刘知事报告。刘愿庵听后着急了,心想军饷筹不起来,贺龙的士兵怎么打仗。他责怪敖建五无能,便撤掉敖建五的职务。敖建五一气之下,就回农村老家去了。刘愿庵见敖建五走了,自己便亲自去催办军饷。在农村,他发现苛捐杂税繁多,农民负担很重,生活十分困难。他这时才了解敖建五的苦衷,委屈了秘书,深感内疚。他便雇了一乘轿子,亲自去请敖建五回县衙。到敖建五家里,他亲自向敖建五赔礼道歉,敖建五感动得热泪盈眶。在回县衙时,他叫敖建五坐轿子。敖建五怎么也不坐。他说让敖建五坐轿就是对他独断专行的惩罚,并把敖建五拥上了轿,亲自抬着走。敖建五在轿上很不是个滋味,越想越难过,最后竟大哭起来。他放下轿,问敖建五哭什么?敖建五说:天下哪里有上级步行下级坐轿的道理?他要敖建五不要把等级看得那么神圣。最后,他们谁也不愿意坐轿,一起走回了县衙。

贺龙知道此事后,感激刘愿庵为了军饷如此费心,同时觉得刘愿庵为人正直,刚正不阿,深受感动。

他把部队的事安排了后,便又来到县衙,坐在刘愿庵的办公桌前。

刘愿庵以为贺龙是来催军饷的，第一句话就说："贺旅长，关于军饷的事，请您再等等，我还没有筹齐。"

贺龙说："这件事我已经听说了，那几个困难的地区就不筹了。我也在教育官兵，尽量节约开支，减轻地方上的负担。刘知事，真是感激你呀！但这也反应出一些问题，群众过重的苛捐杂税应该废除才行啊！"

说到这些事情，刘愿庵气不打一处来。他从办公桌上拿起一份状纸："那些苛捐杂税全是下面的人背着我干的。我接到很多状纸，告地区团总许春樵横行乡里，称王称霸，欺压百姓。"

贺龙对这种人非常厌恶："许春樵是怎样欺压百姓的？"

刘愿庵继续说："有一家农民共 4 口人，劳动力只有儿子古少能。古少能上有年迈的父母，他的妻子又病残了。生活已经困难得无法形容。许春樵还去找古少能收土地税。见拿不出来，许春樵竟用鞭子把古少能活活地打死了，还抢走了唯一剩的几斤玉米。古少能的双亲见到这种情况又气又恨，不久双双病死。古少能的妻子几经周折才托人给我写了状纸，要我做主。"

贺龙一下站起来："真有此事？"

"这是状纸上说的。"

贺龙冷静下来："不能相信一方，要全面调查。"

刘愿庵目视着贺龙："如调查后是事实该怎么办？"

贺龙想把自己的看法说出来，但他还不知道刘愿庵的想法，便要两人把意见背着对方写在各自的纸上，然后再拿出来对。

刘愿庵同意贺龙的主意，便从桌子上找来两张纸，自己拿一张，给贺龙一张，再找来两支毛笔，给贺龙一支。他们在桌上磨了墨汁，各自写好后，把写有字的纸放在桌上，两个大字同时出现在他们的眼前：杀。

贺龙大笑起来："哈哈哈！"刘愿庵也笑了起来。

等贺龙走后，刘愿庵立即派敖建五去调查，调查结果与状纸说的一样。于是，贺龙在刘愿庵的协助下枪毙了这个作恶多端的许春樵。

许春樵被枪毙后，老百姓无不拍手称快，敲锣打鼓，鞭炮长鸣。

不久，贺龙便率领部队回到涪陵，仍驻在火神庙里。他一方面加强练兵，一方面教育官兵对老百姓秋毫无犯。可是，他这时还不知道，一个不幸的消息将向他传来。

一天，贺龙在火神庙里抽着烟，刘金久来到他面前慌张道："出事了！"

"哦？"贺龙睁大眼睛盯着刘金久。

刘金久把知道的所有情况讲了出来："我们告别丰都后，陆柏香营又回到了丰都县城。陆柏香这个人军阀习气很重，他的部队到处骚扰百姓，群众怨声载道。知事刘愿庵为民着想，向陆柏香提出意见，可陆柏香根本听不进，反而还对刘愿庵怀恨在心，处处刁难。一次，陆柏香去找刘愿庵筹集军饷。刘愿庵说丰都县的粮税已预征了 20 年，人民负担非常沉重，地方财政极其困难，拒绝为陆柏香筹集军饷。陆柏香恼羞成怒，当即把刘愿庵骂了一通，并在一天夜里，派兵闯进县衙，把刘愿庵抓起来了。"

贺龙大怒："欺人太甚！""贺旅长，我们应该想办法营救刘知事。"贺龙思考着，吸着烟，稍过片刻才问："刘知事被关在什么地方？"

"不知道。""陆柏香驻扎点在哪？""据说是在丰都的禹王宫，原来杨森驻扎的地方。"

贺龙想既然陆柏香有一个营，我就带两个营去。他对刘金久说："走，我们再到丰都。"

贺龙亲自带着两个营来到丰都，悄悄驻扎在财神庙里。他和刘金久到"聚仙饭庄"来吃饭，主要是想向老板娘了解陆柏香的情况，再就是来感谢老板娘前次救了刘金久。

贺龙和刘金久吃着饭，和老板娘摆谈起来了。刘金久："老板娘，前次我跑到你这里来躲敝追兵，多谢你的相救。"老板娘："说什么哟，顺水人情罢了。"

刘金久又问起刘愿庵的事来："听说你们县的刘知事被陆柏香抓了，有这回事吗？"

"当然有。刘愿庵这个人太好了，你们去救救他吧。"

贺龙问题："你知不知道刘愿庵被关在哪里？"老板娘："好像是在禹王

宫陆柏香的营部里。那里面有一个地屋……"

贺龙他们了解到这些情况后，很快把饭吃完了。刘金久拿了10块大洋给老板娘。老板娘忙说："我收不到这么多。""都拿去吧，这是我给你的感谢。"刘金久说。

出了"聚仙饭庄"，贺龙和刘金久商量着怎样营救刘愿庵……

当天下午，贺龙带着贺锦斋来到陆柏香的营部坐在桌子边。这间屋子就是刘金久给杨森算命的那间。贺龙看着陆柏香："我是警备旅长贺龙，奉孙中山大元帅之命，在长江上游担当防务。"

陆柏香没想到贺龙会突然到来，知道惹不起，假装热情："贺旅长到来，欢迎，欢迎。不知贺旅长这次来有何指教？"

贺龙毫不客气，单刀直入："你把刘知事关起来干什么？"

陆柏香见对方说到要害，脸色一下就变得难看了："他拒绝给我筹集军饷，还说我是土匪。这种人当然该抓。"

"军饷难筹集，老百姓很苦，你难道一点都不为老百姓着想？刘愿庵是堂堂正正的县官，你抓他是经过谁批准的？"

陆柏香支支吾吾："这……这……不经过谁批准。"

贺龙拍桌而起："你放屁。你究竟是孙大元帅的军队，还是吴佩孚的军阀？！告诉你，你要是敢在我防务的地区乱来，我就对你不客气。赶快放人。"

陆柏香唯唯诺诺："是，是，我立即放人。"

贺龙他们走了。但两天后，仍不见刘愿庵出来。贺龙认为陆柏香是在耍花招，当面说得好，背后又在捣鬼。他怕陆柏香暗害刘愿庵，便采取了果断行动。

这是一个月光朦胧的夜晚，贺锦斋带着一连人将禹王宫包围起来。他腰上别着斧头，和一个拿着没有点燃火把的战士一道摸到地屋外面，借着月光，见到岗哨那里有人影晃动。他悄悄来到岗哨旁，在身边的地下寻到一块石子。他慢慢地弯下腰去，用手拣起来，朝前面丢去。那哨兵发现不远处有响动，便走到前面弯着腰看。说时迟，那时快，他一个箭步冲上去

贺龙在西南

给了那岗哨一刀。干掉岗哨后，他叫那战士点燃火把，来到地屋，见屋里关着一个人，便用斧头把门锁砸开。他朝屋内轻轻喊："刘知事快出来，我是贺旅长部队的。"

屋内的刘愿庵听说贺旅长，马上意识到是贺龙派人来救自己了，便迅速出了门，和贺锦斋他们一道逃出了禹王宫。

刘愿庵见到了贺龙："感谢贺旅长的救命之恩，我刘愿庵一辈子也忘不了。"

贺龙笑着道："看你说到哪里去了。刘知事，这里如此险恶，你今后打算怎么办？"

"社会这样不公，我这个当县官的基本权利和生命都难有保障，更不要说广大老百姓了。我决定不当这个县官了，离开丰都，去找救国救民的新途径……"

贺龙很高兴："我支持你。"

刘愿庵离开丰都后，到成都从事教育事业，不久，加入了中国共产党，先后担任中共成都特支书记、中共四川省委宣传部长、省委代理书记、书记等职，并出席中共"六大"，被选为中共中央候补委员。遗憾的是，这样一个有作为的人，于1930年在重庆壮烈牺牲了。

贺龙在丰都的丰功伟绩，人们没有忘记。后来，丰都县人民修了一座"贺龙阁"，里面有贺龙的塑像，阁上有"百战建奇功，千秋怀令德，万代仰雄风"的条幅，以表达人民对贺龙无限崇敬之情。

贺龙的雄才大略还远远没有实现。他知道前进的道路上会遇到一座座崇山峻岭，但他不畏艰险、勇往直前，不停地翻越翻越再翻越！

2 为民着想

    贺龙在丰都救出刘愿庵后回到了涪陵，不久就奉命调往重庆一带攻打杨森，途经武隆县江口镇，决定在此对部队进行短暂的休整，并准备带走他原来留在此处的部队。

    江口镇在乌江和芙蓉江汇合处。滔滔的江水川流不息，巍峨的大山耸立在江口镇的背后。

    贺龙的部队到这里驻下后，他带着刘金久走出了旅部。走到离旅部不远的江口镇镇口时，他们看到一个老太婆正在一间屋门口补衣服，便走了过去。

    贺龙亲切道："大娘，你在补衣服啊？"

    "是。"大娘说。她叫罗向氏，见来两个很客气的军人，忙放下衣服，去端来一条木板凳叫他们坐。

    他们坐下来了。刘金久见大娘补起衣服来很吃力，便主动去拿过来帮她补。

    贺龙看着罗向氏："大娘，你知道江口镇原来驻有一支贺龙的部队吗？""知道呀。""这支部队好不好？"贺龙问。

    罗向氏只是抿嘴笑，不说话。贺龙分析她是怕说，便开导道："不要怕，是好就说好，不好就说不好，我们是专门来听你们意见的，以便发现问题，及时纠正。"

罗向氏微笑道："总的说来，这支部队还是好的，打击坏人，不欺压百姓，但是……"

贺龙拿出笔记本记着，当他发觉罗向氏说了这些又不说了，忙追问："但是什么，没关系，大胆说，不会出问题，有我给你做主。"

罗向氏猜想这人一定是个大官，才把不愿讲的事情讲了出来："有一次，有一个军人来我家借了一条板凳，说借去用一会就还。我借了他，可过了几天都不还。我去问，那军人说板凳遭弄断了。我很心疼，觉得板凳还不回来了，只好自认倒霉。"

贺龙记好后又问："板凳是新的还是旧的？"

"旧是旧的，但缺了它，吃饭就没有坐的。"

贺龙认为这虽是小事，但影响了部队在群众中的形象。他从身上摸出两块大洋："大娘，你的板凳被士兵损坏了，我赔你两块大洋。"

罗向氏不收："一条板凳，哪里值这么多大洋哟？"贺龙解释："损坏东西要赔，这是我们部队的规矩。"罗向氏见贺龙执意要给就收下了："哎呀，贺龙的部队太好啦！"

"不要这么说，我们还有很多不足的地方，还希望大娘指出来。"贺龙很谦虚。罗向氏继续说自己的看法："要是所有的部队都像你们这样就好喽。"

贺龙收起了笔记本。刘金久这时也把衣服补好了，他把衣服和针线交给罗向氏后，和贺龙一道走了。

贺龙又在其他地方做了一些调查，最后在旅部召集干部开会，对军纪、军风、军民关系进行了检查、总结，表扬了一批作风好、守纪律的官兵，同时对做错事的也进行了批评。对损坏群众利益的，明确纪律，要坚决赔偿。

为了感谢群众对驻军的支持，贺龙派贺锦斋持他的亲笔信到彭水县去找龚渭清帮忙请川剧演员来江口镇演几场川剧。

贺锦斋上路了。贺龙送他。

贺龙："一定要把川剧演员请来哟！"贺锦斋："请贺旅长放心，这点小事都办不到，我贺锦斋岂不是无用？"

贺龙送走了贺锦斋后，准备返回旅部。当他路过罗向氏家门时，听到屋内有"呜呜呜"的哭泣声。他忙来到门口看，见一妇女坐在屋中的板凳上哭："嫂子，你为什么哭呀？"

这妇女见门口站着一个军人，虽然心中有苦，但也不好给军人谈吐，便走到另一间屋里去躲藏起来了。

在灶房里的罗向氏听到门口有人说话，而且声音还有些熟，便走出来，见是几天前来了解情况的军人，忙叫贺龙屋里坐。

贺龙觉得进去不好，就站在门口，又问起了刚才的事。罗向氏无所顾忌地讲了起来："刚才哭的是我大儿媳妇。"贺龙认为是俩口子闹矛盾："你儿子打了她？""是。"

"何必要打，她嫁给你大儿，就是一家人了。俩口子打架，往往是女的吃亏，男的应该谦让。有什么事好好商量嘛。"

"她闯祸啦。"罗向氏对贺龙说："她在煮饭时，实际上是煮菜，把盐罐拿来往锅里倒盐水，手一滑，盐罐掉在铁锅里，仅有的一点点盐水全倒了，还把铁锅也打了一个大洞，汤全部漏了，她又拿另外一个罐罐烧点白开水倒在菜里。我大儿回来，喝着汤没有盐味，又看到铁锅被打烂了，心中有火，就打了她。"

"就是这样也不该打人嘛。铁锅坏了，去买一口，盐巴没有了，去称就是了。"

"哎呀，你说得倒容易。我们穷人哪来钱买吗？铁锅不说了，就说盐巴，连吃'牛滚水'都很困难。"

贺龙不懂"牛滚水"的意思："'牛滚水'是什么？"

"就是在煮菜时，拿一块盐巴放在汤里像牛打滚一样滚一下就捞起来，让菜汤里有一点盐味。"

贺龙知道后发表看法："买一块盐巴要吃很久嘛。"罗向氏："我们全家7口人，半年还吃不到1斤盐。"

"这么一点点，太少了。""没有办法呀。这年头，就是有钱也很难买到盐巴。"

"这么大一个江口镇，难道盐巴都没有卖的？"

罗向氏道出了苦衷："那些有钱人，把盐巴弄到别处高价卖去了。江口镇逢赶场时，有时也有一点盐巴卖，但价钱疯涨，我们买不起。真是盐贵如金，米贵如银啊！"

贺龙听说江口镇的盐巴紧张，心里很难过。他沉默了片刻，对罗向氏安慰道："大娘，别着急，我相信，不久会有盐巴吃的。"

贺龙回到旅部，立即把刘金久叫来："金久，你马上去江口镇上，把所有的盐商都通知来旅部开会。"

盐商们听说贺龙召见，不敢怠慢，纷纷来到旅部。

开会了。贺龙表情十分严肃："今天找你们来，没有别的，就是关于卖盐的事。你们把盐巴拿到别处卖高价，弄得江口镇很少有盐巴卖，就是有一点，价格也贵得吓人。老百姓吃不上盐，这可不行。"

贺龙的语气稍稍缓和了一点："在座的有些人可能还不知道我在彭水整治盐业的事。你们都知道彭水产的盐销售很远，江口镇的盐巴都是从那里来的。但是，盐商仗着当地军阀的势力，串通一气，为非作歹，私发钞票，滥设税卡，致使盐厂倒闭、盐业萧条，许多地方的盐价暴涨，甚至无盐出售，搞得人心惶惶，这怎么行？我了解到这个情况后，立即提出了降低盐税、撤销关卡等措施，使盐业生产、销售好转。从明天起，江口镇的盐铺赶场天要开门营业，卖盐时不能看人发盐，价格也要公道合理，不能抬高市价，要让老百姓吃得起盐。如有违抗，或故意扰乱市场秩序的，一律严惩不贷。"

盐商们见贺龙态度严厉，个个面面相觑。散会后，各自回去了。

第二天，江口镇赶场。贺龙对盐巴问题还是不放心，便叫刘金久去场上检查，如发现有囤积盐巴、高抬市价的，就进行惩治。

刘金久刚走，贺锦斋就回来了，还带回了一批川剧演员。贺龙便叫贺锦斋去江口镇搭戏台子，准备演川剧。

　　江口镇地方不大，听说贺龙请人要为老百姓演川剧，消息很快传开。人们从四面八方赶来。

　　贺龙也来看川剧。他看到台下的坝子上坐着罗向氏，便走过去挨着坐起："大娘，您也来看川剧呀？"

　　"这不要钱的川剧，当然要看。哎，我都有几十年没有看过川剧了，还是当姑娘的时候看过呢。"

　　贺龙笑道："那这次您就看个够吧，要演好几场呢！"

　　罗向氏想到盐巴的事："现在好了，我们有盐巴吃了。今天我在镇上买盐巴，虽然要排队，但还是买得到。"

　　贺龙顺便了解情况："价格贵不贵？""不算太贵。"贺龙觉得罗向氏说的跟刘金久讲的基本一样。川剧开始了，演的是关汉卿的《窦娥冤》。

　　贺龙和罗向氏认真地看起来。他们看得非常投入，随着剧情的变化，感情也随之变化。演了第二折后，趁闭幕时，他们开始轻轻地说起来了。

　　贺龙问罗向氏："您看不看得懂？""看不太懂。"

　　贺龙慢慢地发表了自己的观点："《窦娥冤》是一个大戏剧家写的。您刚才看到的，讲的是窦娥因其父无力偿还高利贷，把窦娥典押给蔡婆做童养息，成婚后不久又成了寡妇。恶棍为了霸占窦娥，企图用药毒死蔡婆，不料误毒了自己的父亲……"

　　罗向氏接过话："既然是这样，那州官怎么说是窦娥杀了人，要判窦娥死刑呢？"

　　"州官是贪官，接受了贿赂。"

　　"那后来窦娥死没有？"

　　罗向氏问到这里，幕布拉开了。窦娥被押上了刑场。这时，窦娥发出了震撼人心的控诉：

　　　　有日月朝暮悬，有鬼神掌着生死权……为善的，受贫穷更命短，造恶的，享富贵又寿延。天地也作得个怕硬欺软，却原来也这般顺水推船。地也，你不分好歹何为地，天也，你错勘贤愚枉作天！哎，只落得两泪涟涟。

罗向氏看到窦娥被斩后，心里很难过。

第三折完了，贺龙对罗向氏道："窦娥对天地的指责，实际上是对统治者的诅咒，表达了广大人民的强烈憎恨。"

"哎，窦娥的死是个冤案，看来就这样冤下去了。"

"不，在最后一折里，窦娥的父亲窦天章当了官，奉命查办此案，逮捕了真凶，案情终于得到昭雪。"

罗向氏联想到现实："窦天章很好。我看现在的贺龙就像窦天章，不，贺龙还要强些。你见过贺龙吗?"

贺龙："我在贺龙部队里，经常见到他。他本身就出生在贫苦农民家庭，做事当然要常常想到老百姓。"

"请你转告他，我希望他好，我感谢他。"

川剧演完后，刘金久快步来到贺龙面前："贺旅长，重庆城有紧急情况。"

罗向氏此时看着贺龙，恍然大悟。原来，贺龙就在身边。

贺龙分析这紧急情况，可能与在重庆城里的杨森、袁祖铭有关，便边走边听刘金久的报告……

第五章　进攻重庆城

1 首战重庆城

　　杨森离开丰都后，联络袁祖铭到成都打熊克武，遭到失败，退至重庆城驻守。

　　熊克武的讨贼军经过休整，又得到补充，决定分路反攻杨森、袁祖铭。但懋辛和刘伯承的部队从大足、璧山出发；赖心辉的部队从隆昌出发；贺龙、汤子模和周绪成的部队从合江出发……

　　其他部队不讲，专说从合江出发的军队。

　　贺龙的部队从江口镇来到合江，与汤子模、周绪成会师。会师后，他们立即召开了紧急会议，分析了敌我双方的形势，做了攻打重庆城的部署。他们认为讨贼军阵容强大，军心也较好，攻打重庆城应该没问题。但也应充分估计到杨森等军阀的武器先进，并对讨贼军的进攻早有提防，已在重庆城的周围设了许多兵力防守。

　　在会上，周绪成发言不多，看来他对贺龙还有看法。这一点，汤子模也看出来了。散会后，汤子模专门找贺龙谈了话："老弟，我看周绪成对你的疙瘩还没有解开。"

　　贺龙很大量："哦，我早就不把它放在心上了。"

　　"我曾经劝过周绪成，过去的事情就让它过去，可他不释怀。"

贺龙在西南

贺龙说道:"我们都是孙中山大元帅的讨贼军,发生一点不愉快的事,应该在内部解决就行了,应该团结起来打军阀嘛。"

"对,你说得很有道理,我要好好劝劝周绪成。"

贺龙回到他的旅部,对部队来了突然检查。吹号集合。几分钟内,集合起来了。他见到官兵们全副武装,个个精神抖擞,心里暗暗高兴。他把所了解到的情况向官兵们简单讲了后,就宣布了向重庆作战的命令:

1. 敌情通报。杨森、袁祖铭正驻守重庆城,妄图借军阀吴佩孚的支持,阻止我讨贼军进攻……

2. 我军为歼灭上述军阀,配合汤子模、周绪成作战,进攻重庆城。

3. 重庆城外已有杨森的兵力防守,但兵力分散。进入重庆城后,再见机行动。

4. 无论干部战士,每人背3天干粮、1天生粮,干粮无命令不得动用。各小单位带足5天生粮,带上行军锅,带上斧头、手锯、铁锹等。骡马每头带足4天饲料。后勤组织输送6天生粮和马匹所需饲料。

5. 行军、宿营,应严格遵守组织纪律,不准损害老百姓的利益。各单位应切实进行教育。

作战命令宣布后,贺龙把手一挥:"去准备吧!"

部队从合江向重庆出发了,沿途打败了很多杨森的部队。讨贼军势如破竹,杨森的部队溃不成军。

来到重庆郊外的白市驿,又遇到了一支杨森的部队。讨贼军攻不下,官兵牺牲了不少。白市驿是个多山的地区,易守难攻。

在这种情况下,贺龙和贺锦斋化装成农民深入敌方侦察,掌握了很多重要情况。贺龙把侦察到的情报绘成略图,回去找汤子模、周绪成研究。

在会上,贺龙胸有成竹:"我有一破敌之策。敌人在我方正面进攻的要道坚守，而且是用重兵，使我方难以攻下，但敌人后面的兵力却很薄弱，是我们进攻的突破口。但是要绕到敌人后面去要经过一座大山——缙云山。这山的路很不好走，几乎没有路。"

汤子模："那怎么办？"周绪成："没办法，打不下白市驿，我们干脆撤了算了。"

贺龙："我们必须要打下白市驿。我建议你们两位的部队在正面和敌人打，要装着打得很激烈。我的旅绕道缙云山，去到敌后，咱们出其不意地前后夹攻，敌人必败。"

汤子模伸出大拇指："老弟这一着高明。"贺龙："你们切记要等我部出发3小时后再狠狠地打，预计那时我部已到达敌后。"

周绪成意味深长地说："那就辛苦贺旅长了。"贺龙："没什么。"

贺龙带着他的部队在陡峭的缙云山上艰难地行走着。一路上，战士们用斧头、手锯等工具开路。经过几个小时的行军，部队终于来到了敌人的薄弱地。贺龙一声令下，带着战士开始进攻。敌人突见后面也打起来了，一时乱了阵脚，被打得死的死，逃的逃。

白市驿被讨贼军拿下来了。贺龙看了看这地方，有一片十分平坦的地带暗暗想这平地拿来修飞机场应该不错。

重庆城的整个外围都被讨贼军攻下。杨森、袁祖铭见重庆城守不住，乘军舰逃跑了。讨贼军顺利占领了重庆城。

重庆城依山而建，三面环江，形如半岛。贺龙和刘金久从城边的大坪来到浮图关上。重庆城尽收眼底：滚滚的长江和嘉陵江顺着重庆城边向东流去；左面是江北，右面是南岸；到处是鳞次栉比的房屋。贺龙认为重庆是长江上游的经济、文化中心，在军事上也是一个战略要地。

贺龙正在观看重庆的美景，突然来了一个戴眼镜的军人。这军人也站在浮图关上观看重庆城。刘金久看这个陌生的军人气度不凡。

贺龙也感到奇怪，打仗的军人还戴着眼镜，猜不出是谁。不过从他的穿着来看，肯定是个讨贼军。

贺龙试探道："重庆的战略地位太重要了。"那军人接过话："是重要，我们讨贼军应该认识到这一点。”

贺龙见那军人搭上话：“你也是讨贼军？”“是的。”“我是石青阳的部下，我叫贺龙。”“哎呀，你就是两把菜刀闹革命的贺旅长啊。我叫刘伯承。”贺龙惊喜道：“荣幸，荣幸，刘团长，能在这里见到你真高兴。”

他们互相握手后，就开始摆谈起来。贺龙向刘伯承讲了到重庆打杨森的经过后问：“你怎么戴起眼镜来了？”

刘伯承是从大足壁山向重庆城进发的。他听了贺龙的问话后道：“几年前，我大战丰都时打伤了眼睛。”贺龙：“刘团长是久经沙场的人了。”

“算不上，但仗是打了不少。前不久，我还在重庆和杨森打了一仗。”“打得如何？”贺龙问。

刘伯承没有马上回答，稍停片刻，他才慢慢地讲了起来：“那是熊克武在成都被包围，便电令驻守重庆东路的讨贼军指挥官但懋辛增援。但懋辛就命令驻在万县的部队西上援助熊克武。当时，我是混成旅第一团团长，也跟着西上。到重庆江北时，接到但懋辛重庆告急电，要求我火速向江北的寸滩和黑石子一带增援。我便率混成旅一、三支队从江北两路镇出发，向寸滩前进。行至离寸滩不远的石板桥时，遇到了敌人。我认为不能直接深入，命令前卫改道向东侧山头进攻。我率 3 支队从西侧山头与杨森部接近，刚一上山，就开始交战。起初，我采取逐段前进的战术还算打得顺利。杨森的士兵已经开始动摇，但这时已到了晚上，攻势暂停。杨森乘机调动兵力，从右路绕到我部后面发起进攻。我方随即应战，打得异常激烈。打了 6 个多小时，我见杨森后援部队增多。若继续战下去，我部损失会更大，便果断决定利用黑夜突围。我选择了杨森部枪声激烈但是盲目射击的左侧北部防线为突破口，迅速收拢部队，集中火力向北部的敌军压制射击，率领部队冲出了包围圈，将部队撤退。”

贺龙笑道：“刘团长真有办法。”

刘伯承突然想起了邓小平曾在重庆读过书的，但他没有说出来，而是继续和贺龙摆谈：“这是没有办法的办法呀！这次讨贼军占领了重庆城，名声大振。我决定要来浮图关看看，因为这里可以说是重庆城的至高点。”

"对，熟悉当地的地形很重要。"贺龙觉得有一个问题需要讲出来："讨贼军攻下重庆城后应该继续追打杨森、袁祖铭，怎么不追打了呢？"

"赖心辉不愿意打，借口兵员、武器需补充，停兵不追，想当大官。"

贺龙有些不高兴了："个人的主义！却把国家的大事忘了，甚至不顾，这像什么话?! 老实说，当官看当什么官，为老百姓说话，为老百姓办事，才是好官，为了一己私欲，想借机捞一把，就是坏官，得不到老百姓的拥护。"

"现在这个世道不好说。"

"这样下去，我看重庆城占领不了多久又会落入杨森的手里。"贺龙说后，就和刘伯承分手走了。刘伯承也回到他的部队去了。

贺龙离开了浮图关，到城内的马鞍山、蒲草田、大田湾等地走了一圈，还专门去看了袁祖铭住的"渝舍"。他在城里还听说重庆附近的缙云山是个著名的风景区。这对他以后的工作却沾上了边儿。

果不出贺龙预料。不久，杨森、袁祖铭反攻重庆城。

但懋辛与赖心辉决定分两路迎击：但懋辛在长江北岸迎敌；赖心辉（包括石青阳的部队）在长江南岸迎敌。但懋辛率部与敌作战，而赖心辉却迟迟不动。贺龙给石青阳反映，叫石青阳去劝说赖心辉作战，石青阳无功而返。但懋辛因寡不敌众而失利，退回与赖心辉商量守城大计。赖心辉坚持放弃重庆城，并自动撤退。在这种情况下，其他各部不明真相，以为敌人追来，纷纷退却了。

重庆城又落入杨森、袁祖铭手里了。贺龙见到这种情况，很叹息。贺龙退到涪陵驻防了。

2 再战重庆城

贺龙在涪陵，继续加强练兵。同时，他想到周绪成对他有意见，准备抽个时间把周绪成、汤子模请到火神庙里来好好谈一谈。

这天晚上，火神庙内的木板旁坐着3个人：贺龙、汤子模、周绪成。木板上摆有花生米、回锅肉等。

贺龙从座位上站起来，给汤子模、周绪成敬酒："前段时间一直在打仗，没有时间。今天有空，我请两位来耍一耍，交谈交谈。"

贺龙也给自己倒了一杯，坐下去，端起酒杯邀请道："来，喝。"

酒过三巡，贺龙道："这次重庆城都打下来了，却又捧手让给了杨森、袁祖铭。实在划不来。"

汤子模："是呀，组织几路大军，牺牲了很多将士，结果就因个别人消极，刚到手的胜利果实就这样丢掉了。"

周绪成的看法不一样："胜败乃兵家常事嘛。这次输了，下次打赢。来，喝酒。"他一饮而尽。

贺龙给周绪成倒酒："下次能打赢？常言说得好：机不可失，时不再来。"

周绪成吃了花生米后说:"只要官兵士气高,方法得当,就打得赢。万一打不赢,也没什么,撤走就是。"

他们摆谈了一阵,贺龙见周绪成已有几分醉意:"我发觉周旅长今晚很大度。我和周旅长的矛盾,希望周旅长也像这样大度些。"

周绪成听了这话,眼睛像滚珠一样迅速地转动了几下:"既然贺旅长把话说到这里来了,我也谈谈我的想法。过去的事就让它过去了。今后,你贺旅长少管点我的闲事就行了。我这个人的气量既大度又小气。"

贺龙:"我没有资格来管,但我有两条要求。一是你的士兵干的一些勾当,不要被我发现了。二是作为官兵,要处处想到老百姓,尊重老百姓,如果坑害老百姓,就跟土匪、军阀没有什么区别。"

周绪成冒火了:"贺龙,你这话说得太过分了吧!你把我比作土匪、军阀。你今晚是请我来喝酒的还是来接受你教训的?"

汤子模见周绪成发火了,忙给周绪成夹了一块回锅肉:"有话好好说嘛。来,吃菜。"

贺龙倒还显得很冷静:"我是为周旅长部队的前途着想。"周绪成站起来把木板一拍,大声道:"我的前途不要你管。"说后,就气冲冲地走了。

周绪成走后,屋子里一点声音也没有。过了一会,贺龙才对汤子模感叹起来:"哎,我是响应孙中山大元帅的号召才跟着石青阳来讨贼的,不然,哪里会跟周绪成这种人在一起哟!"

汤子模:"老弟,有些事情不要太认真,睁一只眼闭一只眼算了。"贺龙不同意这种看法:"不,我就是要为老百姓说话。"

汤子模见贺龙在这方面非常固执,也不好再说了,只是不停地拈花生米吃。

刘金久进来,他把一份急电送给贺龙:"刚才收到的。"贺龙预感到有重大情况,他立即接过急电看了起来:

石青阳并汤子模、贺龙、周绪成:

前次重庆之战的失利,给全体讨贼军很大打击。军阀罪行累

累、罄竹难书。我们不将其消灭，誓不罢休。现我奉孙中山大元

帅之命，命令你们立即做好准备，再次攻打重庆城。

熊克武

贺龙看后，把电文递给汤子模："你看看吧。"汤子模接过去看后道："又要打重庆城。"

贺龙认为熊克武的命令不得不执行，但他和周绪成的关系搞得这样僵怎么共同去对付敌人？他把这一想法讲给汤子模听。

汤子模觉得贺龙说的有道理，沉思了一会，想出了一个办法："这样，我把周绪成从涪陵带走。"

贺龙望着汤子模："带到哪里去？""南川。""到南川去干什么？"

汤子模把他的想法讲了出来："我认为打重庆城需要很多兵力。我原来在南川呆过，那里有我的一些旧部，我去后把这些部队联络起来，一起去打重庆城。周绪成留在涪陵，肯定与你不和。等我在南川把准备工作做好后，我给你来电，一起去攻打重庆城。"

贺龙想了一会："你带周绪成走这个主意好。但你到南川后联络得到多少兵力？"

汤子模摇摇头："不知道，能联络多少算多少吧！"

贺龙感到汤子模说得很不踏实，很想不同意汤子模的主张，但有熊克武的命令："好吧，你们去尽量多联络一些兵力。我在这里等你的消息。"

汤子模见贺龙同意了，把电文交给刘金久："那我先走了。"

汤子模和周绪成走后，贺龙为打仗积极做好准备。半月后，汤子模来电，说他在南川已准备就绪，叫贺龙向重庆城出发。

汤子模、贺龙、周绪成的部队来到重庆的南岸。在南岸的铜元局，他们遇到了杨森的部队。双方交了火。打了几天，贺龙他们终于拿下了铜元局。但杨森很快组织兵力反扑，由于敌人兵力强大，铜元局失守。

汤子模、贺龙、周绪成分析了形势，认为此时部队合在一起没有分开打好。贺龙提出了分工：汤子模和周绪成攻打铜元局，贺龙在离铜元局不

远的海棠溪偷袭杨森的后面。

这一着果然有效,杨森兵败。

杨森的兵退回城里后,周绪成带着士兵在铜元局、海棠溪等地安上大炮,经常隔江放炮,使城中的民房失火,居民时有伤亡。

贺龙对周绪成的这种行为十分反感。

周绪成见贺龙不向城中打炮,便找到贺龙气势汹汹道:"贺旅长,我经常向城里打炮,你为什么一炮也不发,安心让杨森、袁祖铭来打我们吗?"

贺龙认真地说:"周旅长,你知不知道,你的炮打的不是杨森、袁祖铭,而是打的老百姓。伤亡的是老百姓,烧毁的房屋也是老百姓的,不知你是为谁打仗?"

周绪成大声道:"我打杨森、打袁祖铭。我管不了那么多。"

"你这样打,是打不到杨森、袁祖铭的。"

"打不着我也要打。这样可以震慑敌人,扬我军威。我是军人,军人的天职就是打仗。"

"如果不想到老百姓的利益,这种军人我宁愿不当。"

"你不当,我当。"周绪成说后气愤地走了。

战争搞得人心惶惶。重庆城笼罩在可怕的气氛之中。

在城中,那栋叫"渝舍"的房屋里,袁祖铭正躺在床上烧鸦片烟,床前的椅子上坐着杨森。

杨森看着对方,用黔军官兵的称呼:"总座,你的鸦片瘾还不小嘛。"

袁祖铭吸了一口鸦片烟笑道:"别人吸鸦片越吸越瘦。你看我,反而长了一身烟膘。军长,今天来有何事呀?"

杨森两手在胸前动了动:"你不是不知道。熊克武叫石青阳领导下的贺龙、汤子摸、周绪成来打我们。我在铜元局和他们打了几个回合,最终战不赢,退回城里来了。特别是那个贺龙,厉害得很,难以对付。我和他多次交战,几乎都败在他的手下。"

袁祖铭也知道贺龙的部队纪律严明,作风过硬,经得起打,但不管怎样,也不能灭自己的士气。他又抽了一口鸦片烟:"再厉害,也不能让他们在重庆城站稳脚。"

杨森显得很着急："目前，我们没有得到吴佩孚玉帅的援军，这仗很难打。"

袁祖铭一点也不慌，看着杨森慢慢地说："仗要这样打……"

一天，天刚蒙蒙亮，在南岸海棠溪附近查哨的贺锦斋走在长江边上，他感到岸边静悄悄，江水哗哗流。他面对江面深深地吸了一口凌晨的清新空气，往滔滔的长江上看去。他觉得江上的远处有什么东西，像树影一样，密密麻麻的。江上怎么会有树影呢？不对。他站在江边，仔细观察，感觉那影子在向南岸这边移动。"有问题。"他想。他立即转身来到贺龙的帐下："贺旅长！贺旅长！"

正在睡觉的贺龙被喊声惊醒，立即鱼跃而起。贺锦斋马上报告："江上有情况。"

贺龙穿着衣服快步来到江边，发现江中有人影，很多，队伍较长，看不到底，可能是搭着浮桥过来的敌军。

贺龙对贺锦斋道："通知全旅，立即投入战斗。"

全旅官兵以最快的速度悄悄地来到江边，做好了准备。

刘金久来到贺龙身边。他见贺龙站在江边很危险，轻声道："贺旅长，还是到后面去吧？"

贺龙没有说话，全神贯注地注视着江面。江风微微地吹着贺龙的脸面，他好像没有注意到。他站在那里，一动不动。在刘金久的再三催促下，他才来到隐蔽的地方。他看着江面，突然把右手一挥，大喊一声："打！"

无数的子弹、炮火向江上射去，江上也不停地向岸上还击。

在铜元局的周绪成被枪炮声惊醒了。他见江上战火纷飞，看不清人，估计几里以内都有敌人渡江。他断定是杨森、袁祖铭他们打过来了。他在慌乱之下便率部逃跑了。

汤子模坚持在铜元局抵抗，但因寡不敌众，被打散了。

贺龙不为周绪成的逃跑所动，领着全旅官兵坚决阻击敌人，一直打到天大亮。海棠溪这里敌人没有上到岸，但敌人从铜元局上岸后，从几面向贺龙包围过来。

　　贺龙认为，现在若继续应战，官兵的伤亡将惨重。于是，他决定突围。他带着官兵针对敌人的弱点，集中兵力，集中火力，冲出了敌人的包围，在南岸老厂汇合了汤子模和周绪成。

　　他们正在谈论敌情、总结经验时，刘金久传来情报：袁祖铭带兵追来了……

3 截获军火

　　这一次，贺龙、汤子模、周绪成退到涪陵，已是 1923 年夏天。贺龙考虑到部队的弹药不多了，就派刘金久到武汉去搞武器。他自己则经常与汤子模、周绪成一起研究军事问题。

　　一天深夜，他们 3 人在火神庙里研究第二次攻打重庆城失利的原因。快要结束时，刘金久跑来了。他见屋内有汤子模、周绪成，便把贺龙叫出去报告了一个非常重要的事情：

　　"我从宜昌搭乘日本日清公司的客轮'宜阳丸'回涪陵。在船上，我走动观察时，发现底舱里有很多货。我用手去摸，发现掩盖物下面全是弹箱。我又仔细检查，还真有子弹。我想这一定是吴佩孚给在重庆的杨森、袁祖铭送的。我到武汉去没能搞到枪支弹药，我想如果把这些武器截获就好了。这船偷偷摸摸地开着走，后面还跟着一艘该公司的'云阳丸'。'宜阳丸'在万县停泊陈家嘴码头，当时已是晚上，到了深夜二更时，这船忽然又开走了，往上行，走了 10 来里，在一个僻静的地方停了下来。不久，'云阳丸'也到了。今天白天，两艘船本来可以到达涪陵，但船行到涪陵下游 20 里的小乡场处抛锚停泊了，并不准旅客下船。我知道涪陵已不是杨森的地盘，被讨贼军占领着，我想这船定是怕走漏风声，招来大祸，所以不敢停泊涪陵。我很想把这个情况告诉你，可是又下不了船。我正在着急时，突然想到了一个办法。我趁天黑无人注意之机偷偷从船头顺着锚链下了水，悄悄游上了岸，迅速跑回涪陵来给你报告。"

贺龙感到情况重大："这两艘日本的船肯定都装得有军火，多久才能经过涪陵？"

刘金久："现在是什么时间了？"贺龙："不到 12 点。""估计明天早晨可以经过。"

贺龙觉得刘金久获得的情报应该让汤子模、周绪成他们知道。他对刘金久道："来，你进来给他们讲讲。"

刘金久进到屋后又把发现军火的情况向汤子模、周绪成讲了一遍。

汤子模听了道："若放船到重庆卸下军火充实敌军，那对我攻打杨森、袁祖铭是极为不利的。"

周绪成也发表了看法："如要扣船，就会惹上大祸，日本人惹不起啊。我看倒可以阻其通行，迫其返回。"

贺龙坐在凳子上吸着烟，他听了周绪成的讲话后，立即表明了观点。他迅速站起来，左手拿着烟斗，右手一挥："怎么惹不起？这是送上门来的东西。我的意见：扣船，没收船上的全部枪弹。我们手上也正缺枪弹嘛。扣了它，我们多了一大批枪支弹药，敌人却少了一大批，一加一减，仗就好打。这些东西也是吴佩孚勾结帝国主义的罪证。我们不是卖国的北洋政府，是孙中山大元帅的革命队伍，一定要给他们一个下马威，长长中国人的志气！"

汤子模觉得贺龙说得很有道理："贺旅长的话很对。就是不知道怎样截下这批军火？"

贺龙把烟嘴拿到嘴里吸了一口又拿出来。右手往腿上一拍："有了。"

在屋子里的人都目视着贺龙，等他说出高招。

贺龙看着汤子模："日本轮船以经商为名航行长江。日本商人都是见钱眼开的。我们化装成老百姓，见船来后，就在岸上喊我们是从重庆来涪陵做生意的，如今打仗，回不了重庆，请求搭日本人的船回重庆，我们可以多付钱。同时，我们要准备一些小船，以做上船之用。只要我们上了船，以后的事就不由他们了。"

汤子模："这个办法好，可以不动用武力，不在江上开火。"刘金久有些担心："万一日本船不停呢?"

贺龙："不停也不要紧，我们调步兵监视日轮行动。如果不停，就用武力弹压，把船打沉在长江上。"

接着，他们又研究了扣船的分工：贺龙带领 300 官兵拦截"宜阳丸"；周绪成带领 300 官兵拦截"云阳丸"。

汤子模问周绪成有何意见。周绪成暗想：你贺龙这些想法根本不能实现。嘴上却答得很干脆："服从安排。"

屋子里只剩下贺龙和刘金久了。

贺龙对刘金久道："等一会，我要亲自化装登船。为了防止日本人逃跑，你派 1 个步兵连，1 个炮兵排在涪陵城西长江上游的峡口设伏，瞪大眼睛盯住'宜阳丸'。他们要敢反抗逃跑，就开炮，击沉它龟儿子。这桩事关系重大，只准全胜，不准失败。"

刘金久："贺旅长，你亲自登船可能很危险。"

贺龙爽快道："危险倒是碰上过许多，就是没跟日本人打过交道，碰一碰，看看是我贺龙危险，还是日本人得不到安生。你从长江里游上岸，衣服怎么没有打湿?"

刘金久："这么热的天，我走在路上就干了。"贺龙觉得也是："你赶快去准备一些小船做上船用。"

这日拂晓，火红的太阳从山边升起，薄薄的晨雾弥漫在长江上，给人一种严肃、紧张、激烈的感觉。

贺龙穿着长衫，挂着拐棍，稳步来到涪陵城长江边的码头。他见这里站了许多"客商"在等候着上船，心里表现得更沉着了。他身边紧跟着的是身上藏着手枪的贺锦斋。

薄雾渐渐散去。长江上一艘轮船逆江而来，后面的远处还跟着一艘。

渐渐地，"客商"们看到了前面那艘船上飘着的太阳旗，船身上写着

"宜阳丸"。当船要驶拢码头外的江面时，"客商"们大声喊：

　　搭船！

　　搭船！

　　……

　　"宜阳丸"的速度减慢了，轮船的过道上也站了不少日本人。他们好像在叽里咕噜地说什么。

　　来到过道上的日船主见有这么多的人要乘船，觉得有利可图，如果按每人收 1 个大洋计算，就是几百个，便下令抛锚，对着岸边大声喊："我们的船不靠码头，要搭船的，请在江边坐小船过来。"

　　"客商"们听了这话，纷纷坐着小船向江中驶去。

　　船主见"客商"们向船这边驶来后，摸了摸腰上的手枪，就到驾驶室去了。

　　江水滔滔，波浪滚滚，预示着很快将要发生大事了。

　　贺龙站在小船船头，一双犀利的眼睛时刻注视着"宜阳丸"，仿佛要看穿那船上每一个人的行为。

　　小船靠着"宜阳丸"了。贺龙最先爬上去，把乘船的费用交给日本商人后，秘密地向最重要的驾驶室走去，紧跟其后的是贺锦斋。其他的"客商"也迅速向船上其他要害部位靠拢去。

　　贺龙打开驾驶室的门，闪了进去。船主见状："你坐船应该到舱位去，怎么到这里来了？"

　　贺龙严肃起来："我们要检查你们的船！"贺锦斋站在贺龙的侧边，相隔有一定的距离。船主大声说："这是日本的船，不准检查。"

　　贺龙也不示弱："我是贺龙。你睁开眼睛看看，这是中国的江河。我奉孙中山大元帅之命，驻守长江上游防区，我不准任何人乱来，叫你接受检查就得接受检查。"

　　船主感到遇到对手了，但他想到如果接受检查，船上军火就要被暴露，后果难以想象。不行，要打死贺龙。他迅猛掏出手枪向贺龙击来。贺龙迅速闪开，正摸枪准备还击时，贺锦斋已将船主击毙。顿时，船上到处响起

贺龙在西南

了枪声。

驾驶室的其他日本人也开枪射击。经过短暂的枪战，日本人全被贺龙和贺锦斋解决了。结束了驾驶室的战斗后，他们迅速走出，来到过道，碰到刘金久和几个战士押着两个日本人。

刘金久见到贺龙报告道："这是我们捉获的。"贺龙："好好看着。"说后就向船舱走去。

贺龙见到士兵们正在搜查，可是没有发现武器。贺龙不灰心，亲自带着士兵到底舱去检查。底舱里堆有很多东西。有海带、鱿鱼等。他要把这些货物拉开，来个彻底的搜查。他来到货物旁，正准备拉时，发现货物边藏着一个人，便厉声道："快起来！"

那人30来岁，听到贺龙那可怕的声音，战战兢兢地站了起来，显得狼狈不堪。

贺龙："你躲在这里干什么？""我见船上打起来了，害怕。""你叫什么名字？"贺龙问。"张运矶。"

贺龙看张运矶不是日本人，是中国人，藏在这里一定有鬼："你在哪里任职，到船上来干什么？要说老实话，否则对你不利。"

张运矶害怕死，只好如实地讲了出来："我是吴佩孚派来押运武器的军械处长。"

贺龙一听，高兴起来，押运武器的人都在船上，说明船上一定有武器，但又没有搜到。他严厉道："武器在哪里？"

张运矶用手指了指堆着的货物："就在这货物堆里。"

贺龙叫贺锦斋等人把海带、鱿鱼拉开，露出了一箱箱的武器弹药。过后，贺龙又问了张运矶一些情况。张运矶都老实做了回答。

战斗和搜查结束后，贺龙命令士兵将捉获的两个日本人和张运矶押下船专门看守，武器弹药一律抬到火神庙。

官兵们下船时，受到码头上的群众热烈欢迎，对贺龙这种长中国人志气的行为无不拍手称快。

那个衣衫褴褛的人力车夫也来看热闹，脸上露出了笑容。贺龙忙了很

84

久才和刘金久到火神庙，汤子模也回来了。

贺龙还不知道周绪成截获"云阳丸"的情况："汤师长，周旅长那里的情况怎样？"

汤子模："哎，不如你哟。周绪成害怕闯祸，截获轮船不得力，最后让'云阳丸'掉头逃跑了。"

贺龙感到送到嘴边来的肉都没有吃到，真可惜："据张运矶交代，'云阳丸'上有300支步枪，就这样让它跑掉了。"

汤子模："贺旅长，孙中山先生评价你是捍卫国家的忠诚将士，我看一点也不错。"

贺龙笑了笑，想到更远的事了："汤师长，我们截获了日船偷运的军火，还发生了枪战，并且双方还有伤亡。我想日本人是绝不会罢休的。我们应向日本日清公司发出抗议信。"

汤子模同意贺龙的提议，经过研究，贺龙便写了抗议信：

……我军奉令讨伐杨森、袁祖铭。正值两军对垒之际，日清公司轮船公然为吴佩孚载运大量武器弹药，前往重庆城接济被我围困之敌，显系故意违反国际公法，参与中国内战，与本军为敌。

涪陵为作战区，早经宣布戒严。该公司云阳、宜阳两轮，既已到涪陵接客，何不接受检查？"云阳丸"何以逃脱？"宜阳丸"何以开枪射击？使我官兵受到伤亡。由于两轮严重违犯中国戒严法，该公司应负如下责任：

甲、对我方伤亡官兵，应赔偿一切损失，承担一切后果。

乙、依据戒严法规定，没收犯罪之物。云阳、宜阳两轮，是此次犯罪主体，应依法没收。除"宜阳丸"已经我方扣留外，现在逃之"云阳丸"应由公司交出，一并没收。

丙、该公司应向本军正式道歉，并保证以后不再违法私运军火及其他禁运物资。

根据中日内河航运通商条约第7条规定，不得私运军火、毒品等。如不遵守条约，故意违犯，其情节重大者，得停止其营业。试问此次云阳、宜阳两轮，公然参与我国内战，在作战区内输送武器，难道情节之重大有过于此吗？我军素持宽大，如该公司能够不吝改过，办好善后，则处罚只没收两轮，否则我军执法必严，除禁止在本区营业外，还将报我政府，停止其全部营业，以儆效尤。

  ……

  抗议信写好后，贺龙就叫刘金久用特快电报向日本驻重庆的领事和日清公司等单位发去。

  汤子模感到也有很多话要说，也写了起来。

  贺龙站在庙堂里抽着烟。刘金久去办了贺龙交办的事后，又回到了火神庙。

  贺龙想到在"宜阳丸"船上，还没收了一些海带、鱿鱼等，问刘金久："没收那些货物怎么处理的？"

  刘金久站在贺龙面前："按贺旅长的吩咐，已派员起运进城，准备估价拍卖，以充军食。"

  "对，这些东西是日本人偷运军火时做掩护的，卖给老百姓。你去好好办吧。"

  刘金久正要走，汤子模来到他面前，把写好的东西递给他："这是我给讨贼军总司令熊克武写的电文，麻烦你再跑一躺，马上拿去发。"

  电文是这样写的：

熊克武总司令：

  据报，云阳、宜阳两轮停泊小乡场，今日拂晓通过涪陵。贺龙统率便衣官兵，装做客商搭船，以小船接近"宜阳丸"。贺龙奋勇当先，击毙船主及其他解运官兵数人。吴佩孚之军械处长张运矶被擒，缴获79、65、78子弹82万多发，炮弹300发，手枪数十支，并从张运矾身上搜出杨森、袁祖铭给吴佩孚的一封信，内称：限4天内设法运弹至重庆，即行对讨贼军反攻，否则危矣！据此情分析，敌方需弹甚急，料难支持。敌人失此大批枪支弹药，心胆俱落。本军得此大批枪支弹药，士气倍增……

汤子模

但截获军火的第二天，贺龙和汤子模就遇到麻烦了：日本驻重庆的领事发来了关于"宜阳丸"事件的启事。

在火神庙里，贺龙从汤子模手上拿过启事看起来：

昨见汤子模师长、贺龙旅长特快电报一纸，称敝国商轮'宜阳丸'装运子弹一事，事实全错……商轮对中国内乱，本素守中立，敝领事也当警戒，日商及日船侨民均不偏何方。此次，该轮被张运矾强迫装载子弹、枪支，并非日清公司之意。该船主本想运到重庆时，即停泊敝国军舰附近，再严重处置强装之事，不料，未到重庆，在涪陵即遇贺龙旅长的惨杀，且拘留人船，要求赔偿损失……

贺龙看后，大声骂道："放他妈的屁，明明是互相勾结，偏偏说是强迫装运，一派胡言。"

贺龙正和汤子模商量对策时，刘金久进来向贺龙报告日本领事贵布根求见。汤子模吃惊地看着贺龙："见不见？"

贺龙嘴里衔着烟斗站在庙里。烟斗里的烟雾升起来在庙内缭绕，仿佛千斤重担压在他的肩上，要他有勇气，要他敢承担。沉默片刻，他取下烟斗，看着刘金久："叫贵布根进来。这辈子我还没有和日本人打过交道，今天是第一回。"说后，他坐在木板边的凳子上。

贵布根进来了，刘金久出去了。贵布根满脸盛气凌人的样子："哪位是贺龙旅长？"

　　贺龙认真地介绍："我是贺龙旅长。他是汤子模师长。有什么话就对我说吧！"贵布根目视着贺龙质问："'宜阳丸'的船主、领江等6人失踪，听说已被杀害，应由谁负责？"

　　贺龙一边吸着烟，一边认真地听着。听完后，他左手取下烟斗，看着贵布根："日方船主、领江是不是失踪，我不知道。如果属实，我方也概不负责，因为是他们拒绝检查，首先开枪。我军没有等着挨打的习惯，当然要自卫。我方也有伤亡，又该哪个负责？"

　　贵布根仍气势汹汹："被你们扣压的日本人应立即释放。他们没有罪。如果有罪，也应按领事裁判权，由日方处理。"

　　贺龙一点也不让步："扣押的人嘛，我们给你们的抗议信中，对于如何善后，提得清清楚楚。你们违犯战争时期我方颁布的戒严法，当然要按我们的法令办理。"

　　贵布根大声道："他们犯了什么罪？"

　　贺龙见贵布根凶相毕露的样子，也毫不示弱，立即站起来，右手把木板一拍，瞪着贵布根："什么罪？砍头罪！你们私运军火，参与别国内战，不是犯砍头罪是什么？！谁要是在我的防区搞鬼，我就抓他问罪，砍头！"

　　贵布根见吓不倒贺龙，只好软下来："我相信贺旅长的军队属于正式的军队，不同土匪，既是军人，应按国法实行职权，不能无理扣留人，应主持公理，速将所扣之人交还，以重邦交而张公道。"

　　贺龙的态度仍很坚决："日商必须赔礼道歉，赔偿我军损失，我们才能释放两个被扣押的日本人。"

　　贵布根没有办法，灰溜溜地走了。贵布根一走，汤子模对贺龙说："老弟真是厉害，我在旁边都为你捏了一把冷汗。""我才不怕呢。"贺龙微笑着说。

　　正在这时，刘金久进来了："贺旅长，北洋政府来电，要求释放那两个日本人。"

　　贺龙想到为了那两个被扣押的日本人，有好多大人物都来电说情："不答应条件坚决不放人。"他说后又想起张运矶问刘金久："张运矶怎样？有人来给他说情没有？"

刘金久："他表示认罪，希望贺旅长宽大处理。至今，我们还没有见到有一个人来为他说情。"

贺龙目视着汤子模："你看，那两个日本人不过是普通的军火商，有好多人来电来人说情。可那个张运矶呢，连说情的电报都没有一封。这太不把自己人当人看了。他还是国家官吏呢。日本人可恨，北洋政府可恨。"他又把目光移到刘金久的脸上："你去把张运矶带来。"

张运矶被带来了。贺龙看着这个像哈巴狗的军械处长："你知罪吗？"

张运矶"扑通"一声跪在贺龙面前，不停地磕头："小人知罪，切望贺旅长饶命啦！"

贺龙严肃道："你以为依靠帝国主义就可以作威作福吗？告诉你，中国人民是不可欺负的。考虑到你认罪态度较好，我宽大处理，放你回去。你回去告诉吴佩孚，投靠帝国主义，卖国求荣，是没有好下场的。起来吧。"

张运矶害怕地低着头站起来。

贺龙考虑到张运矶走需要路费，对刘金久道："拿几块大洋给他做路费。"刘金久把张运矶带出去了。

4 三战重庆城

在涪陵的火神庙里，石青阳正召集汤子模、贺龙、周西城开会。

自从贺龙截获军火、讨贼军得到弹药补充后，官兵们情绪高昂，纷纷要求再到重庆城打军阀。

石青阳就是要他们三位领导来研究的。

石青阳首先发言："如今讨贼军士气很高，表示要打回重庆城去，大家谈谈看法吧。"

贺龙的态度很明确："杨森、袁祖铭在重庆城很想吴佩孚快速增援武器，不然重庆城难保。吴佩孚增援的武器，有的被我截获，有的被我阻拦回去了。我可断定，目前重庆城防空虚、军心动摇。如果这时猛攻重庆城，是最好的时机，要是错过就很难找了。我认为应该速电熊克武总司令，快速攻打重庆城。"

汤子模："对，我赞成贺旅长的。"

周绪成："杨森、袁祖铭他们虽然没有得到吴佩孚的武器支援，但重庆城这么大，他们不可能没有办法。如要再打，我看也是徒劳。"

贺龙："我不同意周旅长的说法。我承认重庆城大，杨森、袁祖铭他们有充分的准备。但经过我们两次的攻打，他们的兵力、弹药已经消耗不少。如果重庆城有足够的弹药，杨森、袁祖铭他们为什么要吴佩孚在4天之内把弹药运到重庆城呢？打，坚决打。"

周绪成见贺龙是这种态度妥协道："打就打嘛。"

石青阳见大家意见一致后，把要攻重庆城的想法向熊克武作了报告。熊克武迅速发布了向重庆城总攻的命令。

石青阳的大军从涪陵出发了。

在重庆城"渝舍"袁祖铭的房间里，空气也十分紧张。袁祖铭依旧在床上吸鸦片烟。他有一个习惯，大小事情，都得以这种方式来处理。

杨森腰上别着手枪，背着双手，在房间的床前不停地转来转去，脸上也显露出焦急的表情。他转了一阵，站着目视着袁祖铭："现在大军压来，我们的将士士气衰落，又没有弹药增援，这仗怎么打？"

袁祖铭吸了鸦片烟后慢慢道："军长，不要急嘛。"

杨森大叫起来："火都烧眉毛了，我怎能不急！像贺龙这样的部队很难对付，前次渡过长江虽然打退了他，但他肯定不会罢休的，这次是要来报复的。"

"我们的办法是有的，你坐下等我慢慢说嘛。"

杨森急得坐不住，听袁祖铭这样一说，才坐在床边的椅子上听袁祖铭的高招。

袁祖铭盘着的腿动了动，一阵吞云吐雾后才慢吞吞地讲起来："这次战争，不比前两次，我们处于弱势，只能死守，不能进攻。"

杨森火暴起来："死守，死守，守得了多久，万一讨贼军对重庆城来个长期包围，我们弹尽粮绝，不完了吗？"

"我们一方面死守，另一方面还要派人通知吴佩孚设法来增援。"

"上次送军火都被贺龙截获了，能派人去通知吗？"

"能，坐客船去武汉通知。我们派一个人混在客船上不会被发现，不写信，就用口头信。涪陵的贺龙他们到重庆城打我们来了。只要贺龙不在涪陵就好办。重庆还有没有客船到武汉去？"

"今天还有最后一班。要打仗，要封航了。"

"那赶快派一个可靠的人去。"

杨森觉得这不是最好的办法："重庆到武汉，来回要很多天。等援军来重庆，恐怕来不及了。"

"只要我们死守 1 个月就行了。""说得轻巧。我们四面受敌、孤立无援，守 1 个月谈何容易。""所以要采取措施。"

杨森估计袁祖铭有办法，声音小了下来："你有什么措施?"

袁祖铭现出很沉着的样子："我们要加强防务。嘉陵江沿线，从朝天门一直到牛角沱。长江沿线，从朝天门一直到菜元坝，都要派重兵把守。同时要深挖战沟，垒筑高墙。"

杨森又急躁道："时间这么紧，兵力又不够，哪里还有时间挖沟筑墙哟?"

"兵力不够，就把市民、学生赶到沿线去。"袁祖铭有些得意："只要把两江沿岸守住了，贺龙他们就不能从水上来。剩下的只有西面的浮图关了。我分析贺龙他们要从陆地上入城，唯一的路就是走浮图关。军长，我这样一说你就知道浮图关的分量有多重了。"

杨森觉得袁祖铭说得有理："我要亲自到浮图关去督战。好了，就按你说的办。我马上派人到武汉去，把市民、学生赶去修筑工事、把守沿岸。"

重庆城的朝天门在长江和嘉陵江的汇合处。江水滚滚东流去，江岸的人们忙个不停。士兵、市民在紧张地挖战壕。力夫在挑弹药、抬大炮，他们这样忙一天，每人只有一双草鞋的钱。

一个扛着一乘轿子的中年人在朝天门找业务，突然来了两个士兵把他拉去挖战壕了。一些学生也被赶来强迫干活。他们有的不愿意干，就被战士的枪托打。

长江和嘉陵江靠城边的深沟高垒搞好了。在这 10 来公里的江岸上，日夜驻守着杨森和袁祖铭的官兵，还有一些市民和学生，不让讨贼军入城。

石青阳的大军抵达重庆后，司令部设在南岸老厂。

一天，汤子模、贺龙、周绪成和其他讨贼军将领研究如何攻打重庆城。

最后决定：周绪成在南岸铜元局配合贺龙和汤子模寻机渡江作战；贺龙、汤子模从重庆郊外渡过长江攻打浮图关，以贺龙为主；靠嘉陵江边的江北是但懋辛的部队。

贺龙知道浮图关是重庆城陆上的唯一出路，杨森、袁祖铭必然重视，肯定是一场死战。但他没有畏惧，接受任务后，就率领部队渡江来到紧靠浮图关的大坪。他们刚到大坪，就与守卫在附近的杨森部队交上了火。战斗从中午一直打到晚上。双方都不进不退。敌人看天黑了，便不进攻了，只是死守。贺龙的部队趁天黑之机，利用铁锹赶紧挖战壕。

到了天亮，敌人又来进攻。由于有了战壕，敌人不但伤亡增大，而且没法攻垮贺龙的部队。倒是让贺龙的部队日夜奋战，战绩显著。但进入浮图关地带，仗就越来越难打了。打了多少次，敌人都不退却。这样僵持了近20天。

贺龙觉得这样下去不行，便使了一计。他把刘金久叫来："你马上到铜元局周绪成旅长那里去，叫周旅长今晚12点钟偷渡长江到菜元坝打杨森，我在这里发起猛攻。给周旅长带信很重要，所以我要你亲自去一趟。"

"是。"

刘金久走后，贺龙又做了一些部署。到了晚上12点钟，刘金久回来了，贺龙发起了猛攻。杨森的士兵死的死，跳崖的跳崖，但由于杨森留在浮图关督战，又由于周绪成偷渡长江的失败，浮图关还是没有攻下来。

上午，贺龙得知其他讨贼军要来支援，同时从抓获的战俘口中，贺龙知道了重庆城中食物匮乏，价格增长四、五倍，人民惶惶不安。守着江岸的市民、学生纷纷逃离。更重要的是，贺龙知道杨森今天上午离开浮图关要到城里去。

贺龙抓住这个战机，鼓舞战士士气，向浮图关强攻。

在战场上，刘金久端着步枪冲锋陷阵，杀得敌人片甲不留。贺锦斋的子弹打完后，冲到敌人中拼刺刀。

杨森离开浮图关，想找在"渝舍"的袁祖铭商量对策。快到"渝舍"时，他突然想到怕贺龙来攻浮图关，便很快返回来了。但他回来已经晚了。

贺龙在西南

贺龙的部队有其他讨贼军的支援，打得英勇顽强。

　　杨森看到他的士兵在战场上不停地后退，气得火冒三丈，摸出手枪对准退兵："哪个敢退，我就打死他！"他说最后一个字时把声音拖得很长。但他的话没有好大用了，退兵如雪崩。他见大势已去，悄悄逃到朝天门坐军舰逃跑了。

　　在床上吸鸦片烟的袁祖铭听说贺龙已攻下了浮图关，吓慌了，赶忙下床穿袜子，但他觉得穿得太慢，干脆不穿，又去找鞋子，找又找不到。他怕贺龙追来，赤足跑出"渝舍"，逃走了。

　　贺龙攻下重庆城后，很是高兴。他来到南岸老厂。石青阳见贺龙来了，笑着道："这次我军在熊克武总司令的指挥下，协助各友军攻下了重庆城。报国报党者，亡命奋战，终能获得胜利，实不胜欣慰。"

　　贺龙："这次胜利实在来得不易，牺牲了多少战士啊！"

　　贺龙想到周绪成深夜偷渡长江的事："周旅长渡江怎么没有成功？"石青阳没有马上说话。

　　贺龙又说："他从铜元局渡江到菜元坝。菜元坝上面就是浮图关。这样打对我多有利。我看多半是怕死。"

　　石青阳："算了，不要计较。他怕死是主要原因，但敌人也确实阻击得厉害。"

　　"周旅长一失败，给我带来好大的不利，好大的牺牲啊。"

　　"嗯。应该好好反省。"石青阳说后递了一份电文给贺龙："你看看，这是孙中山大元帅来的。"

　　贺龙接过来，看得很认真，因为他认为是孙中山的来电十分重要：

　　　　北洋军阀，恃其武力，勾结帝国，扰乱中国。本大元帅特令讨贼军将领，分道讨伐。来犯各股，依次肃清。重庆克复，众贼崩溃。此次胜利，皆由我将士忠勇奋发，克集大勋，闻讯之余，深为嘉慰……有功将校，着先传令嘉奖，择优保荐。

贺龙看后很激动："好好好！"他把电文还给了石青阳。

石青阳拿着电文："熊克武总司令已将你的情况向孙中山大元帅作了报告。"

贺龙摆摆手："我个人没有什么功劳，这次胜利还是战士们用鲜血打下来的。"

"是的，来之不易呀！"石青阳转题道："我听到一首歌，真有意思。""什么歌？"

石青阳念了起来："讨贼军，真骁悍，碧血丹心斗志坚。威截'宜阳丸'，缴弹80万。活捉张运矾，日寇吓破胆。猛攻重庆城，激战浮图关。打得那北洋军尸伏十里，缴械堆如山。""这歌好。"

不久，贺龙被孙中山委以重任。

5 撤退

　　杨森、袁祖铭丢失了重庆城，并不甘心，在吴佩孚的支持下，率兵反攻。讨贼军意见分歧，无心拒敌，便于夜间退出，收缩到成都。

　　杨森、袁祖铭得了重庆，又抵达成都，集中火力攻打讨贼军。

　　在这种情况下，讨贼军中的赖心辉投降了吴佩孚。熊克武便带领一部分军队去攻打泸州。贺龙随石青阳、汤子模、周绪成向重庆附近的永川撤退。

　　贺龙的部队来到永川的寒坡场，正准备向永川城里进发时，先头部队的贺锦斋来向贺龙报告："寒坡场前面的王坪发现杨森的部队。""有多少？"

　　"估计一个旅。"贺锦斋说。

　　贺龙马上召开连长以上的会议，研究如何作战。

　　贺龙提出了作战方案："贺锦斋营绕道而行，到王坪前面，佯攻来苏，敌见来苏被攻，必从王坪撤军去援助，我便出大军攻打王坪，使敌人出其不意。这样定能拿下王坪。"

　　刘金久发表了不同意见："贺锦斋营长到来苏，是侧敌行军，这会犯兵家之大忌。"

　　贺龙："正因为如此，让敌人料到我不敢这样做，而我又偏偏要这样做。我们对王坪正面之敌，表面上不打，而用兵从右边于夜晚进入来苏，待天亮后就猛攻来苏，敌人必从王坪抽兵回救。等王坪的敌人到达来苏后，贺锦斋再转头向王坪进攻，我在寒坡场的部队也向王坪猛攻。这样前后夹击，敌军必败。"

　　大家觉得贺龙说得很对，无异议，便回去准备了。

　　当天晚上，贺锦斋带着士兵即向来苏前进。第二天拂晓，战斗打响。

　　果不出贺龙所料，王坪的敌人见来苏危险，即调大军向来苏进发。

　　守在寒坡场的贺龙部队见到此情，立即向王坪发起了进攻。王坪很快被拿下了。缴获了很多支枪，捉获了一批俘虏。

　　这时，许多官兵都要求打进永川城里去。汤子模也积极主张打。周绪成说现在打还有什么意思？讨贼军已经没有威力了。

　　贺龙经过慎重考虑，觉得还是不打进去的好。因为重庆城、成都都落在军阀手里了，就是把永川打下来也没有多大作用。他知道驻在永川的是杨森部队的杨春芳师长。杨春芳过去是石青阳的旅长，后来才到杨森那里去的。想到讨贼军节节失利，贺龙在考虑以后的出路了。于是，他给杨春芳写了一信，内容是：

　　杨师长：

　　　考虑到你曾是石青阳的部下，特给你写信，谈谈有关情况。

　　　我军素来军纪严密，深得老百姓的拥护，在长江上游多次打过胜仗。最近，只因讨贼军内部不统一，战绩有所欠佳。现我军来到永川，本想和你较量，但石青阳有念旧情。我军便放弃这一念头。

　　　我很想了解酉、秀、黔、彭一带的情况。那里有驻军没有？是哪些人在那里称王称霸？切望如实告之。不然，我军长期驻永川，这对你也很不利。

　　　近好！

　　　　　　　　　　　　　　　　　　　　　　　　　　　　贺龙

贺龙把信写好，找来刘金久交代后，就叫刘金久送去杨春芳那里。

刘金久这次去做了两手准备。一是万一杨春芳对贺龙不理睬，反而将刘金久抓起来，刘金久就要做好牺牲的打算。二是杨春芳愿意听贺龙的，刘金久就要在杨春芳那里机智地套酉阳一带的情况。

刘金久还带了50块大洋去，任务完成得相当好。他回到部队向贺龙作了汇报："杨春芳看了你的信后，开始不说话，沉默了一会才说：'要我谈情况可以，但我有一个要求，贺龙的部队，还有汤子模、周绪成的部队必须尽快离开永川。'我说这个要求能够办到。"

贺龙忙问："杨春芳后来讲了些什么？"

刘金久："从杨春芳讲的情况来看，酉、秀、黔、彭一带主要是杨森的部下周化树和一些土豪劣绅在那里。"刘金久又转题道："贺旅长，我不明白，杨春芳现在是杨森的师长，怎么会对你讲老实话？"

贺龙笑了笑："他不讲实话不行啦。你想想，我们这么多的兵驻在他的眼皮下。他害怕呀。巴不得把我们快点打发走。"

刘金久："我想，给他的50块大洋也起了一点作用。"贺龙："对，这个人是见钱眼开的。"

他们正在摆谈时，石青阳惊慌地来了："贺旅长怎么办，杨森和袁祖铭他们追来了？"

贺龙果断道："赶快通知汤子模师长、周绪成旅长撤退。"石青阳："从哪里撤？"贺龙："从永川过长江，往江津县的白沙镇撤。"

很快，贺龙跟着石青阳、汤子模过了长江。但周绪成的部队没有跟上来。他们以为周绪成的行动比较缓慢，便率领部队向白沙镇前进。到白沙镇要经过二溪场，来到场口，他们遇到杨春芳的纵队长穆瀛州部队堵住了去路。

汤子模问贺龙："怎么过去？"贺龙："如果硬打，我们是打得赢的，但伤亡必定很大。"汤子模："要打仗当然就有伤亡，只要能过去，怕什么？"

贺龙此时想到了石达开在兵败时是怎样保存官兵的：我不是石达开，

但我要从石达开身上总结经验。于是，他道："不。我有更好的办法，能顺利通过。"

汤子模睁大眼睛看着贺龙："什么办法？"

贺龙把文房四宝拿来给汤子模："我来念，你来写。"

穆纵队长：

我们在永川曾和你的上司杨春芳师长打过仗，获得了一大批武器，捉获了一大批俘虏。这批武器已归我所用。这批俘虏有的已回家，有的愿意参加到我们的队伍里来了。我们还派人与杨师长接触过，杨师长见于我们的军队有威力，便叫我们快快离开永川。

今天，我们的部队来到江津，遇到你部阻拦。我们本不想和你打仗。如要打，我们也绝不怕。杨师长都怕我们三分。希望你做出明智的选择，让道给我们通过。

汤子模　贺龙

汤子模写好后大声道："还是老弟有办法。穆纵队长见到你这封信，准会让道的。"贺龙："还没有成功呢，话不要说早了！"

"不早，不早。你想想，我们的兵力比穆纵队长的强，又加上你这么一说，他难道硬要拿鸡蛋来碰石头？"

贺龙笑了笑。他又叫刘金久去送信。果然，穆瀛州主动让道了。

石青阳、汤子模、贺龙带着部队来到了白沙镇。他们在一间空屋子里等待周绪成的到来。然而，周绪成不来了，他见讨贼军打了败仗，竟投靠袁祖铭了。

汤子模听到这个消息气愤道："真不是个好东西！"石青阳也很气愤，但他没有说什么。

根据周绪成的一惯表现，贺龙认为并不奇怪。

整个屋子沉默了。几位军官站在屋里，都不说话。有什么好说的呢？

他们都知道，此时，谁也挽救不了讨贼军失败的命运。

刘金久带着熊克武进来了。熊克武，满脸沮丧，显得萎靡不振。左肩的衣服上还划了一条口。

贺龙知道熊克武是去打泸州的，首先打破了屋子的寂静："熊总司令，泸州打得怎样？"

熊克武叹气道："没有打下来啊，而且我的部队成旅、成团地投敌。我没有办法了，知道你们在这一带活动，便来找你们，没有想到在白沙镇相遇。"

交谈了一阵，贺龙看着一点精神也没有的熊克武："今后你怎么办？"

"向贵州转移。我还有几个兵。"熊克武说后就往门外走去。

贺龙想到熊克武人比较正直，又是追随孙中山的，忙去拉着他的手："今后如有用得着我的地方，我贺龙保证随叫随到。"

熊克武双手紧紧握着贺龙的手："咱们后会有期。"说后，他松开贺龙的手就走出了屋子。

汤子模看到熊克武这个样子，应该对他多多安慰，便追了出去。石青阳见大势已去对贺龙道："我也走了。"

贺龙问："到哪里去？"石青阳："到广州，去见孙中山。"

屋子里只剩下贺龙和刘金久。贺龙陷入了深思。他装着旱烟，点上火，吸了几口。他拿着烟斗，目视着刘金久："金久兄，你认为我好，才跟着我打仗。我们相交已有好几年了，你对我贺龙有什么看法？"

刘金久一时不好回答："这叫我怎么说呢？我觉得你想着老百姓，杀贪官、打军阀。这是正确的。"

"我走的路子对吗？"

"你常常说，你要为天下的受苦人打天下，这条路当然对。不过打来打去还是没有打出一个名堂来。你也还在摸黑走路啊！"

"说得对。清王朝倒了，袁世凯死了，全国仍然是乱糟糟的。大小军阀，各霸一方。神仙打仗，凡人遭殃，吃亏的还是老百姓。中国地方这么大，人口这么多，为什么这么穷、这么弱？就是给这帮军阀搞烂了！不打倒这些人，老百姓怎能有好日子过？困难啊。这么大一个烂摊子，哪个能够收拾？我们这几千人，又能怎么样？我天天都在想这个问题。"

刘金久深为贺龙找不到救国救民的出路而不安："你觉得孙中山的革命怎么样？"

贺龙吸了一口烟："孙中山是个伟人，人民是拥护他的。可是光靠嘴巴不行，要有枪。他依靠的多数还是军阀队伍，早晚是靠不住的。要革命非要有革命的本钱不可。"

刘金久："以后的路你准备怎么走？"

贺龙想到讨贼军投降的投降，走的走，但这并没有把他吓倒。他没有立即回答刘金久的问话，而是继续发表自己的看法："这几年，为了拯救人民，报效祖国，我在长江上游出生入死，冲锋陷阵，大小战斗不下百次。将士们抛头颅，洒热血，不知多少寡人妻，孤人子，独人父母哟。讨贼军内部多系军阀，他们打着孙中山的名誉，争权夺利，投机取巧。有的口号喊得响，就是讨贼不得力。有的搞'窝里斗'。今天你打我，明天我打你。结果，群众的疾苦还是没有得到解决。孙中山发起的革命行动，开始轰轰烈烈，最后不是失败，就是半途而废。这是为什么？我觉得不是孙中山的主张有什么错，而是在依靠谁的问题上搞错了。听石青阳说，孙中山提出了联俄、联共、扶助农工的三大政策，国民党和共产党实行合作。这样，孙中山就会得到俄国、中国共产党和工农民众的支持。我准备把队伍拉到贵州铜仁去。想当年，我在湖南时，队伍被收编，成了个光杆，在这种情况下，我还是要闹革命，后又拉起了队伍。到铜仁去后，我再等待时机。"

刘金久："你这个想法很好。"

贺龙率领着他的部队到铜仁去了。然而，这以后的道路却荆棘漫布，根本预料不到有好多"毒蛇"会出来咬人。

第六章　在城乡

1 过大昌镇

　　贺龙来到铜仁，接触到了中国共产党人，思想发生了飞跃。他兴师北伐，成为名将。在北伐中，他得知孙中山在北京逝世。消息传来，他悲痛万分。为了悼念孙中山，他令部队停操 1 个月，并决定亲自为孙中山戴孝一年半，以至敬仰之情。

　　孙中山逝世后，国民党内掌握着主要军权的蒋介石背弃孙中山三大政策，于 1927 年 4 月 12 日，大规模搜杀中国共产党党员和革命群众。这时，贺龙已对中国共产党有了进一步的认识，认为只有共产党才能救中国，表示坚决拥护共产党，坚决执行共产党的决定。为了把贺龙这位名将拉过来反对共产党，蒋介石曾几次派人劝说贺龙，但都被拒绝，有的还被贺龙杀掉。

　　为了挽救革命，在中国共产党的领导下，周恩来、贺龙、刘伯承等于 1927 年 8 月 1 日领导了南昌起义。贺龙任总指挥，不久加入了中国共产党。贺龙还在刘伯承那里听说过任弼时、李达等人的名字。贺龙还想起了他的战士、体育爱好者张之槐。他还听说紧靠西藏的西康省有一个格达活佛，这个人是一个有远见卓识的爱国者。

　　南昌起义失败后，贺龙向周恩来提出到湘鄂西去建立武装。

贺龙在西南

贺龙去后，创建了红四军，以后经过改编、缩编，叫红三军，贺龙任军长，关向应任政委。1931年，王明掌握了中共中央主要领导权后，执行"左"倾路线。1932年，毛泽东的苏区中央局代理书记和红军总政委的职务也被撤销。中共中央候补委员夏曦被派到湘鄂西。夏曦到后，组成了由他担任书记的湘鄂西中央分局。由于夏曦执行王明"左"倾路线，在部队中进行"肃反"，抓"改组派"，解散党团组织，杀害了许多红军干部战士，使红军受到巨大损失……

在这极其艰苦的条件下，贺龙部队仍在不断寻找着有利环境，继续战斗。

1932年12月中旬，天气很冷。红三军的将士们身着单衣，脚穿草鞋，从湖北省的竹溪出发了。他们没有地图，就把贺锦斋带的一本书上的地图撕下来作向导。没有粮食，他们就在山上挖草根、剥树皮来充饥。他们翻越大巴山，进入巫溪县后，下一个要突破的便是长江上游巫山县的大昌镇。

贺龙的消息，传到了在重庆城的杨森那里。杨森一面利用报纸大造舆论，诽谤贺龙，蛊惑人心，一面急电蒋介石，要求加强酉、秀、黔、彭的防务。蒋介石闻讯，立即电令杨森成立"湘鄂川黔（贵州）剿共联防总指挥部"，主持会剿。杨森电令湘鄂川黔四省边区军事要员，制定办民团、筑碉堡、设立联防哨所等一系列措施。杨森安排了会剿后，命令已是旅长的田冠五进驻酉、秀、黔、彭。在秀山还要修建飞机场，加强防务。

田冠五接受命令后，心里很不舒服。他认为会剿贺龙的主要任务落在他一个旅的头上。一个旅对付一个军，而且是百折不挠的军，打得赢吗？简直是天方夜谭。但杨森的命令，他不得不执行。他又想贺龙名曰一个军，经过多次战斗，实际上只剩下3000余人，相当于两个团的兵力。

在酉阳县城一间宽敞的有窗户的屋子里，田冠五坐在靠背木椅上。他正在召开酉、秀、黔、彭团务委员紧急会议，要求大家齐心协力对付贺龙。会后，他得知贺龙快到大昌了，便电令巫山县县长马嗣荣设法阻击。当然，田冠五用的主要人物还是已升为团长的周化树。

马嗣荣听说贺龙要来，便求神扶乩。他求得很认真。当他看到乩笔在沙盘上显出"马到成功"时，神采飞扬，得意忘形，暗暗道："我一定要清剿贺龙成功。"他当过兵，立即亲自带兵来到大昌镇。

贺龙的部队还没有到达大昌，马嗣荣在红军的必经之路母猪峡阻击。

母猪峡，又叫"一线天"，峡高数百米，两边长着各种树木，一片黛色。峡宽仅几米。有1里多长，真有"一夫当关，万夫莫开"的感觉。

马嗣荣便想借此天险阻挡红军通过。他在峡口设下埋伏。一切准备好后，他站在峡口自言自语道：看你红军怎能过此地。

正在这时，前面来了两个背着背篼的人，其中一个大个子很惹人注目。马嗣荣警惕起来。他等那两人来到面前便道："站住，干什么的？"

那两个人回答："我们到大昌镇去卖猪崽。"

马嗣荣见背的确是猪崽，有些相信，因为今天是赶场天，但也有些不相信："你们为什么这么晚才去，走到都要散场了？"

背背篼的大个子现出很惊讶的样子："你不知道，我们遇到大军啦，就绕道走，还是没有躲过。"

马嗣荣听到大军，神经马上就绷紧了："大军，什么大军？"

"我们也不知道。""多不多，人？"

"多得很，数都数不清。他们问我们走哪里去？知道我们要到大昌镇去后，就拿了一张'特别通行证'给我们。"

马嗣荣："特别通行证在哪里，拿来我看？"他从大个子手上接过来，见是一张纸，上面写着：为民除害，横扫天下，挡我去路，命赴黄泉。落款是贺龙。

马嗣荣看到贺龙两字，心在惊，肉在跳。他向那两人打听："那大军是不是贺龙的部队？"

"是，是，是，我们听到有的战士在说贺龙军长。那些士兵个个精神抖擞，斗志昂扬，好像遇到再大的敌人都不怕。"

马嗣荣听到这里，心都凉了半截：我哪里惹得起贺龙哟。于是弃关跑回了大昌镇。

原来，这两个去大昌镇卖猪崽的其实是贺锦斋和一个士兵化装的。贺

贺龙在西南

锦斋因战绩显著，正受到贺龙的重用。他们等马嗣荣的兵撤走后，就去通知贺龙。红三军顺利通过了"一线天"。

马嗣荣来到大昌镇，烧着香谎称道："我还没有走到母猪峡，贺龙的部队就过峡了。"他认为这是一时的疏忽。他相信神仙一定会助他一臂之力。他一阵求神拜佛后，又在大昌镇布防。

马嗣荣是按照大昌镇的地形来设防的。大昌镇南边是大宁河。北面的镇背后有一个石滚漕，离石滚漕不远是大山。西面有一条蔡家壕沟，这壕沟活像一道天然的堑壕。东面是巍峨的高山。

马嗣荣把一部分力量部署在蔡家壕沟一带防守西面，他带一部分力量部署在石滚漕上面防守北面。其他地带他认为贺龙的兵来不了。

刚刚布好阵，马嗣荣就得知贺龙的部队已逼近大昌镇了。消息传开，镇上的人惊恐不安。

贺龙的部队过了母猪峡后，进入了大昌境内，直向大昌镇扑去。

守在石滚漕里的马嗣荣看到山上有红军，就命令开枪射击。他自己却躲在石滚漕里。

红军不理这一套，照常前进。突然，镇北山头上飞舞着红旗，鲜艳夺目，威振四方。

贺锦斋带领着士兵来到了石滚漕前面，开始还击。他一面迎战，一面高喊："我们是红军，你们不要打。你们是打不赢的，只有放下武器，才是唯一的出路，不然只有死路一条！"

马嗣荣觉得这声音有点熟悉，好像是在母猪峡见到的那个大个子，便从石滚漕里探头起来看。他还没有完全抬起来，一颗子弹从他头顶上飞过，差点要了他的性命。他伏在石滚漕里惊呼："我的妈，我们用打猫熊的工具打出一只老虎来啦！"他被吓得魂飞魄散，不敢动弹。

就在这时，镇西的一股红军也包抄过来了。整个大昌镇都在红军的包围之中。

马嗣荣偷看到贺龙的队伍似潮水般地涌出来，势不可当。他自知抵挡不住，便想出了一条脱身之计。他一面叫他的部下坚决顶住，一面又说他去蔡家壕沟指挥作战。他离开了石滚漕后，就溜回镇里，盘坐着求神保佑。

　　他仿佛听到神仙大声道："马嗣荣，还不快跑，命都保不住了。""我不会的。"马嗣荣慢慢地说。但他似乎感到有些不对，便起身跑到大宁河河边，跳上一只船，对船工道："快，快往巫山县城划。"

　　然而，时间晚了。从石滚漕过来的红军，已来到河边。这大宁河的河道太窄。几十条木船争先恐后地划着，越划越挤。行船被阻。

　　马嗣荣坐的船无法前进。他见红军已来了，只好跳船，游水过河，向对面的山上逃窜。

　　对拦截的几十条木船上的逃兵，红军对坚持反动立场的，严加惩处，并没收他们的金银财宝。其余船只全部放行。

　　经过1个多小时的战斗，大昌镇平静下来了。红军进入大昌镇后，全镇关门闭户，没有一个人在镇上行走。

　　已是参谋的刘金久提着装有石灰水的铁桶，在镇上到处写标语口号：打倒土豪劣绅；红军是老百姓的军队。写着写着，他见有一户人家出来一个老年人在屋檐下抱柴火。他分析这家人要煮午饭。他估计部队的饭也煮好了，便迅速到部队去端了一碗土豆饭来。他敲开门后，把饭递给那位老年人。可老年人不要，退进屋里去了，但门没有关。他跟着进去，把饭放在灶台上，对坐在灶前烧火的老年人亲切道："老大爷，我们是红军，是为穷人得到土地、粮食而战斗的。我们专门打贪官污吏，打土豪劣绅。你把这碗饭吃了吧。"

　　老年人说话了："那怎么好哟！"

　　"没什么，红军和老百姓是一家人嘛。"刘金久见老人不太拘束了问："老大爷，你叫什么名字？""谢协元。"刘金久又问其他的情况，谢协元怎么也不说。刘金久只好走了。

　　谢协元等刘金久走后，把那碗饭吃了。他脑海里老是想着刘金久说的那些话。他半信半疑。为了检验贺龙的部队是不是真为老百姓着想，他决定来试一试。他是一个小商贩，卖叶子烟和香烟。他在柜子里拿出5条香烟，找来一个大木盘装上，并在盘内放了写有字的一张纸条：每条香烟1个大洋。他把盘子端到屋外门口边，关上门，在门缝里偷看。

红军一批批从谢协元的家门前通过，香烟也渐渐少了。他想红军还要拿老百姓的烟，不像话。他见没有红军过了，忙去打开门，盘子里的烟没有了，但里面装了一些大洋。他把盘子端回去清点，不多不少，恰恰是5个。他自语：红军好，红军真好，不拿老百姓一针一线，还要送饭给我吃。他便走出家去，挨家挨户宣传红军的行为。

很快，镇上的房门打开了，躲在屋里的人出来了。不少人争着给红军担水烧水，借东西给红军用，显得很亲热。

谢协元在他家的灶前灶后忙个不停。他正在煮面。煮好后，他用木盘给红军首长端来了几碗。他看着贺龙："贺军长，尝尝大昌的特产——水口面。"

贺龙笑眯眯地端了一碗。关向应微笑着端了一碗。夏曦抿笑着端了一碗。

贺龙一边吃，一边对谢协元笑道："这面好吃！这面好吃！感谢老百姓对我们的支持！"

不久，红三军离开了大昌镇，由大宁河顺势而下，强渡长江，进入湖北边界，用坚强的意志和力量战胜重重困难，继续战斗。

② 在黔江

　　1933 年 12 月，湘鄂西中央分局在大村召开的会议上，贺龙分析了形势，提出部队继续向酉、秀、黔、彭发展，因为这些地区处于四川、湖南、湖北、贵州等省的边区，是国民党的薄弱地带，而且幅员辽阔，人口多，兵源广，地势险峻，交通闭塞，有很大的回旋余地，加之贺龙从小就在这些地区奔走，当警备旅长时，又驻防彭水，地形熟悉。国民党的兵主要是周化树在这一带活动。另外，还有一些"土匪"。对这些"土匪"要加分析，多数都是一些贫苦农民为反对土豪劣绅自发组织起来的。他们曾多次与国民党、军阀做斗争。可以说，他们还是依靠力量。红三军便向贺龙提出的目标进发。

　　一天，先头部队的贺锦斋来报告："……据侦察，驻守黔江县城的是周化树团。这一情报是'联英会'首领龚昌荣提供的。龚昌荣长得五大三粗的。现在，我们的一些士兵已化装成老百姓入城，准备配合大部队作战。"

　　贺龙听到这里觉得还不仔细。他知道"联英会"的成员多是一些贫苦农民青年组成的："龚昌荣现在哪里？"

　　贺锦斋："龚昌荣在我们部队里。他领导的'联英会'听说红

贺龙在西南

三军要到酉、秀、黔、彭来的消息后，非常高兴，准备迎接我们，并派人向我们送信来，不料，这信被黔江县国民党查获。周化树到处抓捕'联英会'，采取残暴的政策进行镇压。'联英会'成员有的已隐蔽，有的已逃上山。黔江县城岗哨林立，搜查甚严。敌人还在进县城必经之路的大路坝、中坝一带构筑工事，重点布防，防止我红军进入。"

"好！"贺龙把眼睛睁得大大的："周化树，你这个矮子也太狂妄了，我要给你点厉害看看。"

贺龙说后，把贺锦斋带去找夏曦、关向应研究，决定攻打黔江县城，令部队迅速做好准备。当晚三更时分，红三军从活龙坪出发了。

从活龙坪到黔江县城有很远的路程，道路曲折，行走不便，但全军将士精神焕发，情绪高涨。他们借着雨过天晴，起雾弥漫的好机会，不断前进。

贺龙很清楚，有大雾，就能给敌人带来麻烦，正好给敌人迎头痛击，在涪陵打杨森时，也是有雾，结果敌人大败。

部队迎着浓雾，翻山越岭，于黎明来到了黔江的咽喉之地——大路坝境地。

大路坝有周化树的一个营防守，山上筑有碉堡，能看到远处，可惜此时由于密雾笼罩，失去了此功能。只有几十户人家的大路坝镇上是敌人的营部。

在敌人眼皮之下，贺龙冷静地对战斗做了安排。他把贺锦斋和龚昌荣叫到面前："贺锦斋你带两个连攻打山头上的碉堡，然后进攻大路坝镇，派3个'联英会'成员带路。龚昌荣你带150个'联英会'成员到大路坝镇，直插敌人营地，你人熟地熟，对我作战有利，等贺锦斋攻下碉堡后，你们一并攻打敌营部，把敌人全部消灭。"贺龙说到这里又加重了语气："这是入黔第一仗，一定要打好，给敌人以威风，给部队以士气，给群众以鼓舞。"

贺锦斋带着战士冲上山头。在浓雾中，他隐隐约约看到前面十来米远的地方有一个碉堡。听龚昌荣说碉堡外哨兵站的旁边是高高的山崖。他看到果是这样。他叫其他战士原地不动，自己背着装有冲锋枪和柴草的背篼悄悄接近那碉堡。

在碉堡外的哨兵发现有人走来，忙端着枪问："什么人？"

贺锦斋一边靠近哨兵，一边说："上山打柴的老百姓。"

"打柴不能到这里来。快走开，不然我开枪了。"

贺锦斋："这里的柴要多些。"说话时，他已来到哨兵前。他话音未完，便伸出双手用力把哨兵一推，推到山崖下去摔死了。在摔下去的时候，哨兵发出了惊叫。

贺锦斋知道这叫声一定会传进碉堡。他便迅速从背篼里拿出冲锋枪向碉堡跑去。来到碉堡门口，他看到里面的敌人有的已在拿枪，有的围坐在火堆旁，有的还躺在铺上吸鸦片烟。他快步冲进去大声喝道："举起手来，缴枪不杀。我是贺龙的战士。"

敌人知道是贺龙的部队来了，一下都慌了阵脚，吓得魂飞天外，不知所措。一个敌人正举枪顽抗，被贺锦斋一梭子弹击倒在地。其余的敌人见此情景，纷纷举手投降，大喊饶命。其它战士也迅速赶来。

贺锦斋和战士们缴获了敌人的枪，他又派几个战士把俘虏押下山，其余的迅速向大路坝镇赶去配合龚昌荣作战。

龚昌荣带着他的兄弟们往大路坝镇上赶。敌人以为是红军突然来了，一边抵抗，一边把镇里的民房烧掉，跑进营部里，紧关着大门不出来。

这营部四周是高墙石壁，很难进攻。贺锦斋赶来看到龚昌荣正在领着他的部下包围敌营部。

贺锦斋来到龚昌荣面前："敌人全部都在里面吗？"龚昌荣："对。我们准备对这地方围而不打，时间长了，敌人不战自灭。"

贺锦斋想到我们攻打的目标是黔江县城，不能在此把时间拖久了："不行，我们必须尽快把敌营部摧毁。"

贺锦斋说后，去看了看那道紧关着的门。大门是两扇，是木料做的，很牢固，门边是石头垒成的石墙。看后，他便快步走开了。他来到一户未被烧着的人家门前，见一个老年人坐在门口吸叶子烟，便弯腰下去："老大爷，我是贺龙部队的，专门打坏人，你家里有板斧吗，我借一借？"

老大爷看了看贺锦斋："有。"说后就去把板斧找来了。

贺锦斋借来了板斧，直往敌营部大门赶去。来到大门前，他举起板斧猛力劈门，动作飞快。大门上的木屑不停地往外飞溅，门上现出了一道道板斧印。

在远处的龚昌荣看到此情，心里很着急。向贺锦斋大声喊："危险，快走开。"

但贺锦斋像没有听到一样，举着板斧不停地劈。此时，他好像浑身是劲。他只有一个念头，快点把大门劈开，把顽敌消灭。

突然，墙内扔出一颗手榴弹，落在贺锦斋身边炸开了。顿时，他感到头昏眼花，四肢无力。他想再劈，但举不起来。他头上流出了鲜血，终于倒下了……

龚昌荣见到此情，满腔怒火，对他的部下大吼："兄弟们，为贺锦斋报仇，冲呀！"

大家来到大门前，齐心协力猛撞大门。大门由于被贺锦斋劈烂，加上大家的猛劲，终于被撞开了。红军战士和"联英会"的兄弟们一起冲了进去，展开了肉搏战，彻底消灭了敌人。

这次战斗，消灭 100 多个敌人，俘敌 50 多，缴获步枪 300 余支，机枪 5 挺，迫击炮 3 门。大路坝战斗结束后，红军又向中坝进军。

中坝的守敌是周化树亲自驻在那里。他到中坝来是有他的想法的。他认为大路坝的阵地很好，固若金汤，不易被贺龙攻破，所以他在中坝就可以放心的守着。此时，他正躺在床上睡大觉。当他听到大路坝失守后，急忙起床。他的眼睛迅速地转动了几下。他暗想：一旦大路坝失守，贺龙必然要来进攻中坝，我周化树哪里是贺龙的对手，不如赶快撤回黔江县城，利用县城的有利地势，和贺龙较量。

"撤。"周化树下命令了。敌人在一片慌乱中从中坝逃跑了，沿途丢弃了许多枪支弹药。

中坝离黔江县城更近了。红军来到中坝，贺龙命令稍事休息，做午饭吃。

趁此机会，贺龙在考虑如何攻打黔江县城了。他认为今天红军突破了周化树的两道防线，为攻占黔江县城扫除了障碍，遗憾的是，大路坝镇多数老百姓没有房子住，受苦了。他感到很难过。

吃了午饭后，贺龙立即分东、西、北三面包围黔江县城。他知道兵贵神速，如果错过了战机就不好办。太阳快落山时，红军到达黔江城郊。部队立即做好战斗准备。

贺龙在仰头山上。他时刻注意着目前的情况。他见天快黑了，便对甘育箴道："吹号！"

嘹亮的冲锋号在仰头山上空吹响。红军从三面向黔江县城进攻。已潜入城内的红军，听到攻城信号，立即拔枪内应，与敌人展开巷战。

周化树见黔江县城守不住，便带着残部向彭水方向逃窜了，其余大部分敌人被歼灭。

当天晚上，贺龙进驻在黔江县城的天主堂，司令部也设在这里。他此时想法很多。他叫刘金久去把龚昌荣喊来。

龚昌荣来了。贺龙看着这个有一股虎劲的中年人："昌荣，你的'联英会'配合我们红军作战，配合得很好。"

龚昌荣以前听过贺龙的一些传奇故事，很受感动。这次又亲眼见到贺龙的行动，果真如此："贺军长，我们'联英会'不满国民党欺压群众的行为，多次和国民党作斗争，但效果不很好。我们的斗争很不顺利，许多人都被国民党杀害了。"

贺龙："听说你们'联英会'有点爱念咒语。打帝国主义，打国民党，靠这一套是不行的，只有跟着工农红军，跟着共产党走，才是唯一的出路。"

龚昌荣经贺龙这么一点拨，心里明白多了："好呀，我早就有这样的想法。我叫'联英会'的成员都来参加红军。"

"好。我现在任命你为特科大队长。"贺龙想到有一件急事要马上办："大路坝镇的很多老百姓因敌人放火把房子烧了。这件事使我很难过。老百姓肯定很凄惨。"

"贺军长有什么事要我办的?"

贺龙:"我想叫你返回大路坝镇去一趟。因为你对这些地方很熟悉。你带着大洋去,对烧毁的民房进行调查,凡是被烧了的,都要按原价或比原价高一点进行赔偿,帮助群众重建家园。"

龚昌荣答应后又说:"周化树还抓了很多'联英会'的人在监狱里,还没有来得及杀害。"

刘金久:"我们已经派人解救去了。"

龚昌荣走后,贺龙又吩咐刘金久:"你去找个石印社印张布告,向群众广泛宣传我们的政策。不然,逃到黔江县城附近地区的残敌会借机造谣的。我将派小分队到这些地区进行扫荡。"

贺龙把这些安排好后,在屋里踱步。突然,他发现门口出现了一个不到30岁拄着拐杖的人。他认出来了,那是红9师政委宋盘铭。

"宋政委。"贺龙一边惊奇地喊,一边去把宋盘铭扶进屋里坐。

宋盘铭是被夏曦以"改组派"名义抓起来的。他的脚被打伤,行走不便。贺龙知道宋盘铭被抓,曾坚持要放人,可夏曦坚决不放。贺龙和关向应商量后就把宋盘铭放了。现正在养伤。

宋盘铭坐下看着贺龙:"贺军长,黔江打下来后,我看可以在此建立根据地。哎,几万人的红军部队,落到如此地步,这不能说我们的领导没有问题,你们应该向中央反映呀!"

"你好好养伤吧,我相信中央会正确处理的。"

宋盘铭和贺龙谈了一阵后才离开。

在黔江县城的一个小巷里,一个20多岁的小伙子借着巷子两边屋内射出暗淡的灯光不停地跑着。跑到华文石印社门口,迅速推开门,闪进去把门闩上。他一边喘着粗气,一边点着油灯。油灯点燃后,他暗暗地说:"好危险啊,好危险啊!"

正在这时,门外有人敲门。他怀疑是周化树的兵又来抓他了。没有其他的路可走了,他横下一条心,抓起一把斧头,心想你进来我就和你拼了。

他站在门背后，双手高举着斧头。可等了一阵，没有人做出鲁莽的动作，倒是外面传来了温和的声音："老乡，不要怕，我是贺龙领导的红军。我们不拉夫，不抓丁，是来求你们帮助印布告的。"

他听到是贺龙部队来印布告的，悬着的心才落了下来。他放下斧头，把门打开，只见一个穿着蓝布对襟衣服的人站在门口。

"我是贺龙的参谋刘金久。小兄弟，你叫什么名字啊？"

"肖健田。"肖健田热情地招呼道："进来吧。"

刘金久进去了，继续讲："我们红军攻占黔江，是为了让人民能够有饭吃，有衣穿。"

肖健田被刘金久说感动了，讲起了他先前遇到的经过："今天中午，周化树的几个兵破门闯进石印社，把我抓去关起，要我给周化树当脚夫。傍晚，那些兵正把我弄去给周化树抬轿时，突然，枪声四起。贺龙的部队打进城里来了。周化树狼狈逃窜。我趁机逃跑，最后跑回了石印社。"

刘金久："周化树不跑快点，可能就被我们打死了。健田，你能不能给我们印布告？"

"给红军办事，我心甘情愿，就是没文化，写字的听了周化树的反动宣传，外出躲避去了。""不要紧，我自己来写。"

肖健田知道刘金久能写字后，即把纸笔墨给了刘金久，自己出去喊一个师弟来帮忙。刘金久把墨和纸摆好，将原稿从身上摸出来就开始写：

告父老兄弟姊妹书

酉、秀、黔、彭父老兄弟姊妹们：

我们红三军是共产党的军队，是为劳苦大众打天下的。我们来这里是为了在酉、秀、黔、彭建立革命根据地，打倒土豪劣绅，推翻国民党反动派的统治。国民党反动派和土豪劣绅是穷人的死对头。他们敲诈勒索，奸淫掳掠，无所不为。我们的宗旨，是维护工农群众的利益，解除帝国主义、国民党反动派和土豪劣绅对穷人的压迫剥削，建立工农苏维埃政府。希望一切不愿做牛马、

贺龙在西南

当奴隶的人们积极行动起来，参加红军，组织游击队，谋求永远
的解放和自由……

刘金久写好布告，给了肖健田。肖健田把布告轧印在石板上，涂上桃
胶，等干后用水擦净，再涂油墨印刷。肖健田和师弟连夜赶印了400多份。

刘金久整理好布告，对肖健田道："我非常感谢你，要多少费用？"

肖健田："红军为我们谋利益，给自己的子弟兵做事，不收钱。"

"那不行，无论如何你们都要收。"刘金久说后留下10块大洋才走了。
他想到应该赶快把布告帖出去，因为贺龙还要抽时间在群众大会上讲话。

这是一个上午，贺龙在几千人的大会上发出了铿锵有力的声音："我们
红军是为人民谋翻身、求解放的队伍。可是，国民党反动派和土豪劣绅到
处造谣，说什么红军杀人放火，共产共妻。事实恰恰相反，杀人放火的正
是他们。去年周化树在黔江不就烧了几百家民房、杀了数百计的老百姓嘛。
最近，他又向黔江人民勒索很多'剿赤'经费，整得许多农民家破人亡，
妻离子散。大家不要相信那些谣言，要想过上幸福日子，只有积极行动起
来，军民合作，共创革命根据地……"

贺龙的讲话，得到了广大群众的热烈欢迎。会后，许多群众纷纷要求
参加红军。龚昌荣看到这种情景，也十分高兴。

正当红军在黔江创建根据地时，杨森派田冠五反扑黔江。夏曦见到此
情，悲观失望了，认为黔江情况复杂，"联英会"不可靠，强令红三军撤离
黔江县城，到湖北活龙坪一带活动。

贺龙知道阻挡不了。偏偏在这个时候电台又坏了。没有办法，只好撤。

红军撤离黔江县城的当天凌晨，夏曦不顾贺龙、关向应的反对，将宋
盘铭处死在城门外。

返回活龙坪，要路过大路坝。来到大路坝境地，贺龙想到群众房屋被
烧不知建得怎么样？他便和已返回部队的龚昌荣一道去大路坝镇视察。当
他了解到群众得的救灾款不够建房的情况后问龚昌荣："按我们发的大洋，
每户应该有100多块，建普通的房子没有问题。"贺龙问："你把钱交给谁

在办？"

龚昌荣："群众推选的团总在经办。"

贺龙认为这团总可不可靠？经进一步调查，他发现团总贪污了救灾款。贺龙非常气愤，将团总处死，并将查获的救灾款分到各户后才离开了大路坝镇。

为了让中央及时了解红三军的情况，贺龙派甘育箴送情报到中央去。

3 在石柱

　　贺龙撤离了黔江不久，便带着部队到紧邻的石柱县农村打游击。

　　部队经过跋山涉水，来到了石柱县境内的猫圈坡一带休整。这里的地形比较特殊，山上山下很难走，有些不方便。

　　红军来后，除了加强自身的操练外，还深入各个村落，宣传红军的任务和纪律，宣传土地革命。

　　农民受到教育后，很拥护红军，但他们从内心里又不愿意红军来猫圈坡。

　　贺龙知道农民的这一想法后，弄不懂是怎么回事。于是，他便亲自去调查访问。

　　一天，贺龙来到一个村子里，看到男女老少一大早就担着木桶、端着木盆到山下去运水，忙个不停。他感到奇怪，来到一个歇肩的老大爷面前亲切地问道："老大爷，你们一清早怎么都出动这么多的人去担水？"

　　"不起早不行啊。猫圈坡这个地方怪得很，坡上没有水，全靠到山下几里远的地方去担水。那里的水也不多。大家都去抢，当然要去早点。我马大爷还算去得早的。这地方已经有几十天没有下雨了，饮水显得特别贵重。恕我直言，红军来后水就更可贵了。"

贺龙觉得人缺了水就不能生活，猫圈坡的老百姓本身饮水都困难，再加上几千人的红军突然到来，这就出现了红军和老百姓抢水吃的现象。不行，绝不能侵占老百姓的利益，应该想办法。

"在猫圈坡挖口水井吗？"贺龙目视着马大爷说。

马大爷："哪里那么容易。如果挖得出来水井，我们的老祖宗早就挖了。猫圈坡这地方本身就挖不出来水井。"

贺龙看到马大爷那灰心的样子，鼓励道："不要灰心嘛。老前辈办不到的事，我们可以试试，成功了就是好事，不成功也没有多大关系。我小时候当骡子客时，经常在山上山下跑。有一次，天气非常热，我想找一个凉快的地方休息。东找西找，最后找到一处地下比较潮湿的地方，我坐在一块乱石上，总觉得这里凉快得很。我顺手搬开一乱石，发现石头下面有水。要是在那点挖井的话，肯定有水。马大爷，这担水拿我给你挑回去，然后我们再去找水。"

"不必，不必，我自己会挑。"马大爷推辞道。

但贺龙已经拿过扁担。他把扁担放在右肩上，双手各自掌着铁钩，把铁钩拿去钩在木桶的耳朵上，腰杆轻轻往上抬，不让铁钩离开耳朵。他右手掌着前面的扁担，左手压着左脚膝盖，用力把水桶担了起来。到了马大爷家后，他把水倒在水缸里，借了一把锄头，就和马大爷出来找水。

贺龙在村子周围寻找着。他这里挖挖，那里掏掏，都没有找到水。

这时，马大爷知道了贺龙是军长："算了吧，贺军长，再找也是徒劳的。"

可贺龙没有灰心，而是继续找。他来到一低洼处，发现这里的泥土比较润。他就使劲地挖了起来。

马大爷见贺龙挖了很久，已经形成很大一个坑了，还是没有水。他又叫贺龙不挖了。

贺龙发现，开先挖的泥土是散的，后来挖的是一坨一坨的，说明水份在增多。他对马大爷道："马大爷，你回去拿箢箕来。"

马大爷见贺龙那执着劲，也不再劝了，回家去拿来了箢篼。

贺龙挖的坑越来越深，坑下面的泥土和乱石用锄头提不上来了。他见马大爷拿来了箢篼，便脱下外衣，脱了鞋子，跳到坑里，把箢篼放下去，用锄头掏泥在里面，箢篼装满后，他放下锄把，双手提着箢篼绳子甩在岸上，叫马大爷拿去倒。

坑在不停地往下延伸，下面的泥土越来越湿润，上面的泥土越来越多，贺龙的干劲也越来越大。

附近的群众听说贺龙在挖水井，都赶来帮忙。贺龙挖到一块小石头，把石头挖开，发现一股泉水涌了出来。贺龙叫道："水来啦！"

马大爷："真的啊？"贺龙停住挖泥，让开身子让马大爷看。马大爷弯着腰看下去，果然看到一股比大拇指还大的清泉流了出来。

围观的群众个个现出了喜色。贺龙把井底整理了一下，才上岸来。

马大爷怕贺龙凉着了，忙叫贺龙穿上衣服，又到自己家去打来干净的水叫贺龙洗脚后穿上鞋子。群众说起话来脸上充满笑意：

"这下好了，猫圈坡的人不缺水了。"

"还是红军好啊！"

……

贺龙穿好衣服和鞋子，见井里已有很多水了，对在座的群众道："这井还是个毛坯，我想还应该用石头把它圈起来。"

马大爷："贺军长说得正确。我们去开条石来圈水井。"他这样一说，许多群众都主动去了。

条石开来后，贺龙又亲自指挥安装。他对马大爷说："水井里的石头要安成有几个角的，这样，群众打水才方便。"

水井的石头安好了。贺龙又叫群众在水井上面用石板铺出一条路出来。

经过军民的共同努力，一口解决群众疾苦的水井终于打好了。

贺龙站在水井边正高兴时，刘金久来了。他向贺龙报告道："离猫圈坡不太远的金铃坝有一支'神兵'队伍，其斗争纲领具有进步倾向，该怎么做？"

"他们来骚扰我们没有?""没有。听说他们还很赞成我们的行为。"

贺龙仔细了解"神兵"的情况后说:"我亲自去一趟金铃坝。"

刘金久:"你亲自去有危险。何况我们对这支'神兵'的情况还不十分了解。"贺龙很坚定:"没关系,我个人有危险算不了什么。"

第二天,贺龙带着刘金久和警卫员向金铃坝走去了。他们路过才挖的那口水井时,看到马大爷担着水桶来挑水。马大爷还唱起山歌来了:

> 昔日吃水贵如油,
> 下山挑水就发愁。
> 自从贺龙挖了井,
> 龙水流进锅里头。

贺龙叼着烟斗,听到这里,开心地笑了。笑的时候,他嘴上的胡子显得特别自然、舒坦。

贺龙他们来到金铃坝,驻进了"神兵窝"。接待他们的是头领朱清武。

双方谈了一阵后,贺龙接触正题了:"你们'神兵'受不了苛捐杂税的剥削,起来反抗万恶的军阀和豪绅,我们对你们这种斗争的勇气和决心表示万分的敬意。"

朱清武粗声粗气地说:"不行,不行,比起你们红军来简直差十万八千里。"

贺龙:"许多'神兵'英勇斗争,但总是失败,真可惜啊。"

朱清武茫然地望着贺龙:"是呀,从历史上看,'神兵'都没有成功过。我也不知道这是什么原因?"

贺龙吸了一口烟,拿着烟斗:"我看有 3 个原因。第一、'神兵'没有明确的纲领。第二、'神兵'只是一个地方性的小股力量,难成气候。第三、'神兵'缺少进步的组织。这样的队伍是打不了大仗的。"

朱清武见贺龙说得头头是道,内心非常佩服。他带着期望的目光看着贺龙:"我也感到'神兵'这样长期下去,不是长久之计,但又找不到好的办法。"

贺龙："我们中华苏维埃临时中央政府，有百万以上的工农红军。我们要发动千百万工农群众推翻国民党反动派、推翻军阀、豪绅，争取工人、农民自己的利益和权利。消灭剥削和压迫。争取中国民族独立。没收地主阶级及大财主的土地，为贫农、中农平均分配。取消苛捐杂税。"

刘金久插话："还要解散敲诈民众、剥削民众的团防武装。"朱清武听后叫了起来："哎呀，这么好啊！有些东西，我们'神兵'想都想不到。"

贺龙："我们红军与你们正站在一个共同的战线上。我们很愿意与你们联合。"朱清武："我很愿意与你们联合，但就是不知道贺军长怎么联合法？"

贺龙把烟斗拿到嘴里吸了一口取出来道："你到我们红军队伍来还是当领导。'神兵'的思想认识、作战素质与红军都有一些差别。我们要对'神兵'进行教育、训练，以适应新的要求。"

朱清武想了一会："我个人意见，完全同意和贺军长联合。不过，我还得同我的弟兄们商量后才能决定。"

朱清武把与红军联合的情况向他的部下讲后，有的表示同意，认为这是"神兵"的正确出路。有的表示反对，认为联合就是把"神兵"搞掉。

贺龙知道这一情况后，不灰心，不气馁，而是反复做朱清武的工作，还到"神兵"部伍去讲道理，最后终于成功把这支有 200 多人的"神兵"收编到红军里来了。为以后的战斗增添了新的力量。

4 再到彭水

贺龙率部队在石柱县的活动，被杨森知道了。杨森便派田冠五组织大量兵力围歼，周化树也在其中。几经周折，红军摆脱了敌人的围歼，转移到酉阳、黔江的农村，发动群众，创建革命根据地，并做好了攻打彭水的准备。

彭水附近有酉阳和黔江。为了遏止这两地的敌军向彭水增援，贺龙派龚昌荣和朱清武到这两地去打游击，并派侦察员潜入彭水县城。

他们按照贺龙的部署，就各自行动去了。

在彭水县城的县政府门外，坐着一个头戴烂草帽、身着赃衣服的人蹲在坝子边的墙壁处。他身前的一个小猴子正在大猴子的背后翻着毛，看有没有虱子。他就是刘金久，身边还坐着一个穿着烂衣服的人，是刘金久带的一个战士。

过往的人看到这里有猴子，都驻足观看。

刘金久见人来多了，就起来拿着破锣，牵着大猴子，一边打锣，一边叫猴子转圈圈，时而还用鞭子打一下大猴子。

看的人越来越多，耍猴戏也进入了高潮。

小猴子拉着大猴子的尾巴转了几圈后，刘金久把一个缠着红布的圈圈递给大猴子。那大猴子拿着圈圈坐在地上，双手高举着。

刘金久把小猴子叫到圈圈前方，说了声"钻"。小猴子便跑去钻过了圈圈。

和刘金久一道的那个战士便拿着一个盘子到人群中去要钱。有的赏了钱，有的转身走了。

天快黑了，看猴戏的人也少了。这时，刘金久发现一些当官的不断向县政府里面走去，同时去的还有军人。他猜想今晚县政府里一定有重要活动。他把猴子牵去安顿好后，独自一人翻墙进了县政府。

县政府里静悄悄的，刘金久看到一栋房子里有灯光，便摸着来到屋外的窗下，仔细听着里面的讲话。

这里正在开一个重要的会议，主持人是周化树。此时，他的声音特别大："据可靠消息，贺龙在石柱吃了我们的败仗后，准备向彭水逃来。今晚召开彭水各守军和各机关团体负责人会议，研究如何加强防务问题。大家很清楚，如果我们不努力，让贺龙打进来，我们就完了。因此，要想守住彭水县城，县城附近的统境关很重要。这个关我来守。我将带'精选队'驻在那里。县城南门的城隍庙也很重要，也要派重兵把守。今晚就行动……"

刘金久得到这个重要情报后，连夜逃出县城，去向贺龙报告。

这时，贺龙的部队快接近统境关了。当贺龙听了刘金久的报告后，决定给敌人来个突然袭击。

天刚刚亮，红军便与周化树的"精选队"遭遇。由于红军来势迅猛，出敌不意。敌人还没有完全布防好，就被打垮了。

周化树逃回了县城。他过南门城隍庙时，故意对守卫的士兵说，他进城检查防务，叫士兵们坚守阵地。

轻取统境关后，贺龙和关向应来到统境关的山头上观看。然后，他们又沿着乌江察看地形。贺龙指着乌江边一处房子较多的地方："那就是彭水县城。"

关向应看了看天，乌云滚滚，快要下雨了。他又看了看彭水县城对贺龙说："派一个师的兵力，直扑县城，配合城内的侦察员作战，我看拿下彭水问题不大。"

贺龙："嗯。"关向应："派谁去执行这个重任呢?"贺龙果断道："叫贺锦斋去。"

自从贺锦斋在大路坝敌营部的大门前用板斧劈门受伤后，龚昌荣派人把他抬到后方治疗。经过一段时间的医治，贺锦斋的病还没有完全好就又到前线来了。这时，贺锦斋已是师长了。

关向应考虑到贺锦斋的病没有彻底好，有些担心："贺锦斋受得了吗?"

贺龙："没问题，我了解他。你不要他打仗，他反而还不高兴呢。"

贺锦斋接受任务后，带着他的师向县城前进。此时，大风四起，闪电雷鸣，倾盆大雨下个不停。指战员们怀着扩展根据地的信念，勇敢地前进着。他们忍着饥饿和疲劳，吊悬崖峭壁，走羊肠小道，来到了县城的南门城隍庙外和敌人交上了火。

城内的侦察员听到红军的枪声，也开始打起来。顿时，城内城外，枪声四起，杀声震天。

城隍庙的敌人，借助高墙，妄图负隅顽抗，不停地用机枪向红军疯狂扫射。贺锦斋见攻不下南门，既着急，又气愤。他想命令士兵去把城门推开，但敌人的机关枪在不停地扫射。唯一的办法是搭人梯翻进墙内消灭敌人的机枪点。他选择了一个比较僻静的地方命令士兵搭人梯。可是，战士刚一露出墙头，机枪就扫射过来了。人牺牲了不少，还是攻不下。

城内的侦察员发现这个情况，悄悄爬到城隍庙边，一面向庙内扔手榴弹，一面喊话："缴枪不杀！红军宽待俘虏！"

枪声，炸弹声，不停地响，不停地炸，使庙内的敌人以为红军已攻进城来，惊惶不安，自知难保，便用竹竿挂出白被单，表示投降。

周化树回到城里后，还没有镇静下来，就听到城隍庙响起了枪声，慌忙强夺了居民的一架木梯做船，从乌江渡江逃窜了。

5 两个朋友

贺龙率大部队进了城，驻在他前次的摩云书院里。贺龙考虑到部队刚入城，城里的成员复杂，便命令部队进行搜捕。

贺龙把事情安排完，就在他那 10 多个平方米的屋子里和刘金久下象棋。一个小时后，贺锦斋带着一个人进来了。

贺龙看那人身材颀长，瘦瘦的脸上耸着一个高高的鼻子。贺龙有些茫然，目视着贺锦斋："他是谁?"

贺锦斋指了一下那个高鼻子："他在城里东躲西藏的，被我们捉获了。和他一道的还有一个女人和一个小孩。"

贺龙打量了一下高鼻子："听得懂中国话吗?"高鼻子生硬道："听得懂。"

贺龙："你叫什么名字? 是哪国人? 到中国来干什么?"

"我叫史密斯，美国人，到中国来传基督教的。我并没有做不利于中国的事。和我一道的那个女人是我的妻子，那个小孩是我的儿子雷·史密斯。"

贺锦斋："我们还从他身上搜出有基督教的书。称耶稣为救世主。"

贺龙知道了史密斯是一个传教士："你的信仰，我们不过问。

你到中国来，我们也不反对，但你要尊重我国的主权和法律，不要干涉我国的内政。"

史密斯点头应允。他对红军的政策不了解，害怕被杀："我希望尽快放我到武汉去，还有我的妻子和儿子。"

贺龙："你这个要求可以，但我还要对你调查了再说。"说后，他就叫贺锦斋带史密斯去摩云书院一间屋子里暂时住下，又叫刘金久去调查。

刘金久调查后回来给贺龙报告："史密斯确是一个传教士，没有发现其他不轨行为。"贺龙："那就让他们去武汉吧。"

"不行啊。现在杨森到处造谣，说你把史密斯处死啦，但暗中又派特务劫持史密斯。"

"那我们不可掉以轻心。你去把史密斯叫来，我要跟他说几句话。"

史密斯来了。贺龙叫床上坐，显得很客气。史密斯看到贺龙这热情的样子，有些不理解，站在屋里。

贺龙招呼道："坐坐坐。本来，我贺龙是准备派人送你们一家到武汉去的，但没有想到节外生枝。为了你的安全，你只有在我们这里住一段时间再说。"

史密斯听说过共产党要杀人放火，共产共妻，有些胆怯："贺将军，我还是早点走好些。"

贺龙："不要急嘛。我贺龙又不会把你吞了。你现在走不安全啊。来来，我们下象棋。你会不会？"

"不会。"史密斯说。其实，他是会下象棋的。"我教你。"贺龙说后就去拉史密斯。

史密斯见盛情难却，只好同意。他和贺龙对坐在床边。象棋就摆在他们中间的床上。

他们摆好棋后，谁先走，互相推让，最后还是史密斯先走。他走了一个当堂炮。贺龙来了个马先跳。他又跳一马，贺龙拱卒到象口。他又出一车，贺龙把马跳到河口。

贺龙从这几步棋中，感到史密斯的棋艺不凡。可是，走到后头，他发现史密斯的棋路不对。

其实，史密斯是有想法的。他这时心里很紧张。他一边下棋一边想：如果贺将军赢了会耻笑我，如果我赢了，又怕贺将军一气之下把我杀了。他感到这棋很难下。以致他走了一步蹩脚马。

贺龙笑道："哈哈，你怎么走起蹩脚马来了哟。"史密斯一看，果然是的，忙把马收回去。但下面的步子他不敢走了。

贺龙风趣道："我发觉你心神不安。你这个朋友啊！下象棋输赢没关系，好好下。"

贺龙越是这样说，史密斯心里越紧张，很难走出一步好棋。贺龙见这棋确实无法下下去了便说："好，这次不下了，你休息去吧！"

史密斯回到他暂住的屋里，坐立不安。他无法猜透贺龙的心。他不愿再呆在摩云书院里了，万一贺将军要杀他，将全家不保。他要跑，但想到妻子、儿子，又不好跑。他十分焦躁不安。

妻子来到他面前："贺将军叫你去干什么？"

"叫我去下象棋。""这是好事嘛。你还怕什么？"

史密斯："中国有句俗话叫：知人知面不知心。谁知道贺将军安的什么心？"

"你不要想得那么多。听说贺将军为人正直，光明磊落，胸怀博大。"

"不见得。贺将军在涪陵截获日本的船，还抓了日本人。"

"那是日本人私运军火。你又没有干这种事。那日本人后来还是被贺将军放了。"

史密斯："日本人赔了款、道了歉后，贺将军才放的。"

"贺将军不要我们走是考虑到我们的安全，以后是会放我们走的。"

一天中午，刘金久给史密斯他们端饭菜来了。史密斯见有一个土钵装了一钵汤，里面有鸡腿、鸡脚，望着刘金久："你们在哪里弄来的鸡？"

刘金久认真地说："这是我们的战士到山上去打的野鸡拿来给贺军长吃，贺军长考虑到你们好久都没有吃肉了，特地叫我端来的。"他还把带来的几张旧报纸递给史密斯："贺军长想到你在家不好要，顺便送几张报纸你看。"

史密斯等刘金久走后，一家人就开始吃饭。吃了饭，他看了一阵报纸，突然听到书院外面闹哄哄的，即跑出去看。这里人山人海，贺将军正站在一条板凳上大声讲话：

"……我们同工商界人士是朋友。红军不但不没收你们的东西，还要保护你们。即使我们需要买什么，也会照价付钱的，一定不会损害你们的利益……对于俘虏，你们愿意参加红军的，可以留下来报名，愿意回家的，根据路程远近我们发给路费……对于信仰，红军的政策是保护信仰自由，尊重其宗教习俗……"

史密斯听了贺龙的讲话后，豁然大悟："贺将军真好！贺将军真好！"

史密斯回到暂住地向妻子讲了所见所闻。等妻子和儿子出去后，他又坐下来拿起一份《济川公报》来看。看着，看着，一排醒目的文字映入他的眼帘：贺龙已委任史密斯为秘书。看到这里，他的心跳加快。看完全文，他感到被人冤枉了，这违背教义的罪名，就是跳进黄河也洗不清啊。不行，他不能就此罢休，要向教主说明此事。于是，他找来纸笔给妻子匆匆写了一张纸条后，就到乌江坐船去武汉了。

贺龙知道此事后，为史密斯的安全很是担心。他派人将史密斯的妻子和儿子送到武汉。后来，史密斯一家人便回国了。

史密斯回国后，念念不忘贺龙对他一家的关心。新中国成立后，他想来中国拜见贺龙，但那时中美没有建交。当他得知贺龙逝世的消息，悲痛万分。中美建交后，他走不动了。1980年，他的儿子雷·史密斯访问中国，他特地叫儿子到北京一定要去看望贺龙将军的家属。儿子到北京拜见了贺龙的夫人薛明，表达了史密斯的心愿。这是后话。

一天傍晚，贺龙来到一居民家。他敲开门，见是一位妇女。他立马认出这是龚渭清的夫人："嫂子，龚大哥在不在？""你是……"

贺龙马上道："我是龚大哥的小弟贺龙。不认识啊！""哦，快快快，屋里坐。"

贺龙在西南

贺龙在繁忙的事务中，并没有忘记他的老朋友。他见龚渭清没在家，问道："嫂子，大哥走哪去了？"

"他到乡下去了。几天前，他听说有人要来打彭水，怕又是国民党的反动军队。没想到是你的部队来了。早知如此，他肯定是不会走的。你如要见他，我明天去把他喊回来。"

贺龙摆着手："不用了。等他回来后，你就说贺龙来找过他。"说后便给龚渭清写了一张便条：

渭清大哥：

我们离别已好多年了。在这些年里，我时时都没有忘记大哥的帮助。今再到彭水，特来拜望，不巧你没在家。

现在，我已参加了中国共产党。我还参加了红军，专为穷苦人打天下。希望大哥能支持革命，奔向革命，走向进步。

小弟　贺龙

贺龙把便条交给嫂子后就回摩云书院了。

一天，贺龙正准备吃午饭，突然听到书院外面敲锣打鼓，好不热闹。他忙出去看，见几十个老百姓抬着肥猪、担着粉条和酒坛向摩云书院走来。走在前面的不是别人，正是他要见的龚渭清。

"大哥。"贺龙忙走去握着龚渭清的手。"小弟。"龚渭清满脸笑容。

抬东西的老百姓也走了过来。贺龙松开手指着这些东西："你们这是什么意思？"龚渭清笑道："老百姓为了感谢你们，特地送给你们的。"

"那怎么行呢。老百姓喂个猪不容易，要一年多才喂得肥。我们怎么能收？"

"老百姓就是怕你不收，特叫我来给你讲这是老百姓的一点心意，不收他们会多心，认为你看不起。"

贺龙想，让老百姓看不起就不好了："好吧，我收下。你们还没有吃午饭吧，就在这里吃便饭。"

饭桌上，贺龙给龚渭清拈菜，显得非常亲热。

"我写的便条，你看到了吗？""看到了。小弟，这些年，你走了不少地方哟。"

贺龙道："是。自从我跟随石青阳从湘西来到酉阳龙潭后，走的地方确实不少，经历也不少。在涪陵打军阀、截获日轮运送的军火。在丰都打军阀、解救知事刘愿庵。在重庆城打军阀。后来，我终于寻找到中国共产党，参加了红军，又来酉、秀、黔、彭创建革命根据地。"

龚渭清："你第一次来彭水时，除恶霸周曰庠、惩办亲戚阎俊臣的事迹在群众中广为流传。你提倡捐款修建的断矶桥给老百姓带来了很大的方便呢。"

"这些事情，不值一提，是我贺龙该做的嘛。"贺龙说到这里突然想到一个问题："彭水县的女子学堂办起来没有？"

"办起来了。学堂的师生对你的关怀和资助非常感谢呢。"

贺龙想起了要当第一任校长的那个人："孙汝翌是不是第一任校长？"

"是的。孙校长办学很认真，要求学生也很严格。"

贺龙沉重道："中国是一个多灾多难的国家，要教育学生用功学习，学好本领，将来为国家、为民族多做贡献。"

午饭后，抬东西的群众要走。贺龙叫刘金久给每个人发20块大洋，以表示酬谢。可群众不收。贺龙来了一招说，不收就把东西抬回去。没办法，群众只好收了。

送走了老百姓后，贺龙马上回到他的小屋里，和夏曦、关向应一起讨论红军那重大而迫切的命运。

第七章　驻南腰界

1 创建新局面

夏曦认为彭水虽然打下来了，但作战地势不好，背山面水。敌人打来难以应付。他想命令部队撤出彭水。

贺龙却不同意。他认为全军指战员都尝够了盲目奔波的苦头，迫切需要创建一块根据地，再不能瞎跑了。野鸡有个山头，白鹤有个滩头，红军没有根据地怎么行嘛。

关向应支持贺龙。但夏曦坚持要撤。夏曦有最后决定权。

红三军的电台坏了，无法与中央取得联系。甘育篯又没有回来。贺龙和关向应只有服从。

红三军撤出彭水县城后，经过几番周折，最后于1934年6月到达西阳县境内的南腰界。司令部设在余家桶子。

这余家桶子是当地豪强余兴义家人所修。红军来到南腰界前夕，余兴义闻风逃跑。

余家桶子是石、木结构，有400多平方米。高高的围墙是下石上砖砌成。墙顶有3层长短不齐的檐角，是青瓦所盖。屋子的堂屋是司令部的会议室，摆有桌子和凳子。另外有两间屋全是余兴义装的粮食。

部队在南腰界驻下后，贺龙、夏曦、关向应就去观察地形。

他们来到翘尾巴山上。

贺龙看到到处山峦重叠，沟壑纵横。他觉得南腰界东可以窥湖南、湖北，南可以夺贵州，西可以壮大彭水、涪陵的革命力量，在军事上有广阔的回旋余地。想到这些，他对夏曦道："在南腰界创建根据地总算可以了吧？"

夏曦还是不太满意："难得说。几千人的部队驻在这里，我看吃的住的都成问题。"

贺龙："南腰界境内层峦叠嶂，幅员广阔，人口众多，粮食较富。国民党军队打仗，靠飞机大炮。我们红军靠什么呢？靠群众。只要人民群众拥护我们，我们就会立于不败之地，吃的问题是可以解决的。至于住的是有些紧张，但我们可以想办法。"

正在这时，刘金久来了，他向贺龙报告道："贺军长，现在有些干部战士驻进了一些老百姓家里，连学校都驻进了我们的人，可还是有很多人没地方安排。"

贺龙听到这里，心里怪不舒服，板着脸庞道："是谁叫我们的人到学校里去驻的?！这样，学生怎么上课。马上撤，还要把教室打扫干净。如果没经老百姓同意，硬性驻进去的，也要从老百姓家里搬出来。"

刘金久正要走时，贺龙又道："你去找一座庙子，把它整修一下，拿来建一个红军医院。用兵嘛，要时时想到部队的休整、伤病员的安置和治疗问题。如果光要士兵去卖命，不考虑士兵的切身利益，是打不好仗的。另外，你到老百姓家里去借几把斧头来，再借一些镰刀，喊两百个战士来。"

刘金久弄不明白："你要干什么？"贺龙："我自有用处。"刘金久走了。

贺龙又向夏曦、关向应谈出了自己更远的想法："等我军在南腰界驻扎下来后，我要派几支部队东征秀山，南夺贵州沿河、印江，还要派一批得力人员到石柱、黔江、彭水和湖南、湖北边界地区指导那里的游击队战斗，使酉、秀、黔、彭和湘鄂黔（贵州）边的斗争连成一片，创建根据地。"

夏曦认为贺龙的想法难以办到，但他没有说出来。

他们又谈了一阵，刘金久把那两百个战士带来了。他把一把斧头递给贺龙。贺龙又叫刘金久筹办南腰界革命委员会的事去了。

贺龙拿着斧头面向众人大声道："同志们，我们没有住的地方，就找这翘尾巴山要。拿斧头的在山上砍树，拿镰刀的在山上割草，打空手的就抬树子、背草到山下的空地去搭棚。"

贺龙说后就往树林走去。他踩着荆棘，踏过藤蔓，来到一棵碗口大的杉树前。他看了看杉树的根部，见有一些杂草把树根挡着。他伸出右手把杂草理开。双手握着斧头木把用力朝树根砍了下去。他是斜起砍的，由于用力过猛，斧头被树木"咬"着了。他握着斧柄上下动了几下。等斧头取出来后，他又用力斜砍了几斧头。木屑从树底飞溅起来，像一大朵一大朵的鲜花。很快，这棵树倒了下来，根部还发出了"嚓嚓"的声音。贺龙见树还没有彻底断，又在树桩上砍了几斧头。杉树被砍断了。他又用斧头剔树枝，最后形成了一根木料。

关向应和夏曦把贺龙砍的木料抬走了。贺龙又去砍第二棵、第三棵……

贺龙砍了树后，又去搭棚的地方指挥。经过一天的努力，南腰界冒出了一个个新的草棚。部队的驻扎问题就这样解决了。

贺龙一直忙到深夜才去睡觉。第二天早晨，他在司令部会议室吃饭时，刘金久来了："贺军长，贺锦斋的战士在翘尾巴山上抓到一个土豪余兴义，怎样处理？"

贺龙知道余兴义凭借财势在乡里作威作福，是豪强恶霸："弄到南腰界街上公开处理：没收他家里的房子、粮食。"刘金久："粮食没收后怎么办？""分给老百姓。"

刘金久见贺龙这样说，非常高兴。他立即和贺锦斋一道把余兴义押到南腰界街上开处理大会。街上看热闹的群众越来越多，个个现出了喜悦之情。

"乡亲们，土豪劣绅是我们的死对头，国民党反动派是我们的眼中钉、肉中刺。我们不把他们打倒，永远也过不上好日子……"

贺锦斋等刘金久讲到这里，高呼起口号来："打倒土豪劣绅！"群众也跟着呼喊起来了。

刘金久继续讲道："现在，余兴义的房子被我们没收了，粮食也被我们没收了。红军要把这些粮食分给大家，请你们带着装的东西到余家桶子来领。"

老百姓听了这话，喜笑颜开，都回家里拿东西去了。来街上看热闹的普通村民李木富也准备去装粮食。

刘金久把余兴义交贺锦斋带走后，就来到余家桶子，帮助战士们给老百姓发粮。他拿着一个撮箕，喊来挑着箩筐的李木富，撮了4撮箕谷子倒在箩筐里，叫李木富走，然后又叫来下一个。一直把粮食发完后，他才离开。但他不是去休息，而是做准备工作去了，因为明天要召开南腰界革命委员会成立大会。

这是一个晴朗的天气，蓝蓝的天空，无一朵云彩，茂密的山林显得静静的，微微的轻风使人感到高兴。

南腰界周围的老百姓吃了早饭，陆陆续续向翘尾巴山上的会场走去。

那临时搭建的主席台前，插着红军那颜色鲜红的战旗，在微风中欢快地飘动着。

大山的至高点上设置了岗哨，架着机枪，以防止敌人的袭击。七八千群众站在会场中，黑压压的一大片。大会在雄壮的军号声中开始了。主持会议的是夏曦。

贺龙今天特别高兴，他带着满脸笑容站在主席台上，看了看台下，大声道："……我要告诉大家一件喜事。我们南腰界革命委员会今天成立了。这是我们工农自己的政府，是南腰界人民革命斗争胜利的结果。它将取代国民党反动政府的统治，标志着南腰界地区进入了一个新的历史时期。我热烈祝贺南腰界人民政府的诞生。从此，我们老百姓自己当家做主了。我们要以这里为指挥中心，为创建湘鄂川黔革命根据地奠定基础！"说到这里，他把手一挥。台下响起了热烈的掌声。

贺龙笑了，笑得很自豪。等掌声停下来后，他又接着说："南腰界革命委员会成立后将要和红军一起讨论一些条例，其中包括《没收和分配土地条例》《农村工人保护条例》《关于苗族问题的决议》等等。"他把嗓音提高了："我希望南腰界人民积极行动起来，在南腰界革命委员会的领导下，搞好三件大事。第一，搞好土地革命，消灭地主阶级、土豪劣绅，土地归农民所有。第二，建立强大的革命工农武装，保卫革命的胜利成果。第三，努力发展生产，把南腰界建设好，逐步走上富裕的康庄大道……"

老百姓听了这些话，乐滋滋的。掌声经久不息。散会后，老百姓个个喜笑颜开，从来没有像今天这样开心。

南腰界大会后，产生了很大的影响，但不久，敌人向南腰界扑来了。如果巩固根据地？如何与敌人作战，这是摆在红军面前的当务之急。

② 激烈

　　为了回击来南腰界的进犯之敌，贺龙率部到贵州边界的松桃、沿河一带打仗。在这期间，甘育簧经过艰苦的寻找，在沿河找到了贺龙，带来了中共中央六届五中全会决议和中央对红三军的指示信。出于保密考虑，决议和指示信全部用药水写在甘育簧的衬衫以及所带的旧书报上。

　　贺龙听说有中央的精神来了，非常激动，也想尽快了解。他准备叫刘金久把这些东西拿去用药水处理，等文字显现出来后，用蜡纸刻出来，印出来。他正想找刘金久时，刘金久来了。

　　没等贺龙开口，刘金久就先说话了："……周化树从彭水县城逃出后，潜伏深山，又组织兵力，准备和我较量。当他听说你率部从南腰界到贵州边界去后，便来南腰界冉家祠堂附近骚扰，对老百姓、红军伤病员进行抢杀掠夺，无恶不作。"

　　贺龙听后，胡子几乎都气弯了。他立即命令贺锦斋率兵返回南腰界扫荡敌人，并叫刘金久随贺锦斋回南腰界整理中央精神。

　　贺锦斋带着兵，星夜兼程，来到南腰界，兵分 3 路包围了周化树的巢穴冉家祠堂，准备和周化树硬战。

　　冉家祠堂，犹如地堡石碉，在南腰界西南方向几公里处。祠堂坐落在四山环山的一个大坝子中。坝上田土阡陌，堰水长流。举目远眺，恰似海岛上的亭台楼阁，十分壮观，可惜此时被周化树霸占了。

周化树强迫群众在冉家祠堂构筑堡垒，在祠堂与石围墙中间架上成排的木棒，再在木棒上面盖上厚厚的泥土，构成了一圈坚固的地道，还在里面安放了土炮，储备了粮食、牲口。当他得知贺龙命部队赶来的消息后，便用了一个恶毒的手段。他挟持了100多名群众到祠堂里去。同时，他还派人到酉阳县城向驻在那里的田冠五求援。

当田冠五听说冉家祠堂被红军围困、周化树即将覆灭的消息后，胆战心惊。他曾尝试过贺龙的厉害，不敢惹。于是，他按兵不动。

贺锦斋包围了冉家祠堂后，几天打不下来，急得他团团转。

这时，贺龙从沿河打完仗回到南腰界。他来到冉家祠堂外的作战指挥所问贺锦斋："战况怎样？"

贺锦斋已经气得脸红脖子粗："周化树这王八蛋，躲在祠堂里不出来，我们不管采取什么方法都引不出来，枪弹攻打祠堂好像都没有用，打不进。"

"嗯。"贺龙听了贺锦斋的话后没有立即回话，而是在祠堂外面仔细观察着。

贺龙看到冉家祠堂在大坝中间，目标很醒目。他对贺锦斋道："采取包围是正确的，但不一定要急于求成。"

贺锦斋："问题是祠堂里有100多名群众呀。他们的死活怎么办？"

贺龙惊了一下，但很快镇静下来说："周化树把老百姓弄到祠堂里，是想拿群众来做挡箭牌。目前，他还不会对群众下毒手。"

回到指挥所，贺龙站在贺锦斋面前认真道："让部队停止进攻。围住敌人，断其后援。在祠堂周围用木料修一道高墙，在各路口筑起阻击工事。去砍大树来造木炮。争取群众里应外合。每天用话筒向祠堂里喊话，让群众鼓起勇气，早日逃出虎口，冲出魔窟。"

贺锦斋："是。"贺龙继续说："总的方针是：长期围困，争取群众，最后歼敌。"

贺龙在西南

贺龙对作战情况做了部署后，就向南腰界的余家桶子走去。因为他想尽快与夏曦、关向应他们一道学习中央精神。

贺锦斋根据贺龙的安排，积极行动起来。他拿一部分兵力注视着周化树的动向，拿一部分兵力去砍木料来修建高墙，造木炮，在路口挖沟垒堡。

躲在祠堂里的周化树看到这些，起先根本不放在眼里，心想田冠五的援军很快就要到了，加上自己又有地道、土炮，没什么。他还时常命令他的部下向修筑工事的红军开枪开炮。可日复一日，他见解围之兵还没有到来，加上祠堂的弹、粮一天天减少，才有些慌了。祠堂里的牲口也杀来吃了。群众反感的情绪也越来越高。一天，他悄悄溜到后门，伺机寻找逃离的路线。

红军还在喊话。这时喊话的是来到前线的刘金久。他拿着铁皮做的话筒，把它放在嘴前，向祠堂方向大声道："冉家祠堂里的群众，我们是贺龙的军队。周化树把你们挟持进去，是不怀好意的。你们有家庭，有丈夫、妻子，有儿女。你们要想办法逃出虎口。不然，周化树会狗急跳墙，会对你们下毒手的……"

一天，刘金久跑来余家桶子找到贺龙："报告贺军长，冉家祠堂被周化树关的群众经过我们的喊话，已经从后门跑出来了。"

贺龙一听，来劲了："好，我们马上去看。"说后，他晚饭也不吃，就来到了指挥所。

贺龙听了贺锦斋的情况介绍后，认为总攻的时候到了。他对贺锦斋道："天已经黑了。请准备一些火把放在祠堂四周，另外，找一些红布来撕成条状给每个作战人员发一根，将红布系在左臂上。"

准备工作做好后，贺龙发出了总攻命令。

霎时，手榴弹不断向祠堂飞去。木炮装着的石头轰垮了祠堂的地道。堆堆篝火一起点燃。

贺锦斋带着战士从垮了的地道里冲了进去。他们在祠堂里左冲右杀。

周化树带着残兵从祠堂逃出来，又被红军用木料修的高墙挡住。他们慌忙地翻墙，又暴露在火光中。红军追杀过来。敌人死的死，伤的伤。周化树要不是跑快点，也被杀死了。

余家桶子的会议室里，贺龙、夏曦、关向应坐在桌子边的凳子上。他们在开会，已经开了 3 天了。这次会议是在打仗的情况下召开的，可见是多么的重要。前几天学习了五中全会的决议。现在关向应念起了中央的指示信来，他念得特别认真：

> ……你们红三军在肃反中犯了不可容许的严重错误。以肃反工作代替了政治上思想上的斗争，代替了党内两条战线上的斗争，这是极大的罪恶。除了你们自己少数人外，完全不相信群众与自己的同志，自己的党员，自己的团员，将反革命的力量夸大到不可思议的程度，以致使你们的干部战士终日陷入疑神疑鬼的恐怖中。这种恐怖造成了你们把肃反当做一切工作中心的根本错误。这种肃反如继续向前发展，可以使你们少数人也互相怀疑、猜忌与不信任。我们绝不能同意你们的意见。"连以上干部十分之九为改组派。"这种估计是不正确的、夸大的！事实上改组派只是少数。照你们那样的估计，不但在党的路线上和对群众方面要发生严重的错误，而且使人不能正确了解湘鄂西失败的原因。同时会把自己在这个期间所犯的各种最主要的错误掩盖起来。
>
> 因为你们不相信群众，打击迫害绝大多数，所以你们也就不能吸收广大群众来参加红军，也不能将已吸收来的红军从组织上巩固起来，而形成枪多人少的怪现象。这就是你们为什么不能固守新创根据地的主要原因！
>
> 你们武断地解散了一切党团组织，无理由地怀疑和不信任一切党团员，举行重新登记。这实际上是你们拒绝了到处建立我们党的基础与繁殖我们党的工作，而陷入目前无党的状态。这不但不能保证党的改造，而且是破坏我们党的威信……
>
> 中央要求

（一）坚决纠正你们的错误的肃反路线，立即恢复党内正常状态，自上而下，自下而上地恢复和建立各级党团组织。

（二）尽量地扩大红军，加强红军的战斗力，提高红军的政治水平和军事技术。

（三）立即吸引群众来参加创建根据地的工作，使根据地成为影响群众的阵地。

（四）坚决开展反对不相信群众力量的无情斗争，立即发动广大群众，建立一切群众组织，坚决实行土地革命。

（五）立即将游击主力转变为创建湘鄂川黔边根据地的基本力量，立即停止那种无目的的无前途的流浪式游击生活。

贺龙听了，认为中央说到要害了。他觉得红三军在3年左右的时间里，搞了4次"肃反"，"逮捕"近2000人，处死刑上百人。整得全军恐惧不安。由于交通不便，中央的指示信是在几个月以前写的，但也来得及时，红三军有救了。但他想到夏曦的一些行为，不说不快。他左手拿着烟斗发言了："我们红三军在肃反上犯的错误，夏曦同志有不可推卸的重大责任……"

夏曦不等贺龙说下去就开腔了："当时，红三军中那么多反革命的改组派，不抓行吗?"

关向应说话比较和气，他目视着夏曦："可你把肃反扩大化了。"夏曦："当时有那么多嘛。"

贺龙："你还认识不到自己的错。在你眼中，红三军中没有几个好人，连我都是改组派，你都想整。"

夏曦："我没有这么认为。你莫嫁祸于人。"贺龙："你缴了我警卫员的枪，叫我写材料。这是什么目的?"

夏曦坚持道："我不是整你。"贺龙大声道："你不敢承认。解散党团组织总是你做的吧?"

夏曦也抬高了嗓子："当时的党团活动被改组派所利用，不解散行吗?"

贺龙迅速站起来，右手把桌子一拍："无稽之谈。你把干部整完了，根据地搞掉了。你究竟安的什么心？"

夏曦认为中央的指示信不一定是王明的思想，也不示弱，也站起来："那些干部本身都有问题。根据地不是我搞掉的。我执行的是王明的肃反指示。"

关向应实在忍不住气了，对夏曦大声道："红三军向酉、秀、黔、彭一带发展，是经过研究决定的。当红三军打下黔江后，你害怕敌人来打，要走，走时还把宋盘铭政委杀了……"

夏曦打断了关向应的话："宋盘铭是'改组派'，是军事叛变者，不杀行吗？"

贺龙："我不同意你这种说法。宋盘铭跟我多年，出生入死，英勇顽强。这种人死在自己人的枪口下，真心疼。"

夏曦："中央说有反革命打进红军里来了，要肃反，难道我不肃吗？"

贺龙毫不留情："你也不要搞得过火了呀。你认为红军中10个有9个都是坏人，这像话吗？"夏曦也冒火了："我是为了革命，我执行的是中央精神，没有错。"

大家不说话了。

关向应看到这种情况，站起来和气道："过去的事就让它过去，好好总结经验。我们现在立即恢复党团组织，提拔干部，好好发展湘鄂川黔根据地。今天的会到此结束。"

大家不欢而散。贺龙独自在会议室里吸着烟。

3 倒马坎战斗

在南腰界红三军司令部的会议室里，刘金久正在给贺龙报告情况。贺龙听了，双眉紧锁，觉得刘金久说伤病人员缺药治疗的问题很严重。他拿着烟斗不停地吸着烟。吸了一会儿，他来神了，叫刘金久拿文房四宝来。

刘金久拿来后，贺龙就在桌子上认真地写起来：

大哥：

自从我红三军离开彭水后，不久就来到了南腰界创建新的局面，形势发展很快，对我十分有利。这里的土豪劣绅被打倒了，周化树打不赢我们也逃跑了，老百姓非常高兴，感到自己有一份田土了。但是，红三军的指战员，多数都是外地人，到这里来，水土不合，又经常打仗，伤病员很多，医药非常紧张。为了给伤病员治病，我们迫切需要中西药。望大哥想想办法，给我们买点药来。买药的钱，请大哥设法垫付一下……

贺龙写好后，落上了自己的名字，再交与刘金久道："你把这封信拿到彭水县城去找龚渭清，他看了信后，我想是会帮忙的。需要些什么药，你造个清单。"

刘金久根据贺龙的要求造好清单，带着信到彭水去了。他找到了龚渭清，把事情交办后又回到了南腰界。

这时龚昌荣也来到了南腰界。

龚渭清接到贺龙的亲笔信后，既高兴，又担心。高兴的是作为军长的贺龙还没有忘记在彭水的大哥，担心的是伤病员没有药物治疗，病情会恶化，后果不堪设想。他感到贺军长托他办的事，就是他自己的事，一定要办好。于是，他变卖家产，筹备了800块大洋，带上在彭水打的证明，乔装成药商老板，到酉阳买了药，最后又到秀山买了西药和中草药。一共买了20多担，请了20多个挑夫挑着药物从秀山向南腰界方向走去。

龚渭清坐着滑杆和挑夫来到倒马坎，被周化树拦住了。

倒马坎位于秀山县城西面。其地势极为险要，路边上是壁陡的高山，路边下是悬崖深沟。传说古时候有一个官员骑马路过此地，跌下深沟，人马均亡，因此而得名。

红三军在南腰界的革命活动，使秀山国民党惊惶不安。周化树从冉家祠堂逃到秀山后，一面加强防务，一面加速飞机场的修建，以便争取援助。

另外，周化树在秀山组织全县各乡团防，拼凑了1000多人，组成地方武装，进行防务。他觉得防务的重点在倒马坎。他召集人员在倒马坎一带修筑一道长达40华里的防御工事。他认为这里的地形比冉家祠堂好，尽是山，加上那犹如"万里长城"的防御工事，红军莫想攻下来。

龚渭清知道倒马坎有国民党的兵守卫，但他认为自己是一个药商，不可能商人都不让通过吧。他在酉阳买药时都过了几道关卡，过倒马坎应该没问题。来到倒马坎，他在滑杆上看到前面的挑夫被周化树拦下来后，即走下滑杆，沉着冷静地来到周化树面前说："我们怎么不能过？"

周化树很傲慢："我要检查。"龚渭清："全是些药，我拿到彭水去卖的。"他拿出证明递给周化树："我是药商，来秀山买点药。"

周化树接过证明看了看，又翻了翻挑夫的箩筐，发现有西药，有中草药。他目视着龚渭清："买药，为什么要到秀山来买，其他地方不可以买吗？"

龚渭清微笑道："其他地方我也买得有。我在酉阳就买有很多药。秀山是山旮旯，中药多些，价格便宜些。"

"中药可以在秀山买，西药还比彭水贵，箩筐里怎么还有西药呢？"

龚渭清知道对方发现了破绽，如不采取应急措施，是不好过倒马坎的。等周化树的话一说完，他马上就回答道："这些西药彭水没有，我拿到彭水去肯定会卖个好价钱。"

周化树故意把声调拖得长长的："你是到彭水去吗？"

"当然，我准备到沿河去坐船到彭水。"

"不对，你是到南腰界，给贺龙送药去！"周化树大声道。

"我们是到沿河去。"龚渭清明确道。

周化树不听，把龚渭清的证明"唰唰"地撕得粉碎丢在地上对士兵道："把他抓起来。"

"你们为什么抓人！"龚渭清反抗着。但没有用。

那些力夫见老板被抓，纷纷挑命。周化树命令开枪射击。龚渭清见自己的同伴多数被打死，很气愤，对周化树厉声道："你们为什么要打他们？"

周化树得意扬扬的："我不但要打他们，而且还要打你。你说你是不是给贺龙送药去？""我不是给贺龙送药的。"龚渭清坚持道。

周化树来气了。他伸手给龚渭清两耳光："他妈的，还嘴硬，你说不说实话？"

龚渭清："我说的都是实话。"

周化树："看来你是不进棺材不掉泪，看我今天来枪毙你。"说后，他把龚渭清押到山崖边，摸出了手枪。

龚渭清认为自己必死无疑了。他瞪着周化树狠狠道："总有一天，你们这些狗东西没有好下场。"

枪响了，龚渭清到山崖下去了。

贺龙在南腰界司令部的会议室里叼着烟斗踱着步。他正想着龚渭清送药的事。突然，刘金久慌慌张张地来了："不好了，贺军长!"

贺龙睁大双眼盯着刘金久："什么事?"

"龚渭清的力夫来报告，他们在倒马坎被周化树拦住了。挑夫跑时被打死了很多。龚渭清也被打死了，从山崖上面摔到山沟里，力夫在山沟里看到的。"

贺龙听了，烟斗都差点掉在地上。他认为龚渭清虽然不是共产党员，但拥护革命，支持革命。这样的挚友牺牲了多可惜啊！贺龙想到这里，心里非常难过。他站在桌子旁，拿着烟斗，对刘金久道："龚渭清的血是不会白流的。你去把贺锦斋和龚昌荣叫来。"

贺龙在南腰界驻下后，就想要到秀山开创革命根据地。他派侦察员深入秀山境内侦察，并绘制了地图。没想到他还没有来得及到秀山，周化树就先下毒手了。

贺锦斋和龚昌荣来了。

贺龙把地图摆在桌子上，指着秀山县城对贺锦斋和龚昌荣说："敌人在城内建造了很多罐子炮，还强征经费，抓丁拉夫，赶修飞机场。如果一旦飞机场修起，敌人的增援部队很快就会运到秀山，那时再打秀山就很困难。我们要借飞机场还没有修好之机，打秀山，攻坚战是在倒马坎。周化树是一个愚蠢的家伙，他在倒马坎筑起了他认为的'万里长城'。他为了使这道防线不被我攻破，坐镇清溪场指挥，而且是用电话指挥。他总结了过去打败仗的经验，准备和我们血战到底。"贺龙看着贺锦斋、龚昌荣："贺师长、龚队长，你们觉得去打秀山有困难吗?"

贺锦斋、龚昌荣："没有！坚决完成任务。"贺龙笑道："好。"

龚昌荣："秀山那地方我曾带'联英会'经常出入，地形比较熟悉。"

贺龙目视着龚昌荣："我就是想到这一点，才叫你和贺师长一道去。"

他们来到离倒马坎不远的猫儿洞，立即分两路前进。贺锦斋带一队人马占领倒马坎右侧的最高点——老鹰嘴。龚昌荣带一队人马占领另一制高点——狮子背，重机枪对准倒马坎。

战斗打响后，重机枪不停地向倒马坎的碉堡射击。龚昌荣带着5个战士

贺龙在西南

拿着炸药摸到离碉堡不远的地方。他叫了一个战士抱着炸药向碉堡前进。可是，这战士前进不远，就被敌碉堡内的机枪射中了。又叫了一个上去，又牺牲了。连续叫了5个，都牺牲了。他眼里冲满了血丝，决定亲自去炸碉堡。他在重机枪的掩护下，勇敢地向碉堡跑去。他从牺牲战士的手上抓起炸药，隐蔽着向敌碉堡冲去。可敌人封锁得太严了，他在快要接近碉堡时，中弹倒下了。而狮子背的重机枪还在不停地响着。

在这紧急关头，贺锦斋带着部队从老鹰嘴冲了下来，从后面给敌人打了个措手不及。

碉堡里的守敌，见红军已兵临城下，而且很多，忙给在清溪场的周化树打电话。

周化树此时也感到大势已去。为了保存实力，他在电话里回答："尽量抵抗，实在抵挡不住就撤。"

倒马坎的守敌得此电复后，觉得当务之急是保命要紧，便丢弃碉堡逃跑了。

贺锦斋带着战士乘胜追击。敌人在倒马坎那狭窄的山路上逃命，有的摔到深谷里，有的逃到山上成了俘虏。

周化树放下电话后，感到倒马坎很快就要落入红军手里。倒马坎一丢，清溪场很快也保不住。想到这里，他又抓起电话再次摇倒马坎，可是摇不通了。他估计守在倒马坎的人已逃。他怕红军追到清溪场，便也逃跑了。

这场战斗，直到天黑，才胜利结束。

倒马坎战斗振奋了秀山人民，在一定程度上打击了反动统治和恶霸势力的嚣张气焰，扩大了革命影响。

新中国成立后，秀山人民政府在倒马坎战斗立的纪念碑上这样写道：

1934年夏，贺龙同志率红三军在川黔边创建革命根据地，秀山反动武装1000余人，以倒马坎为中心，南北40里地段构筑工事，并在清溪场等地设置指挥部，组成一道号称"万里长城"的反革命防线，企图阻止我红军东进发展革命根据地。

……红三军分兵两路割裂敌防御体系，对倒马坎实行钳形攻击，一举将其攻克，终使"万里长城"全线崩溃。

这次战斗壮大了红军声威，为我县革命根据地的建立奠定了基础，进而为整个黔东革命根据地的巩固和发展作出了不可磨灭的贡献。倒马坎之战，是红三军在酉、秀、黔、彭进行的著名战斗之一，在红军战史上写下了光辉的一页。

山河有幸，倒马坎因红三军业绩载入史册。

日月同辉，红三军英名与倒马坎群山共存。

当贺龙知道倒马坎战斗胜利的消息后，他并不感到十分高兴，脸庞上的表情显得特别沉重：挚友龚渭清牺牲了，特科大队长龚昌荣也牺牲了，代价不小啊！

4 会师

    贺龙正在南腰界司令部的会议室里看旧报纸。这些报纸是刘金久给他收来的。

    贺龙感到整天待在偏僻的山旮旯，不知外界的消息。看一些旧报纸，也能了解一些情况。

    这时，贺龙看的是《济川公报》。看着，看着，一则惊人的消息映入他的眼帘：任弼时部队正向川黔边方向移动，有与贺龙会合之嫌……

    发现这则消息，贺龙有些不相信，他以为是自己的眼睛花了。他摆了摆头，眨了眨眼睛，再看。是的，没错。他感到惊喜。他立即叫在他侧边的刘金久看。刘金久看了也非常高兴。

    贺龙知道任弼时是中央政治局委员，在红六军团任职，但任的什么职，他还不知道。

    刘金久有些不明白："红六军团为什么要来和我们会合呢？"

    贺龙沉默片刻说："可能是中央叫红六军团来协助我们开展湘鄂川黔革命根据地的，也许中央有更进一步的打算。报纸上是 8 月份的消息，如今已是 10 月份了，如果红六军团是来和我们会师，应该快到喽。不管怎样，兄弟部队来了，我们要积极迎接。"

随即，刘金久把夏曦、关向应请来，和贺龙一道开了个短会，决定贺龙带贺锦斋师深入秀山、沿河一带寻找红六军团。

山上的冷风，不停地吹在贺龙的脸上，使他感到有丝丝寒意。

贺龙带着部队在崇山峻岭中寻找几天了，但一个红六军团的人也没有找到。又找了整整一天，仍没有找到。天快黑了。贺龙准备到老百姓家去住宿。

贺龙去住宿的老百姓叫李木富，30来岁，住在秀山车田村。事前，刘金久来通知过李木富。

李木富深知贺龙的部队是为老百姓打天下、分粮食、分田土的。他前次到南腰界去还分到红军缴获土豪余兴义家的粮食。当他听说贺龙军长要来他家住，脸上露出的喜悦之情，久久不能消失。他觉得贺军长行军辛苦，应该让军长吃好睡好。他到红军分给他的土地里扯来蔬菜，叫阿妈煮甑子饭来招待贺军长，又把阿妈住内屋的床理出来铺好，将刘金久带来贺龙的铺盖放在床上，让军长睡觉。

贺龙来到李木富家，饭菜已在堂屋的桌子上摆好了。贺龙见此笑道："哦，看来是专门等我来吃饭了。吃这么好呀？"

李木富微笑道："不好。这米饭是我在余兴义那里分得的。这白菜是我分了土地后种的。我们能有这一天，全托贺军长的福啊！"

贺龙摆着手："不能这样说，应该说是托红军的福，托共产党的福。"李木富指着堂屋角的木洗脸盆对贺龙道："贺军长，洗个脸吧。"贺龙爽快道："好的。"

贺龙洗了脸后就坐在桌子上吃饭。他见李木富的阿妈不爱拈菜，就拈了一筷子白菜去："阿妈，你要吃菜呀，不要尽让我吃。"

阿妈抿嘴笑了笑："我在吃。"

吃了饭，收了桌子上的碗筷，洗了脚，李木富就招呼贺龙到内屋去睡觉。

贺龙站在内屋门口看了看，内屋的衣服、摆设，不像李木富住的："这是你阿妈的内屋，我怎能喧宾夺主呀？"

李木富连忙说:"不碍事,不碍事,阿妈另找住处。贺军长是我们的亲人,就在那屋睡吧。"

"老人家年高体弱,睡惯了的铺,怎能随便变动呢?"贺龙说后,就走进内屋,在床上抱起自己的卧具出堂屋来。他把卧具放在桌子上,在屋角里找来几块木板,搁在两头的板凳上,搭成一张简易的床。他把卧具拿到简易床上,去关大门后,准备睡觉。

正在这时,外面有人敲门:"贺军长!贺军长!"贺龙见这是贺锦斋的声音,忙去开了门:"哦,贺锦斋师长来了呀。"贺锦斋进来了,他后面还跟着一个人。

来到堂屋,贺锦斋互相介绍道:"这是红六军团的李达参谋长。这是贺龙军长。"

贺龙见李达穿着红军服装,大盘子脸上的眼睛显出激动的表情。他认为已经找到红六军团了,十分高兴,忙伸出手去握着李达的手:"怎么不见任弼时呢?"

李达激动而又伤心道:"我们红六军团在来川黔边的路上,被敌人截成三段,战斗失利,部队损失很大。我率团机关人员向秀山方向前进。我们沿途访问群众,寻找贺龙军长,最后终于在这里找到了你。"

贺龙听了,心里难过。他松开了李达的手:"任弼时现在在哪里?"李达目视着贺龙:"估计在贵州印江县的木黄一带。"

贺龙觉得这里离贵州边界不远了,一定要尽快找到任弼时。他对李达道:"明天天亮,咱们一道去找任弼时。"

说后,他们就各自去休息了。第二天,天还没有亮,阿妈就起来把饭煮好了。

贺龙吃了早饭,给了3块大洋与李木富:"你阿妈的身体不很好,这几块大洋你拿去给她老人家买点好东西吃,补养补养身子。"

李木富推辞:"我不要。"贺龙坚持要给,李木富坚决不要。没办法,贺龙把大洋悄悄放在饭桌上走了。

贺龙离开李木富家后,带着部队向木黄赶去。甘育箴也跟着一道。

　　来到木黄，贺龙听到对面山上有枪声。他立即命令部队抢占有利地形，准备战斗。这个时候，已是傍晚，到处山雾弥漫，看不清目标。

　　贺龙没有放松警惕。他一边认真注意周围的动静，一边仔细听枪声。他发觉这是点射枪声，感到奇怪，不像国民党兵的打法。他叫大家先不要还击，叫甘育箴吹号联系。

　　甘育箴拿起号熟练地吹了起来。停了一会，对方也吹起号来。

　　贺龙一听，有些熟悉，便叫刘金久喊话。刘金久来到一个高地用双手贴在嘴巴边当话筒大声道："你们是什么部队？"

　　"我们是红军。"对方答话后反问："你们是什么部队？"

　　刘金久："我们也是红军。"

　　"你们是哪一部分红军？"

　　"我们是红三军。你们是哪一部分？"刘金久说。

　　"我们是红六军团。"

　　贺龙听了有些高兴了，但他又怕里面有诈，便派刘金久到对方去仔细打听。

　　刘金久走近对方，透过雾气，看见了对方穿的是红军衣服。他简单和对方对话后便来向贺龙报告："是红六军团的，任弼时还在里面。"

　　贺龙听后，认定是红六军团无疑了。他立即将部队布防于附近，和李达一道去见任弼时。

　　任弼时由于多次遇上敌人，天天打仗，加上又患疟疾，身体十分虚弱，但他听说贺龙来了，也不顾体弱，拄着拐杖向对方走去。

　　他们在一棵大树下见面了。整个山林都沸腾了。

　　贺龙紧紧握着任弼时的双手，激动得热泪盈眶："找到了，终于找到兄弟部队了。"任弼时松了手，拥抱着贺龙："不容易啊，真的不容易。"

　　一阵热烈的握手、拥抱后，贺龙站在任弼时面前道："我们红三军的电台坏了修，修了又坏，与中央断了联系，不知道红六军团要来。我还是从国民党的旧报纸上看到一则消息，知道你们要来，就派部队接应。看到你们安全脱险，我也放心了。"

贺龙在西南

任弼时右手叉在细小的腰上："谢谢贺老总（贺龙曾任八一南昌起义总指挥，人们常这样尊称他）的关心。我们红六军团从江西出发，天天都在盼望能尽快找到红三军。"

贺龙："弼时在红六军团任的什么职呀？"

李达左手摘下帽子，右手抠着他那光秃秃的头道："弼时是红六军团政治委员会主席，并作为中央代表同行。"

任弼时笑了笑，伸手摸了摸他那瓜子脸上的小胡子："中央军委命令我们红六军团退出湘赣革命根据地，做先行突围骨干，向西转移，作为中央红军长征的先遣队，同时，与你贺老总领导的红三军靠拢。贺老总，你们红三军的情况怎样？"

贺龙沉重道："红三军在长期艰苦的战斗中，战士们表现得很英勇，但由于很长一段时间不与中央及时联系，加上夏曦同志基本上是个人说了算，使各方面的工作受到很大损失，解散了党团组织。经过我和关向应的坚持，党团组织最近才开始恢复，部队中的党团员还不到十分之一。在连队还没有党的支部。师、团政委多数都是新提拔的，工作能力很弱。部队中肃反的恐惧心情仍然存在。红9师政委宋盘铭等一大批有功之臣被杀。中央指示信和五中全会决议到达后，并未在部队中开展广泛传达和讨论。"

任弼时："部队没有共产党的领导，革命就不能取得胜利。必须尽快健全党团组织。话得说回来，斗争复杂呀。江西省委宣传部长邓小平也被迫害。我想，我们会合后，两支部队暂时集中一段时间。因为我们红六军团的人不多了，加起几百个伤病员可能有3000多人。合在一起就不同了，人多力量大呀。"

贺龙："我们到南腰界去再开个会研究一下。天已经黑了，今晚可能就住在这里了。"

第二天早晨，贺龙和任弼时正在摆谈时，刘金久来向贺龙报告：强大的敌人向我们袭来，形势紧急。贺龙和任弼时率领着部队迅速向南腰界前进。

到了南腰界，两支部队的领导开了一次重要会议。会议决定撤消夏曦湘鄂西中央分局书记的职务，上报中央。鉴于当前敌人已尾追前来，强敌压境，两支部队挺进湘西，建立湘鄂川黔革命根据地。同时，派贺锦斋师留在黔东，组成黔东独立师，照顾伤病员，开展游击战争，掩护主力东征。会议结束后，首长们就向翘尾巴山走去，因为那里有几千官兵在等着开会师大会。

大会的会场显得特别热烈。官兵们整齐地坐在地上，情绪持续高涨。有的高喊"向红六军团学习"，拍手。有的回应"向红三军致敬"，拍手。他们一会喊"团结互助，互相学习，争取新的胜利"，一会又高唱"打倒土豪，打倒土豪，分田地，分田地……"司号员们格外活跃，组成了军乐队，"嘟嘟哒哒"地吹了起来。那动人的歌声、哗哗的掌声、嘹亮的号声响彻在山涧里，一点儿也听不到深秋的树叶发出沙沙的响声。

首长们来了，全场立刻肃静下来。他们来到战士跟前，亲切地和战士握了手后，才走上主席台。

任弼时讲话了："今天，我们红六军团在南腰界和红三军胜利会师了。红六军团经过三个多月的行军作战，已经感到十分疲劳了，有些同志包括我走起路来还少不了要拿一根拐杖。可是，在今天的会场上，由于红三军同志们的热烈欢迎，把我们的疲劳一扫而光，现在是精神焕发。这种情绪是不难理解的，因为我们每个人心里都感到很自豪：敌人想消灭我们，结果他们失败了，我们胜利了，党中央交给我们的任务算完成了。"他指着在主席台上的贺龙："看哪，他就是两把菜刀闹革命、南昌起义的总指挥、红三军军长贺龙同志！"

台上台下响起了热烈的掌声。任弼时大声说："现在请贺老总给我们讲话！"又是一阵掌声。

贺龙握着旱烟烟杆，满面笑容地走到主席台前面。他向全场的指战员敬了个军礼后笑道："我被弼时同志夸得有点昏昏沉沉的喽。两把菜刀闹革命，一把在别人手里，我手里只有一把单刀，不是双刀。"

全场爆发出一阵笑声。贺龙继续说："会师，会师，会见老师，这话可能不太准确，但你们红六军团来自井冈山根据地，那里一直是我贺龙和我

159

们红三军学习的榜样。"

掌声又响了起来。

贺龙的声音越来越大:"红六军团的全体同志们,你们辛苦了。你们一路上跋山涉水,打了不少胜仗,战胜了敌人。我们表示热烈的欢迎。"他等掌声停下后又接着说:"我知道你们的心情。你们到这里来后想休息一下。按说也是应该的,可是蒋介石不会让我们休息。我们一会师,树大招风,我料想蒋介石也睡不着觉喽。南腰界是新开辟的根据地,不很巩固。可靠的根据地在哪里呢?"他抬起左脚用烟斗敲了敲草鞋底后说:"在我们的脚板上!靠我们行军、打仗,夺取胜利,开辟更大的根据地,消灭更多的敌人。到了那一天,我贺龙请客,大家轮流睡上一天一夜!"

雷鸣般的掌声又响起来了。

会后,贺龙把刘金久找来道:"红六军团的军马大部分失落了,你把红三军的拨一部分给他们,让他们营以上的干部都有一匹坐骑。你要亲自挑几匹最好的送给红六军团的领导人……"

刘金久:"我那匹'小钢炮'送给任弼时同志吧!"

贺龙点了点头,又说:"红三军的马匹献出来后恐怕都还不够,你要和南腰界革命委员会联系,在群众中买一批好马来。南腰界是产马的地方。另外,你叫战士们连夜上山割草来为红六军团的战友赶打草鞋。两军的站岗、放哨等勤务事全部由红三军承担。"

刘金久:"是。"

然而,挺进湘西能否成功还很难说。

第八章　转移

1 巧过酉阳

在南腰界红三军司令部的会议室里，几位领导正在研究一个紧急的问题。

任弼时谈出了自己的看法："我们的红军要东征湘西，酉阳县城是必经之地，而酉阳城里有田冠五把守，且兵力强大，约有万余人枪。有这个"拦路虎"，红军怎么过去？"

关向应："论人员，我们两军加起来都没有田冠五多，但我们的士兵英勇善战。如果要打，我看是打得赢的，就是看这一仗值不值得打？"

贺龙慢慢吸了一阵烟，发起言来显得胸有成竹："我们的目的，是东征湘西。为了实现这一战略目标，目前不宜与酉阳守敌交锋，保存实力，以利再战。如果跟田冠五打，又伤我们的元气，又耽误时间，对我很不利。"

李达："不打仗，红军过得去吗？"

贺龙："我看问题不大。"他对田冠五做了一番分析："田冠五这个人，早在10多年前，我追随孙中山讨贼时，在涪陵就和他交锋过。那时，他是杨森部下的一个团长，不算很得志。他同地方枪杆子势力也有较大的矛盾。他的部下战斗力差，周化树就是一个很好的例子。我们可以利用红三军和红六军团胜利会师的声威，对田冠五晓之以理，进行分化瓦解，劝其让开通道，让我们过路。只要我们不打他，他是会这样做的。"

刘金久："据侦察，周化树在倒马坎战败后，跑到酉阳田冠五那里去了。"

贺龙："周化树这个人是个草包，田冠五处处把他拿来做掩饰。我们和周化树不只打过一次仗。在黔江打的是周化树。在彭水打的是周化树。在冉家祠堂打的是周化树。在倒马坎打的还是周化树。几次打仗，他没有一次打赢了的。他什么本事没有，只有一个本领，就是跑。他到田冠五那里去，也帮不了什么忙。只要田冠五同意让路，剩下的周化树就好对付了。"

刘金久："田冠五作战还是有一些经验的。怎样过酉阳要慎重。搞不好我们是要吃大亏的。"

贺龙觉得刘金久说得也有道理。他考虑了一会，看着刘金久："金久，你去一趟酉阳怎样？""去干什么？"

贺龙把他的想法讲了出来……

在那间有窗户的屋子里，田冠五坐在靠背木椅上动来动去的。他这几天显得很不安宁。红三军和红六军团在南腰界会师的消息传到杨森那里。杨森也感到问题严重，一方面快速给蒋介石报告，另一方面命令田冠五死守酉阳县城，不得有半点闪失。田冠五觉得很恼火，在南腰界那么多的红军早迟都要来打酉阳。他如把老本拿去和红军拼，损失肯定惨重，而且还不知是赢是输，不和红军对抗，上面知道了将不得了。

这个时候，周化树进来了。他拿着一样东西，轻手轻脚地来到田冠五跟前："田旅长，你有一封信。"

田冠五对周化树爱理不理的。他听说有信，看也不看周化树一眼，伸出左手把信接了过来。他把信封撕开，取出信笺，双手拿着看了起来：

冠五兄：

我们曾在涪陵有过不愉快的事，让老兄吃了亏，请谅解。

自从 1931 年 "9·18" 事变，日本侵占我国东北三省后，蒋介石不但不去抵抗日本鬼子的侵略，反而集中兵力向我红军多次进行疯狂的"围剿"。

我红军在同国民党打仗中，处在极端艰苦的环境中，但都能取得不断的胜利。这是为什么？其根本原因就在于红军能够得到广大贫苦群众的拥护。红军打仗，历来勇敢，不怕牺牲。这一点，你的部队恐怕很难做到。

为了救国救民，我红军数万人奉命东进湖南，要经过酉阳通道，望老兄认清形势，让我红军通过。

希三思而行……

田冠五见落款是贺龙，心里慌起来了。他没有想到贺龙会给他来信，也没有想到贺龙会要他让出酉阳通道。他再也坐不住了，从椅子上站起来，左手拿着信，来到窗前，背着双手深思着。但思来想去，他也拿不出一个好办法。

周化树走过来轻声道："田旅长一定遇到很苦恼的事。"

田冠五没有马上回话，任凭秋风刮着他的脸。他感到非常难受。他从窗子处走过来，右手在腰前一摆一摆的，显得一点办法也没有。他又坐回靠背木椅，把背贴在靠背上。他叹息道："哎，贺龙要我让出酉阳通道，让红军路过。"

周化树不知道田冠五是让还是不让，试探道："那你怎么办呢？""不好办啊。"

周化树来主意了。他想到自己多次遭贺龙打，这回应该借田冠五的势力来教训教训贺龙："依我看，不让路，跟贺龙打一仗，让他尝尝你的厉害。打了胜仗，你高兴，我高兴，杨森也高兴，蒋介石更高兴。"

田冠五瞪了周化树一眼："说得好听。我打得赢贺龙吗？他的群众基础在酉、秀、黔、彭乃至更大的地方都很好。他又是一个很懂战术的指挥官。更主要的是，贺龙的红三军跟红六军团会合了，两军加起来有几万人，我这万把人如打，不是往火坑里送吗？"

周化树对红军几万人有些不相信："红军哪里有那么多人哟？"田冠五把贺龙的信拿到身前用右手拍打着："这信上明明写着的，还有假吗？"

"那是贺龙虚夸的，故意来吓虎你。"

田冠五觉得周化树说的也有一些道理。但他显得很谨慎："不管怎样，两支红军会师后，力量肯定不小，加上贺龙的威望很大，必须小心对待才行。"

周化树见田冠五不愿意和贺龙较量："你向杨森要兵嘛？"

田冠五把右手一摆："不可能。杨森是不肯派援兵的，就是要派兵，现在也来不及，远水解不了近渴。他在重庆城，而贺龙在南腰界。到酉阳，哪个快些？当然是贺龙。"

"你既不愿意和贺龙打，杨森派兵又不可能。不好办了。"

"是很恼火。我把兵力撤出酉阳县城，让红军经过，又怕杨森怪罪下来我受不了。不让红军路过，不但我打不赢，而且杨森同样要责怪我打了败仗。"

周化树想到一个好办法："我有一种方法，既不要你和贺龙交战，又不要杨森责怪你。"

田冠五急迫道："什么办法，快说来听听？"周化树把右手拿到自己的脸庞前，伸出食指："不妨来个金蝉脱壳之计。"

田冠五双眼盯在周化树的脸上："具体讲来。"

周化树很得意了，慢条斯理道："你把主力撤回龙潭去，就给杨森报告贺龙有进攻秀山之势，你到龙潭防堵。酉阳县城，你只留一小部分兵力。贺龙过酉阳后，如杨森追问，你就说贺龙诡计多端，防不胜防。"

田冠五惊喜起来："没想到周团长还有这样好的主意。"周化树脸上现出了得意扬扬的样子。

田冠五按周化树的办法去做，但又不知留谁在酉阳县城好。想了好久，他觉得只有周化树最适合。他的背部离开了木椅的靠背，望着周化树："周团长，你就留在酉阳县城吧。"

周化树没想到自己给田冠五出了主意，让他脱身，他反而让自己来给贺龙当炮灰："我留在酉阳县城不合适吧？"

"哎呀，周团长，你就服从我的安排吧，以后我是不会亏待你的。"

周化树很不高兴，态度坚决："不行。"田冠五见周化树敬酒不吃，只好吃罚酒了。他板着脸孔道："这是命令。""我不执行。""不执行，我将按军法处之。"

周化树见胳膊硬不过大腿，也就不争了。他这时真后悔，后悔不该给田冠五献计。他压了压气："好吧，我守酉阳县城。贺龙派来送信的人还在外面等你回话。"

田冠五立即写了一封回信：

贺龙兄：

　　过去，我们彼此不愉快的事情就让它过去吧。

　　你撤出南腰界，我很高兴。

　　你的部队要从酉阳县城经过。我经过反复考虑，决定让你通过。我把主力撤到龙潭。

　　致

顺利！

田冠五

贺龙看了信，笑道："田冠五让路了。"说后，他把信递给旁边的任弼时看。

任弼时看后目视着贺龙："贺老总真是神通广大。"贺龙："不敢当，不敢当。现在时机已来，我们马上出发。"红军从南腰界出发了。

贺龙是一个有丰富作战经验的人。他要防止田冠五使用鬼计。当红军快到酉阳县城时，贺龙即把部队分成两路前进。一路横穿酉阳县城，另一路从城外进发。

周化树在酉阳县城里，见红军来了，略事抵抗后就缩进碉堡里不敢露头，偶尔从碉堡中放出几次冷枪，红军置之不理。

就这样，红军没打一枪，没伤一人，就顺利通过了酉阳，进入了湖南。

2 挥泪辞老乡

　　红军主力从南腰界撤走后，留下来的贺锦斋独立师组织伤病员和游击队共 700 多人同追击的敌人进行了坚决的抵抗，经过一个多月的战斗，牵制了川湘黔敌人 10 多个团的兵力，完成了掩护主力东征湖南的任务。

　　任务完成后，独立师决定从秀山东进湖南，与主力会合。然而，这一行动十分艰难。敌人到处都是，并采取了"四面围攻"、"紧缩包围圈"的办法，使独立师处在敌众我寡的恶劣环境下，伤亡惨重。

　　贺锦斋在秀山和敌人打仗中，右脚踝骨被打穿，不能行走。红军一面奋起反击，一面找来担架把贺锦斋抬着随军前进。由于战斗相当激烈，部队损失越来越大。贺锦斋看到这种情况，就叫部队不要管他，尽快去和主力会合。在残酷的战斗中，他撤出了战场，艰难地往车田村附近转移。来到车田村附近的田埂边时，他感到疼痛难忍，昏倒在田埂边了。

　　周化树带着兵追来了。他发现了贺锦斋，用脚踢了贺锦斋几下，又用右手在贺锦斋的鼻前试了一下，认为还是活的。

　　贺锦斋闭着双眼，朦朦胧胧听到有人在说话。他想睁开眼睛但怎么也睁不开，想说话怎么也说不出来。

这个时候，到山上去打柴的李木富路过这里。他看到倒在田埂边的是一个穿红军衣服的人，腰上还别有一支手枪。

周化树拉动了他手枪的扳机，对着贺锦斋说："你要当红军，今天请你尝尝老子的厉害。"

李木富看到这种情况，忙向周化树道："莫杀，莫杀，他可能快断气了，杀他有什么用？"

周化树的手枪离开了贺锦斋，看着李木富，拖着声音："你帮他说话，你也是红军吧？"

李木富微笑道："我哪里是红军，是一个地地道道的农民。我是觉得他怪可怜的。"

"可怜，他杀我的人，我们就不可怜？"周化树说后又向贺锦斋举起了枪。

李木富忙伸手去挡开，笑道："你杀一个人，害一条命，不如把他的东西拿了，得了东西，救人一命，积个阴德嘛。"

周化树见李木富说得有理，便放好枪，就在贺锦斋身上搜，搜出了5块大洋，一支手枪和一颗子弹。

周化树拿着这些东西，带着他的人边走边说："让他就死在这里吧。"

"他也只有死在这里了。"李木富也大声说后就去打柴了。

隔了一阵，贺锦斋苏醒过来，见自己倒在田埂边，忍着剧痛，不停地往前爬着。

贺锦斋爬了一段路，李木富赶来了。他来到贺锦斋前面蹲下身子："红军同志，快来我背。"

贺锦斋看着李木富，迟疑着。他曾在哪点见到过这老乡，可一时想不起来了。李木富着急了："快点呀！"贺锦斋才爬到李木富的背上。李木富把贺锦斋背起走了。

原来，李木富走后，躲在山林里，见周化树走远，看不到人影，估计不可能再转来了，才来把贺锦斋背走的。

李木富一口气把贺锦斋背到他的家里，让贺锦斋坐在堂屋的板凳上。他去把大门关上，再找来凳子、木板在堂屋铺了张临时用的床，将贺锦斋扶上躺着。

李木富的阿妈忙进灶房屋烧水，水烧开后，用木盆装起，再在灶上的盐罐里弄一点盐来放在木盆里，用手在里面搅动，再端到堂屋来。

在给贺锦斋理床的李木富见阿妈端来了水，知道水里放了盐的，就去找来一块干净布，将木盆端到临时床边，把贺锦斋的右脚移出来，沾起盐水清洗伤口。

贺锦斋忍着痛，看看这屋子有些熟悉，想起了一件事："老乡，这屋，我们的贺龙军长曾来住过。"

李木富："是的。你怎么知道呢？"贺锦斋："我也来过。那天晚上，我是带红六军团的李达参谋长来的。"

"哎呀，我都没有把你认出来。真是眼力不好。"

清洗伤口后，李木富又去煮饭给贺锦斋吃。住了两天，贺锦斋在李木富家里养伤的消息就在附近传开了。

李木富感到红军住在他家里不安全，万一哪天敌人闯进来，不但一家人要遭殃，而且红军也可能没命。不行，要想办法，把红军隐藏到一个安全的地方。他想起了屋背后的半坡上有一个岩洞。嗯，把红军弄到那岩洞里去。

天快黑时，他来到岩洞观察地形。这里到处是干枯的杂草，还有很多树木、藤蔓，但没有路。岩洞里很干燥，可以住人。是一个隐蔽的好地方。他迅速走回家，把贺锦斋背到岩洞里来，又去背了一些干草，拿了最好的一床铺盖来。一切安排好后，他才回家去。第二天，他又利用早晚不易被人发现的时间，给贺锦斋送饭去。这样坚持了一段日子。

一天，李木富在外面买来一包草药面儿，放在堂屋桌子上。他把家里唯一的一只鸡捉来杀了，放在木盆里，将锅里的开水舀在木盆里烫。他将鸡毛打理干净清洗后，把鸡拿到菜板上，用菜刀划破肚子，取出内脏，把鸡砍成坨子，放在顶锅里炖。阿妈负责在灶前烧火。鸡汤炖起后，李木富再把借来的米抓两把放在有水的铁锅里，将事先切好的不多的红苕倒在锅里煮稀饭。稀饭煮好后，他把干的用瓦钵舀起，清的拿来他和阿妈吃。

李木富吃了饭，找来一个竹提篼，把鸡汤和装红苕稀饭的瓦钵放在里面，又找来一个大碗，把桌子上的药粉倒在碗里，倒上专门买来的白酒搅拌，也放在提篼里。他向岩洞走去。

在岩洞里的贺锦斋对老百姓的救命和照顾感激不尽。同时，他也天天思念着贺龙，不知贺龙他们现在何处，也不知他们打了多少仗，仗打得如何。他要好好治伤，好后要去找贺龙，把老百姓对他无微不至的关怀向贺龙倾诉。想到这里，他听到了洞外有脚步声。他知道又是李木富来了。

李木富来到洞子里，把鸡汤、稀饭端出来叫贺锦斋吃。贺锦斋感到过意不去："老乡，你们的生活都非常困难。我怎能吃这么好？"

李木富把药粉拿出来给贺锦斋包着伤口："吃好点，伤好得快些，好后才好去打敌人啊。"

说到打敌人，贺锦斋很想部队："不知贺龙军长他们打到哪里去了？"
"贺龙他们打大胜仗啦！"贺锦斋一听，来劲了："真的呀，快讲来听听。"

李木富很激动，一边给贺锦斋包伤口，一边说："红三军和红六军团，从酉阳进入湖南后，贺龙采取骄敌之计，打了大胜仗，并积极创建湘鄂川黔革命根据地，使红军的军威大振。蒋介石见到这种情况，睡不着觉了，赶忙调集19个师、20多万兵力，分成6路，采取步步为营、四面包围、分进合击的战术，对湘鄂川黔革命根据地进行大规模的'围剿'，妄图消灭红三军和红六军团。"

贺锦斋听到这里，担心起来："贺龙他们怎么打得赢那么多军队？"

"在这紧急关头，中共中央在遵义召开了会议，撤了王明'左'倾机会主义的权力，确立了以毛泽东为核心的党中央的领导。贺龙根据毛泽东的战略思想，采取灵活机动的战略战术，打乱了蒋介石围堵中央红军的阴谋。"

"好啊！好极了！"

李木富把药粉上好，又把包伤口的草叶缠上去，再用带子拴好。他说：

贺龙在西南

"这个药是专门治枪伤的，很有效。看样子，你的伤快好了。"

贺锦斋："感谢你的关照。""不要这样说，我们都是一家人嘛。"李木富说后准备走。贺锦斋忙喊道："你谈的这些情况是怎么得来的？"

"我是在游击队员那里得来的。听说周化树也被游击队打死了。"贺锦斋听到这里，脸庞上露出了喜悦的表情。李木富走了。

夜静悄悄的，岩洞外除了冷风在呼啸，一切都是那样的寂静，那样的凄清。

贺锦斋在岩洞里一时睡不着觉。他想到了毛泽东的正确领导，想到了贺龙的才能，想到了自己跟随贺龙在涪陵打仗，在丰都打仗，解救丰都知事刘愿庵，在江口镇协助贺龙为群众请川剧团，在重庆的白市驿、浮图关打仗，后来又到酉、秀、黔、彭等地，身经百战，出生入死。自从离开家后，他就把精力用在革命上，不知家里的弟弟怎么样，他很想念他的弟弟贺锦章。他要告诉弟弟：我承蒙党的培养，贺龙哥的教育，时至今日，我要决心向培养我、教育我的党和贺龙哥贡献全部力量，虽赴汤蹈火，也在所不辞。想到这里，他渐渐进入了梦香。

经过一段时间的治疗，贺锦斋的伤基本上好了。他向李木富提出要去找贺龙。李木富再三挽留，但他坚持要走。李木富见挽留不住，便连夜赶制了一付牢实的木拐杖，等天亮后给贺锦斋送去。

李木富来到岩洞，把木拐杖递给贺锦斋："这个东西，你走路时用得着。沿途多是山区，行走时要小心点。"

贺锦斋接过拐杖在洞内试了一下："很好，很好！"李木富又把带来的一套烂衣服递给贺锦斋："你要装成一个乞丐，如果遇到国民党兵的盘问，你就说是讨饭的。"

"是。你想得太周到了。"贺锦斋接过衣服，把身上的外衣外裤脱了，穿上烂衣裤。这破烂的衣裤在他身上东吊一块西吊一块，看起来真像一个乞丐。他又走到岩洞口，在岩上扯来一根藤蔓，把枝叶去掉，拴在腰上。

李木富看到贺锦斋这个打扮，认为他可以去找贺龙的部队了。他从身上摸出钱来递给贺锦斋："你拿去做盘缠。"贺锦斋："我不要。"

"拿着哟。这么远的路，没有一点钱怎么行哟。""你家都很困难，我不能收。"

"不说这些见外的话。"李木富把钱塞在贺锦斋的手上："你走吧！"

贺锦斋拿着钱，望着李木富，眼里闪动着泪花，嘴唇微微地颤动着，好久都说不出话来。

李木富安慰道："不要难过，你见到贺龙军长后，请你转告他，我们酉、秀、黔、彭的老百姓很想念他，希望他多打胜仗。"

"一定转达到。"贺锦斋哭着说："你们担着风险，使我绝路逢生，真比我的亲人还要亲呀！"

李木富催促道："快走吧。今天天气好，可以多走一些路。"贺锦斋依依不舍地走出了岩洞，走向了新的道路。李木富站在岩洞口，一直目送着贺锦斋，直到完全消失为止。

贺锦斋挥泪辞别了李木富后，经过艰苦跋涉，终于找到了红军，找到了贺龙，打仗更加英勇顽强。

令人遗憾的是，贺锦斋的部队在一次战斗中，遭到国民党军队的突然袭击。他在对敌情毫无准备的情况下，仓促应战，牺牲了。

贺锦斋牺牲后，贺龙悲痛万分，流着泪水在山林中为贺锦斋举行了追悼会。山林肃穆，山风呼叫，悲惨凄凉。

战士们在这悲愤的场景中，被激发得更加勇猛坚强，表示一定要完成贺锦斋师长未完成的战斗。

这时，贺龙突然感到天昏地暗，"咚"的一声倒在地下。在场的战士们被这突如其来的情景吓着了……

第九章　由陕入川

1 交谈

　　贺龙、任弼时、关向应在湘鄂川黔创建革命根据地，使根据地更加健全发展。1935 年 11 月，贺龙、任弼时遵照中央指示，率部长征。抗日战争时期，贺龙部队狠狠痛击日本鬼子，打了许多胜仗。解放战争时期，贺龙率部同国民党军队作战，屡建奇功。1949 年年底，贺龙带领第 18 兵团等部队由陕西进入四川，协同刘伯承、邓小平领导的第二野战军，解放成都，解放西南，彻底端掉蒋介石的老窝。

　　在成都解放不久，贺龙带着刘金久等人于 1950 年 2 月从成都坐飞机到重庆白市驿机场。已在重庆城里的刘伯承、邓小平得知贺龙要来重庆的情况后，就分别坐着从国民党那里缴来的美式吉普车去接贺龙。这时，刘伯承是西南军政委员会主席、中共中央西南局第 2 书记。邓小平是西南局第 1 书记、西南军区政委、西南军政委员会副主席。西南军政委员会委员有西康省人民政府副主席格达活佛。

　　贺龙下了飞机后被安排在一间简单的休息室里休息。刘伯承、邓小平也来到休息室。

　　贺龙穿着 4 个包的中山服，很有精神，好像一点也不疲劳。此时，他是西南军区司令员、西南局第 3 书记、西南军政委员会副主席。李达为西南军区参谋长。

身材较矮但身体结实的邓小平坐在沙发上向坐在他对面的贺龙道："贺老总，我们 3 位好像还是去年 10 月在北京见过面啦。"

贺龙目视着邓小平微笑着说："一混都是几个月了。"

几月前，毛泽东主席在北京中南海召开了中共中央军事委员会议。刘伯承、邓小平、贺龙等出席了会议。这次会议的主要内容是讨论进军大西南的问题。毛泽东确定进军大西南的方针是：取大迂回动作，插至敌后，先完成包围，然后再回打。具体部署是：在第四野战军发起广西作战的同时，第二野战军以大迂回动作，取道湘西、鄂西直出贵州，挺进宜宾、泸州、重庆一线，切断国民党胡宗南集团及川、康诸敌通往云南的道路。贺龙的任务是积极吸引、抑留胡宗南集团于秦岭地区，待二野切断川敌退路后，由陕入川，迅速占领成都地区，协同二野歼灭川境的敌军。兵力分配是：刘伯承、邓小平大军 55 万，贺龙 10 万左右。刘、邓、贺共同经营川、康、云、贵等省。

刘伯承、邓小平都想具体了解贺龙从北京分手后是怎样开展工作的，虽然他们以前也有电报往来，但不很具体。他们认为贺龙肯定有很多"精彩节目"。

坐在邓小平旁边的刘伯承抬了抬他的眼镜看着贺龙："贺老总，你离开北京做了不少事后才由陕入川的吧？"

贺龙把目光移向刘伯承："是的。我从北京到陕西西安后，进行了一系列的入川准备工作：以 18 兵团领导机关为基础，成立了西南军区司令部；组成了入川作战的指挥机构——西南军区司令部前线指挥所等等。在此之前，我抽调地方干部 1000 多人，军队干部 1000 多人，集中集训，为南下做准备。一些干部，化装成老百姓，潜入川境，对那里的情况进行调查，以便打起仗来心中有数。我还会见了四川的地下党，对四川的情况作了详细了解。"

邓小平摸出一支香烟先递给刘伯承，不要，又递给贺龙，也不要。他便放在自己的嘴里，摸出火柴点燃后道："看来，贺老总入川前的准备工作还做得真细嘛。"

贺龙："有一个关键的问题我还没有讲呢。"

刘伯承、邓小平都注意起来，想听听贺龙说的究竟是什么关键问题。

贺龙见他们都看着自己："为了把胡宗南的部队抑留在秦岭，我18兵团曾几次佯攻胡宗南的秦岭防线，但都攻而不破。胡宗南不知是计，得意扬扬，骄横一时。他向蒋介石吹嘘秦岭防线万无一失。他认为我军必采用三国时邓艾伐蜀时，度阴平，出碧口，直取成都之策略。这位蒋介石的亲信，自持拥兵48万，美式装备，认为我们是把他无可奈何的。蒋介石对胡宗南的表功，也无异议，但叮嘱胡宗南要确保四川，绝不准我军南下，并任命胡宗南为川陕甘边绥靖公署主任。胡宗南神气十足，命令裴昌会兵团等沿川陕布防，摆好坚守的态势。可是，他高兴得太早了。当你们刘、邓大军突入贵州，国民党反动派政府的陪都重庆暴露于我面前时，胡宗南方知上当了，急忙放弃秦岭，破桥断路，向成都地区仓皇逃跑。"

邓小平把香烟从嘴上取下来，在茶几上的烟缸里抖了抖烟灰说："胡宗南跑的时候，就是你大显伸手的时候了。"

贺龙："当然。我立即命令18兵团分3路追击胡宗南：左路军沿川陕公路向汉中前进；右路军向武都攻击；中路军向略阳方向前进。我军主力通过玉垒桥后，沿白龙江右岸直达碧口。这一段道路，很不好走，山路崎岖，江水怒吼，稍不小心，就会坠入江中。据说此道就是邓艾取阴平时走过的道路。这里人烟稀少，方圆几十里才有两三户人家。在这样艰苦的环境下，我军冒着凛冽的寒风，白天行军100余里，夜晚露宿在峻岭之中，没有吃的就炒牲口料、咬玉米充饥。通过玉垒桥时很危险。在那座摇摇摆摆的铁索桥上，人都很难行，更不要说牲口了。在过白龙江两岸的峭壁悬崖时，困难更大，战士们必须把100多斤重的货物从牲口上卸下来，一个一个地扛过去。但我军指战员斗志昂扬，不怕困难，终于到达了甘、川交界的碧口，全歼碧口守敌。"

刘伯承把双手放在身上："贺老总，你是随哪一路军前进的？"

贺龙在西南

贺龙："我是随左路军前进的。在你们刘、邓大军解放重庆、包围成都之机，我们冒着纷飞的大雪，迅速南下，解放了陕南重镇汉中后继续前进，来到了川北门户朝天驿。敌人妄图利用这一带的天险，阻挡我军前进。但我军指战员以顽强的战斗精神战胜了天险，歼灭了敌人。在几天之内，我军连过各道关隘，在广元一带渡过嘉陵江，向剑门关前进。你们可能不知道。从朝天驿到剑门关一带，悬崖峭壁，栈道崎岖，据说李白说的'蜀道之难，难于上青天'就说的是这一条路。来到号称'川北第一要隘'的剑门关，守敌凭借险隘的关口，进行顽强的抵抗，我命令部队炮火猛攻，敌人坚守一段时间后，见守不住就逃跑了。我军占领了剑门关，打开了通往成都的门户。这时，我的性子也来了，登上剑门关，兴致勃勃地给指战员们讲三国时张飞守剑门关的故事。讲着讲着，我指着摩天岭上那些几围粗的大树说，据说这树是张飞守剑门关时栽的。张飞作战很勇敢，大家都知道。我号召全军指战员不怕疲劳，连续作战，乘胜追击。我编了一个顺口溜：快快追，快快赶，莫怕腿疼和腰酸，赶到成都捉战犯。指战员们奋勇前进，迅速到达广汉东西一线。同时，我右路军也克服了阴平险路，翻过了摩天岭，进至成都以北地区。"

邓小平："到这时，我们的南北大军，从东、南、北三面形成了对胡宗南的大包围，西面是邛崃山，崇山峻岭。胡宗南难逃，已成瓮中之鳖了。"

刘伯承双手动了动："在这种情况下，我军又开展强大的政治攻势。以我们3人的名义，向川、康、云、贵四省的国民党军政人员发出忠告，号召他们停止抵抗，投向光明，立功赎罪，悔过自新。这样，先后有云南省主席卢汉，西康省主席刘文辉，西南长官公署副长官邓锡候、潘文华，以及裴昌会、罗广文等宣布起义。胡宗南见大势已去，唯恐自身难保，便坐飞机逃到台湾去了。成都很快得到了解放。"

邓小平："西南战役能如此迅速地完成，尤其是西南敌人主力胡宗南能如此迅速地被歼灭，其主要原因之一，就是18兵团在你贺老总的率领下前进的神速。"

"小平你太谦虚了。"贺龙笑道："听说你们两人不准二野部队的一兵一卒进成都，有这回事吗？"

刘伯承明确地承认："有。我和小平都认为二野已占了重庆，成都应该留给你。你率领的 18 兵团在进军大西南战役中功不可没，应与二野平分秋色嘛。"

贺龙："这样有点不合理哟，你们的功劳要大些。"邓小平想到另一个问题："贺老总，你们由陕入川，遇到的困难肯定不少吧？"

贺龙："有两个比较突出的问题在部队中发生。有一部分北方人，不想进川。他们怕到了川康不服水土，吃不到面食，吃不惯大米，怕与少数民族处不来。我发现了这个问题，认为不可小视。这是一只'拦路虎'，必须予以解决。"刘伯承："是怎么解决的？"

贺龙："开了几次报告会。我在会上说：'毛大帅（毛泽东）交给我们的任务，是歼灭胡宗南部队，配合二野解放祖国的大西南。这个任务是非常艰巨的。西南与华北等地相比，有许多地方还很落后，条件也很艰苦。大家不要怕艰苦。有些同志听说西南天天吃大米，就想留在家乡不走了。我们是革命战士，不是天天说要解放全人类吗？现在西南还有几千万老百姓在受苦，蒋介石还有几十万军队盘踞在那里，要把西南当成卷土重来的反攻基地。我们不把蒋介石彻底消灭，怎能在家乡安居乐业。我也不是北方人，家乡在湖南桑植县。我就是吃大米长大的。大米嘛还很有营养呢。为了革命，为了抗日，我们许多南方人参加了二万五千里长征，到了晋绥，吃了整整 8 年的小米和黑豆。难道在座的同志就不能为了革命，到西南去吃几年大米吗？解放西南是大陆上的最后一仗，我希望每个同志都不要错过这个立功的好机会。'经过几次动员，那些思想不通的同志通了，在入川时表现得很勇敢、很坚强。"

邓小平："你真会做思想工作。"贺龙："与你小平比起来，我差十万八千里呢。"

邓小平摆了摆手，吸了一口烟又问："这是你发现的第一个问题。第二个呢？"

贺龙的精神很饱满："部队行军加快，蜀道难行，又加上雪后路滑。不少战士在途中跌伤。有的汽车翻入了山谷。老百姓把儿女交给我们，是要他们去打敌人的，可他们来不及打仗，自己却因车祸做了无谓的牺牲，将来没法向他们的父母交代呀。针对这种情况，我要部队立即做3件事。第一，发一个通知，要求各级部队把安全行军作为头等大事来抓，必须订出几条死规定，如每天汽车出发前要认真检查防滑链等等。第二，各部队要及时报告每天的行军序列和事故情况。第三，在安排行军序列时要人车分开。这样做后，安全问题大大好转。"

刘伯承："对自己的部下就是要关心、爱护。"他又提了一个问题："贺老总，你是1949年12月30日入成都城的吧？"

贺龙："对。其实，我是可以早点率部队入城的，但我没有这样做。我派人进城找地下党来谈情况，然后再派一个参谋长随地下党进城看看动静。敌人有几十万，城里又好设埋伏。我们的人又少，不小心不行啊。参谋长一进成都的北门，就命令解放军把城门接过来，占领了制高点。进城后，他做的第一件事就是把伪省政府门口的岗接过来，叫解放军站上。第二件事就是传成都市的伪市长来见，宣布入城约法三章，宣告接管成都市。然后，他又带着地下党到街上去看，把军事要地记录了下来，并于当天占领，做好战斗准备，看了准备给我们办公的励志社，还看了成都市的蓉光电影院。这些工作做好后，地下党去组织群众，准备欢迎解放军。在这种情况下，我大部队才于12月30日入了城。"

邓小平："西南区，除西藏外，都解放了。"刘伯承："入城后，事情不少吧？"

贺龙："简直是千头万绪。依靠工人阶级接管各机关和企业单位。迅速恢复生产。抓统战工作。抓粮食的征收工作等等。事情很多，问题不少。其中棉纱之战，就是突出的问题之一。嘿，我还打了一个漂亮仗呢。"

邓小平知道贺龙打仗很有一套，但对贺龙抓城市的工作就不太清楚："哦，棉纱仗是怎么打的？"

贺龙觉得这一仗很精彩，慢慢地讲了起来："成都的棉纱大王一直都掌握着成都的棉纱市场。他们知道市场上有多少棉纱，在谁手里。他们也清楚我们手中的棉纱不多，不能满足市场的需求。他们可以垄断市场，爱涨多少就涨多少。涨的时候就抛，降的时候就收。我感到这些商人真不像话，便悄悄派一批军用卡车到重庆来拉棉纱去成都。这一点，我还得感谢你们两位帮忙呢。棉纱拉到成都后，我们按照他们哄抬起来的高价抛售，棉纱大王们不惜高价吃进。他们一时吃不完棉纱，无资金了，想找银行借款。我们事先给银行打了招呼。银行不但不借，反而还紧缩银根。棉纱大王无钱买了。这时，我们又开始降价抛售棉纱，而且越来越低。他们慌了，不抛售怕降得更低，便以低于我们的价格抛出来。面对这种情况，我们又把他们的全部买了。同时，银行又逼他们还本付息。几头挤压，棉纱大王们失败。我们把他们的棉纱抓过来就稳住了市场。"

"看不出来，你在商业战线上还真有一套呢。"邓小平说后把烟头拿到烟缸里灭熄站起来："我们走吧。"

他们3人走出了休息室，坐上了吉普车，来到了重庆城。吉普车开进了西南局的大院。

贺龙的一家和刘伯承、邓小平住在一栋房子里。贺龙知道，来到重庆城，来到新的环境，很多新情况会不断冒出来，考验人哟。

② 打台球

　　天已经黑了。贺龙在浮图关下西南军区的办公室里收拾文件。这办公室摆设很简单：一张大桌子，桌子两边各有一把藤椅，桌子上有电话机、毛笔、砚台等。收拾好后，他才走出来坐车回到了家。

　　贺龙在家里吃了晚饭后，就来到一间有阳台的屋子里打台球。自娱自乐。这屋子既是他的娱乐室，又是他的会客室。台球桌摆在一边。另一边是会客的，有桌子，有凳子，桌子上还放了一部电话机。他有时还在这里写写东西、吃饭。

　　暗淡的电灯光，虽然不很亮，但也还看得到击球。贺龙还没有打完一台球，刘伯承、邓小平就来了。

　　贺龙忙放下打球的枪邀请道："来来来，你们两位上。"邓小平毫不客气："既然贺老总要我们上，我们就上吧。来，伯承，我们对打。"

　　贺龙站在旁边。他从衣包里拿出烟斗，装着旱烟："今晚，是哪股风把你们两位吹来了？"

　　邓小平一边击球一边说："前次，你主讲了由陕入川。这一次，该我和伯承来主讲了。"

贺龙正想了解他们的情况，特别是重庆的情况，一定很精彩，看着烟斗微笑道："我洗耳恭听。"

邓小平看着球桌上那个黑色的 7 分球讲了起来："重庆是去年（1949年）11 月 30 日解放。这一点，贺老总你是知道的。"

贺龙仍装着旱烟："很简单的道理，你不说出来，我也知道嘛。"

邓小平继续说："去年 11 月 1 日，我和伯承向二野发布了进军西南的命令。南进的我军于湘西进入贵州，11 月 15 日解放贵阳。西进的我军，自宜昌出发，于 11 月中旬连克川东的酉、秀、黔、彭一线，迅速渡过乌江天险，对敌人展开了勇猛神速的追歼战，越过南川与自贵阳北上的我军会师，直向重庆挺进，并于 11 月 27、28 两日接连肃清敌人在重庆的外围据点，横渡长江，解放重庆。"

贺龙："快，真快。好得很。"

邓小平见刘伯承没有把那个 7 分球打进洞里，便去打，还是没有打进。邓小平把枪扛在肩上："从宜昌到重庆，有 2000 多里，道路多山，桥梁多遭破坏，沿途村庄稀少，运输补给可想而知，但为了重庆早日解放，使蒋介石来不及对重庆进行毁灭性的大破坏，我军克服了一切困难，一天以 180里的行程急进。蒋介石的宋希濂、罗广文等集团一直在川湘边境至重庆外围，节节阻我前进，并采取狠毒的手段。彭水、江口等地被烧。这就是说，重庆的解放还是经过了相当的流血战斗和艰苦困难的过程。而工人、学生的护厂护校，阻止国民党匪徒的破坏，同样也经过了艰难的斗争。"

刘伯承打着球："有的工人为了抢救物资还付出了生命。大渡口钢铁厂的刘家彝、江北刘家台兵工厂的不少工人，他们在护厂斗争中英勇牺牲。更为惨痛的是，敌人在仓皇逃离重庆之前，在白公馆、渣滓洞等监狱进行疯狂的大屠杀。共产党员江竹筠、陈然、许晓轩等数百人英勇牺牲。"

贺龙觉得革命的胜利来之不易啊！他的部下贺锦斋就是千千万万个牺牲者之一。

邓小平见刘伯承把那个 7 分球打到洞里去了，8 分球没有打进。他就去打那个 8 分球："重庆解放后的情况是：一方面广大人民热烈庆祝自己的更生，兴奋愉快；另一方面满目疮痍，特务匪徒到处进行破坏，散兵游勇流浪街头，10 万左右的旧有人员等待安插和处理，大批学校师生也等待救济和复课，工厂遭受大的破坏，即待接收，加以收拾整理，根本谈不上恢复生产的问题。城乡和内外的交流以及商业都在停滞状态中，有待沟通。"

刘伯承站在台球桌边："困难是极多的，而且有些困难还是目前难于克服的。但我们坚定不移地和各界人民一起，把旧的重庆接收过来，肃清反动残余，逐步建立人民民主政权，逐步治好重庆的创伤，逐步把重庆建设成为人民的新重庆。"

贺龙吸着烟，默默地听着，还时而点着头。

邓小平把 8 分球打进去了，他又去打 9 分球，又打进去了，再去打 10 分球，没有打进。他又把枪扛在肩上："我们到重庆后，进行了接管。接管的步骤分为：政务、军事、财经、公安、后勤、文教、交通等几个大系统，并分别组成 6 个接管委员会和一个公安部。接管工作，首先是保持各部门的完整，避免破坏和损失。因为一切公共资产都是人民血汗的积累，是新民主主义新中国建设的物质基础，所以要十分珍惜。其次，接收和管理两者是结合的。接收包括移交清点和接收，管理包括工作的继续、恢复、改造。重庆在接管时，根据各部门不同的性质，和干部数目的多少，分别先后缓急，或采取一面接一面管的办法，或采取先管后接的办法，或采取先接后管的办法。再其次，接管是按各系统，自上而下，或自下而上相结合的办法来进行的。最重要的是，依靠工人、学生和大部分旧员工，使政策能迅速与群众见面，动员他们共同地积极地参加接管工作，并在各个被接管的单位，以军事代表为主，建立接管组织。如接交委员会，接交小组等。使接管工作变成大家的事业，由大家来做、来负责。"

贺龙看着邓小平："重庆的治安是怎么整治的，刚刚解放，这一工作尤为重要。我在成都有这个体会。"

邓小平好像忘记了自己是在打台球："重庆在解放后的 10 几天，治安任务相当繁重。我们的措施是服从前方作战，在不过分妨碍前方作战的情况下，逐渐抽调部队加强重庆的警备治安力量。随着警备治安力量的加强，逮捕了一些潜伏在重庆的蒋匪特务，但是匪特不是一两次打击就会干净的，还要继续打击。"他又谈起了另一个问题："贺老总，你在成都打了棉纱之仗。我们在重庆也打了一仗呢。"

贺龙："也是棉纱？"邓小平："不是。是货币之仗。"

"那你一定得了不少钱。"贺龙笑着说："快交代出来吧。"

"不要乱说。"邓小平讲了起来："重庆解放比预计的快，交通极困难，人民币未能及时运到，当时除小商摊贩外，百业均未开门，而银元、银元券和少量的人民币在市场上混合流通，这对工商业妨害很大。针对此情，我们宣布银元券作废，但为了照顾群众的困难，用人民币按比价限期兑换银元券，很快把银元券肃清了。我们根据全国主要城市的物价情况，适当调整了银元和人民币的比价。这个比价平稳了将近一个月。后来由于特务造谣，投机分子兴风作浪，曾造成银元上涨。为了保持人民币的平稳，保障人民生活的安定，我们宣布禁止银元流通。这个办法对于少数投机分子来说，确实是个严重的打击，但对绝大多数人民来说，则是有利无害的。"

贺龙拿着烟斗："做得对。我们做什么事情都要考虑人民群众的利益。"

刘伯承见邓小平一直不打球："小平，你还是边谈边打好不好？"

"哦"。邓小平恍然大悟。他忙把肩上的枪取下来放在台球桌上，看了一会球，发现刘伯承没有打进球，仍该打10分那个球。他弯下腰一边描球一边说："事情真是千头万绪。但我们不慌不乱。在复工和工资问题上，我们采取的措施是：对于公营工厂，凡与国防建设与经济建设关系最密切而当前又能办到的，首先复工，或先部分复工。对于有利国计民生的私营工厂，给予可能做到的便利。从解放后这几个月的情况来看，各个行业都有很好的发展前途，只是困难多，需要大家一致努力，共同解决。至于工资，我们采取合理和慎重的态度，在公营各企业中，根据重庆和全国各大城市的实际工资，拟草一个比较合理的标准，在员工中讨论实行。对于私营各企业，由劳资双方协商解决。"

贺龙听到这里，对重庆解放以来的情况有了一个大体的了解。他吸了一口烟，目视着打了球后站起来的邓小平："重庆当前要做些什么工作？"

邓小平："这个问题很重要，就由伯承同志来回答喽。"

刘伯承打了球后，把枪头直立在地下，双手握着枪的中部微笑了一下说："重庆是西南地区政治、经济、交通、文化中心，在全国也占重要地位的大城市，有着相当的工业基础，又是商业集散转运的城市，人口众多。这里是蒋介石发动内战的重要基地，临退之前又对重庆焚烧、爆炸与屠杀……"

贺龙插话道："重庆历来是兵家争夺的地方。20年代，我在重庆打杨森、袁祖铭时，在浮图关曾和你见过一面，你还记得吗？"

"怎么不记得呢？我那时都想到小平从老家来重庆读书，后又出国勤工俭学的情况，只不过我当时没有给你说出来。"邓小平："哦。我怎么不知道？"

"因为你没有来重庆讨贼。"贺龙把目光从邓小平身上转移到刘伯承脸上："继续讲。"

刘伯承也忘记了打球："我们要在重庆进一步建立革命秩序、保卫治安、恢复生产、开展文化教育运动。以逐渐康复起来的人民的重庆，来支援即将完成的解放战争，协助农村改革，发展农业生产，然后在农村土改完成与农业发展的基础上，发展重庆市的生产建设，使之稳步地繁荣起来。"

刘伯承看着贺龙越说越起劲："具体任务是：第一，支援人民解放战争，收复西藏、台湾，以解放全国领土，建立国防，保卫祖国的独立、和平、统一，进行经济建设。第二，进一步建立革命秩序，保卫治安。敌人秘密布置特务造谣惑众，多方破坏并打入革命队伍进行离间，我们要坚决打击。在农村尤其要注意那些搞煽动活动的土匪，他们企图繁殖所谓游击战争。这是危害人民生命的问题，绝不可掉以轻心。近来人民政府和军队执行'首恶必办，胁从不问，立功受奖'的政策，收到了很好的效果。今后必须进一步贯彻此政策，彻底消灭城乡的特务和土匪，使生产建设和文化教育有保障的进行。第三，恢复生产。这是医治战争创伤、支援战争最主要的环节，必须引起重视。第四，开展人民的文化教育事业。当前的教育，除注意一般文化科学教育外，还应普遍推行为人民大众服务的教育。另外，我和小平都同意在西南军区建一所军医大学，中央军委已编为第七军医大学。"

贺龙把烟斗拿在手上，说话时脸上始终有笑容："经你们这么一说，我今后在重庆、在西南工作起来就心中有数了。"他说到这里突然想起一个人问刘伯承："熊克武的任职情况中共中央批下来没有？"

刘伯承："中央同意了你的建议，给熊克武西南军政委员会副主席的职位。"

贺龙："熊克武早年追随孙中山。他在讨贼军中，曾是我的上司。在孙中山病逝后，他就到广州，被蒋介石扣捕于虎门炮台。后在各方舆论的压力下，蒋介石被迫将他释放。蒋介石给他任何职务，他都拒绝，后在成都闲居。蒋介石逃离大陆之前，曾派人拉他去台湾，他坚决不去。"

刘伯承："这是一位在国民党上层中间颇有影响的人物。"

贺龙："我到成都听说他的情况后，抽时间去看他，见他布鞋长衫，居室简朴，顿生钦佩之情。我们摆谈一阵后，我邀他出来参加工作。开始，他婉言推辞，说他年老力衰，思想陈旧，恐怕跟不上形势。我希望他为建设新中国带头做贡献，做一个继续前进的革命老人。他终于被我的言行所感动，接受了我的邀请。"

刘伯承："所以，你就向中共中央、向我和小平举荐熊克武？"贺龙："不错。熊克武生活上向来较简朴，不贪污，不置私产，是个较正派的人物。他拥护中国共产党，今后愿在毛主席的领导下尽一份力量。"

邓小平也说话了："这样的人到共产党里来工作，我们当然欢迎。"这时，刘伯承才想起该打台球了。可是，他看到台球桌上没有要打的球了，望着邓小平："这是怎么回事？"

邓小平："我打赢了。"刘伯承："你是一次性把那些球都打到洞里去的吧？"邓小平："不，是我捡到洞子里面去的。"

"哈哈哈。"他们3人同时大笑起来。笑了之后，贺龙突然想到要找国民党高级军官罗广文"较量较量"。

第十章　神奇数字

1 改造

　　贺龙在重庆城住下后，就投入了紧张的工作。然而，工作不久，他又到成都去了。因为那里有一件重要的事情需要处理。

　　成都刚解放时，贺龙就着手考虑对西南地区国民党起义、投诚、俘虏官兵的改造工作。这类人员不少，有90万。他曾向中央，向刘伯承、邓小平提出对国民党起义部队的处理办法：把起义部队分成4类，即地方系、国民党嫡系正规军、地方游杂武装、解放军包围中放下武器的其他部队，对其应采取不同的处理方法，有的保持其原番号，按实有人数整编，有的请中央军委给予适当番号，指定地点分散、逐步改造，有的经过短期工作后迅速遣散。他还建议派工作团带电台到起义部队去，与原起义军官共同领导全体起义官兵。

　　贺龙的这些措施，对改造起义人员起了很大的作用。有很多人是真心投向共产党的，像在国民党内当了一年多兵的邱少云就是其中之一。但由于起义人员多，思想复杂，还需进一步做工作。他到成都去，就是参加国民党起义军官大会的。这次大会是18兵团主持召开的，参加大会的有国民党起义的高级将领刘文辉、邓锡候、潘文华、裴昌会、罗广文等，以及他们部下团以上的军官。

贺龙在西南

贺龙来到成都，站在蓉光电影院内的台子上。他见台下坐满了起义军官，众多的将军都望着他。他也很清楚，这些将领每个人都领导着上百上千甚至上万的兵，对他们做思想工作举足轻重，他们当中有很多人就是来了解解放军态度的。他提高嗓门："在座的同志们，你们辛苦了。我们欢迎你们。从今天起，我和诸位共事了。"

贺龙这几句富有特殊含义的话，一下把他和起义军官的距离拉近了。话音刚完，台下响起了雷鸣般的掌声。有这样一个好的开头，贺龙也高兴了。他大声道："人民解放军对待脱离国民党反动派的起义官兵，一向是热诚欢迎的。起义之后，按照人民解放军的制度改造，完成了整编，也就是人民解放军了。大家应该和解放军紧密地团结起来，首先要做到推诚相见，然后才能由组织上的一致达到思想上的一致，成为真正的人民军队。我告诉大家，我方对起义部队的改造方针很明确。首先要取消国民党起义部队的工作，建立一切为人民服务、一切为士兵服务的政治工作，从政治上改造为人民的军队，然后再进行军事整训。"

贺龙把声音压小了一点但听起来更亲切："在座的诸位中，可能有人有顾虑，怕过去是解放军的对头，现在得不到宽大。我坦率地告诉大家，共产党人以人民利益为重。共产党人是改造人、改造社会的，绝不计较个人恩怨。不论过去是高级将领，还是下级军官，只要起义或放下武器，人民解放军就可以宽大处理。只要他们愿意接受改造，愿意为人民服务，就一定能为建设社会主义的新中国贡献力量。"

贺龙见台下鸦雀无声，知道这时讲话的分量："改造是痛苦的。进步慢则痛苦的时间就长，进步快则可以缩短痛苦，如果在头脑中取消了'名'和'利'，就会大大减少痛苦。在座的许多人都知道我的过去。那时候我带的部队，就是私人的本钱，你把一排人拉过来就当连长，把一连人拉过来就当营长。今天就不是这样了，部队是国家的、人民的，不是私人的了。你们一定要清楚这一点。过去养成的恶习，必须彻底改掉，当个老老实实的勤务员。"热烈的掌声后他最后说："希望大家虚心学习，改造自己，使每个都成为社会主义的新人。"

贺龙讲完话后，走到台下，主动去握着刘文辉的手。刘文辉说出了心里话："贺司令员这一讲，我就放心了，好像吃了定心汤圆。"

贺龙笑道："吃了这汤圆，你心里就不慌了。是不是?""是，是。"

贺龙又去握了许多起义将领们的手，其中有裴昌会、罗广文。贺龙参加了大会后就返回重庆了。

回到重庆后，贺龙立即给刘文辉、裴昌会、罗广文等发了嘉慰电，大意是：刘文辉、裴昌会等率部起义，抗击蒋介石、胡宗南残匪，辛勤戍边，至堪嘉慰，尚望维持治安，保护国家财产，整顿部队……

一天中午，贺龙在家里刚刚吃了午饭，刘金久就来报告道："贺老总，刘文辉、罗广文要来见你。"

贺龙事先知道他们要来，但不知道是中午来。他便和刘金久来到会客室里坐着等着。

贺龙吸着烟。他趁刘文辉他们还没有来的机会，和刘金久摆谈起来了。他吸了一口烟说："金久呀，你跟着我的时间最长，成绩又显著。我几次都想提拔你，可你又不干，还是当我的参谋。我都有些过意不去了。"

刘金久咳了几声嗽："不要这么说。我这个人不图名不图利。加上我有病，支气管炎长期折磨着我。你忙，还是多谈谈工作方面的事吧。"

"对，一个人不论职位高低，只要能为老百姓办好事，就是个好同志。"贺龙说后转题道："现在我们把国民党起义投诚部队集中起来进行改造。对于改造，他们表面上表示欢迎，实际上是哭脸来把笑脸装，内心是很不情愿的。有的说：我的军队已有30多年历史，被共产党改造感到痛心。有的说：我当了30来年军阀，现在做了阶下囚，很伤心。还有的在发起义通电和签字时流着泪，认为起义是迫不得已的。"

刘金久又咳了几声嗽："这些人原来骑在人民头上作威作福，现在要他们来个180度的大转弯，当然痛苦。"

贺龙："他们的共同特点是：一方面都以起义有功自居，企图以此为资本，保持其政治地位；另一方面又对共产党改造他们的部队表现出消极甚至抵触情绪。再加上国民党特务和反动军官的破坏。改造这个任务就显得十分复杂和艰巨了。"

"对国民党起义投诚的官兵，我们已经做了很多工作。"

"是，我们利用起义部队之间的矛盾，首先选一支部队来改造，并表示有功必有奖。这样一来，其他起义部队也不会恐慌。第二步，是改编杨森的部队，你知道，我和杨森打仗是多年了，在涪陵打、在丰都打、在重庆城里打，在酉、秀、黔、彭打。"

刘金久："在重庆解放的前夜，地下党还派人到杨森那里去做工作，要他率军起义。他考虑再三，嘱咐他的部下在他去台湾后率部起义。杨森是国民党最后逃离重庆的重要人员。"

贺龙吸了烟后道："听说杨森在重庆城时，经常到一个叫蒋医民诊所去看病，是不是？"刘金久："有这回事。"

贺龙："他的部下起义也好嘛。第三步，是开大会把改编的部队调开。这样做便于解决粮食问题，有利于对起义部队的改编。最后，改造裴昌会的兵团，我们派了有三四百名干部的工作团到那里去。"

刘金久："对于起义部队，我们好像发了命令的？"

"是发了的。一共有3条。第一，明确职权，我们给予派到起义部队的工作团很大权力。明确规定工作团对上对下的报告、命令、公文，不签署皆无效。工作团可以直接召开军官会议。第二，部队中建立战士委员会，取消反动组织。第三，工作团要把起义部队的电台集中保管，不再使用，并把电台人员集中起来训练，割断他们的横向联系。实践证明，西南局对改造起义部队的方针是正确的。"

刘金久："我们在起义部队工作的同志，还存在着急躁情绪和怕麻烦的思想。一部分同志感到与起义部队在一起搞不惯。一部分同志主张把不愿改造的军官拉出来，或要枪，或要人，不能两者都要，简单从事。我记得，工作团在出发前，你给他们说：国民党部队起义，回到人民怀抱，是好事，但是这里边有坏人，要清理，不过急了不行，要实行剥笋政策，一层一层地来。可我们有些同志忘了。"

贺龙的烟吃完了，他把烟斗里的烟灰抖了，将烟斗放在衣包里，明确地说："这两种思想都是要不得的。我们要了解、改造这些部队的确不容易，但如果我们不去改造他们，让其流散到社会上去，有的就会变成土匪，就会妨碍社会，影响群众。大仗好打，小仗难打呀。我们是老革命遇到新问题喽。如对改造起义投诚部队的工作搞不好，就会给我们今后的工作带来损失呢。"

刘金久见刘文辉、罗广文还没有来，就起身走出去看。稍过片刻，刘金久带他们来了。

刘文辉穿着灰白的衣服，从那圆圆脸上可以看出有丝丝笑意。罗广文的衣服很破烂，长长的头发，长长的胡子，脸上的表情很不高兴。

贺龙看在眼里，记在心上。他和刘文辉、罗广文握手并招呼坐下后道："我给你们发的嘉慰电收到没有？"

刘文辉："收到了。感谢贺司令员的关心。"罗广文不说话，把头低着。
贺龙："你们今天来肯定有急事吧？"

刘文辉显得有些焦急："我的部队里有些人思想不通，要组织叛乱。我怎么劝都劝不住。"

贺龙："是军官还是战士？"刘文辉："军官、战士都有。"贺龙："你不要慌，等我们把情况查清后再处理。"

刘文辉："其实，我是一心一意地投靠共产党的，没想到出了这样的事情。"

贺龙安慰道："你放心，哪一级出事由哪一级负责，我们绝不会因为下级出事而牵连到上级。文辉呀，我知道你同蒋介石早有矛盾，被蒋介石视为异己，受到排斥和打击。在解放军进军西南之际，你率先起义，这对加速西南的解放起了作用。现在我是真诚地同你交朋友哟。"

刘文辉感到贺司令员对他的信任和谅解，而且是平等待人，很高兴。

贺龙看着没说话的罗广文。他已经找罗广文谈过几次话了，但从罗广文的表情来分析，一定是原有的立场还没有改变过来："广文，你有什么想法呀？"

罗广文仍低着头，动了动身子，不说话。贺龙："说嘛，没关系。"罗广文说话了："共产党杀人，我挨第一刀！"

"哈哈哈。"贺龙大笑后道："只要不继续与人民为敌，共产党是不会杀你的。"

罗广文听了这话，心里有些触动，抬起头来目视贺龙："真的？"贺龙："我敢担保。"罗广文又想起有人在部队散布的谣言问："杀不杀家属？"

贺龙："像你们这种人都不杀，我们怎么又会杀家属呢。一般说来，家属又没有罪。"罗广文："我过去干了许多坏事，共产党会不会对我进行清算？"

贺龙想到罗广文提的这些问题，显然是特务在里面捣鬼："既往不咎。告诉你嘛，你只有老实接受改编，把国民党隐藏在起义部队的特务抓起来，把你的部队完整地交出来，才是正确的出路。而且还要立功受奖，前途光明呢。"

罗广文："真的呀？"贺龙："一言既出，驷马难追。"

罗广文右手在大腿上一拍："老实说，我留长头发、长胡子就是想到共产党要杀我。这下好了。我回去就把头发理了，胡子刮了，换上好衣服，清除部队里的特务。"

贺龙见罗广文的思想转变过来了："我希望你把部队全部开到外省去接受改编。"他这样说的目的是想减轻几十万国民党官兵在成都、重庆等地带来的压力。

罗广文："完全接受。"他开始来时，满腹疑虑，现在疑心消除了。他显得很轻松。

刘文辉虽然不像罗广文那样，但他也有大事要贺龙解决。此时，他也显得很愉快。

刘文辉、罗广文的问题得到解决后，就起身要走。贺龙、刘金久相送。

贺龙和刘金久回到会客室。他们还没有坐下，刘金久就说："据最新统计，起义部队中有30多万人叛乱，杀害工作团成员100余人。"

贺龙站在屋中："是呀，这是一场残酷的战斗。"

突然，桌子上的电话响了。刘金久接后把话筒捂着递给贺龙道："是裴昌会从德阳打来的。"贺龙赶忙来到桌边，接过话筒："喂。我是贺龙。"

"贺司令员，我这里有很多人已携枪叛逃，是不是我把部队的枪都下了。"裴昌会说。贺龙坚决道："不能下。"

"现在有些部队的官兵思想不稳定。不下枪，他们拖枪跑了怎么办？"

贺龙："起义部队怎能下枪呢？要按中央的政策办。"说后，他又问了叛逃的人数、地点等。裴昌会一一做了回答。

"我们马上派部队来。"贺龙放下电话，表情十分严肃。刘金久知道此时的贺龙是在想对付的办法。

沉思片刻，贺龙对刘金久说："金久你带两个团到裴昌会那里去平叛。他那里叛逃了一个团。本来可以不叫你去的，但部队改造、剿匪都在抓，兵力紧张啊。你去后要狠狠地打，坚决镇压，不准漏网。首先要消灭其中的顽固分子，促使其他叛兵动摇分化。"刘金久去了，而且很好地完成了任务后才回重庆。

刘金久在后面完成的任务，还有更精彩的呢。

2 剿匪特

在成渝公路上，坐在吉普车上的贺龙，在 1 个加强连的护送下，正快速地向成都开去。

近日来，成都周围几个县出现了匪特活动，而且非常嚣张。有的匪特甚至跑到成都市郊，白天拦路抢劫，袭扰人民解放军，夜间用机枪朝成都城内射击，扰得人心不安。市内暗藏的土匪、特务也与之相呼应，抢商店、打黑枪、造谣惑众、制造混乱。他们煽动数千人在城里闹事，公然撕掉军管会人员的臂章，烧毁军用卡车。特务还打算暗杀贺龙。反动气焰十分猖獗。

为了详细了解情况，刘金久已先去成都了。贺龙知道，西南地区大批土匪特务，完全是国民党失败前预先安排的。早在 1949年 4 月，西南地区还未解放时，军统局就在西南地区作了游击战争的布置，10 月，以保密局西南特区区长徐远举为首，在重庆多次开会研究布置"游击战争"，11 月初，我大军逼近重庆时，保密局局长毛人凤亲自主持召开了"特干紧急会议"，布置破坏、暗杀、游击等任务。胡宗南在逃跑前，也组织了一个"反共救国会"，并以此为核心，吸收了各地反革命势力，专门进行所谓的敌后游击。在成都解放前几个月，匪首在成都举办了 5 期游击干部班，共训练了3000余人，大部散布在川西地区，其目的是想联络和组织特务、乡保长、袍哥、惯匪等反革命力量，准备在我后方建立"游击根据地"。在川北南充市破获的一起特务骚动案，其匪首就是按胡宗南的命令在四川境内组织"中国国民党四川省救民义军"的。从我们缴获的《游击根据地地理图》《游击战术》和伪国防部委派的许多游击总指挥的"委任状"以及大量的资料来看，西南地区的匪特是蒋介石有计划、有步骤搞的一套反革命阴谋。为了迅速平息匪患，保卫胜利果实，西南局和西南军区集中了13个军共37个师又2个团的兵力，采取合围、驻剿、奔袭、穷追和搜剿相结合的战法，展开了大规模的剿匪特作战。

贺龙的车走在前面，警卫员想到万一遇到匪特袭击，贺龙就很不安全，劝贺龙走到中间去。可贺龙说没什么。经反复劝说，贺龙终于答应走在警卫部队的中间。

车位调整好，走了不远，路边的山上就响起了枪声，不断向吉普车袭来。

贺龙知道这是土匪的袭击，继续前进。他听到了警卫部队在车上用轻机枪还击的声音。

闯过了枪林弹雨，来到成都的励志社，贺龙顾不上休息，就找人了解情况，其中就有刘金久。

刘金久向贺龙汇报着匪特破坏的严重性："解放军60军一政治部主任朱向篱带1个班外出执行任务，在成都附近的龙潭寺遭到匪特1000多人的袭击，朱向篱和全班战士被害。川西起义部队与匪特关系非常暧昧，在灌县、郫县等地区，与匪特合伙打解放军的事件多次发生，还组织了'爱国军人同盟会'，并印发'告市民书'，煽动起义部队叛变，极富有煽动性。那些起义部队还送给匪特枪支弹药，并派干部带着士兵去匪特那里指挥作战。匪特也送大米、便衣给起义部队。现在，川西很多地方都发生了叛乱。"

贺龙听到这里有些气愤，骂道："他妈的。我就不相信这几个毛贼就闹翻了天。我们的部队不能只驻在城里，让匪特横行霸道，要坚决打击，绝不手软。"

刘金久把他了解的情况讲了出来："这些叛匪多是穿的老百姓衣服，老百姓也裹胁在里面。简直分不清哪是叛匪？哪是农民？解放军怕打到了群众，不敢狠狠开枪。有的看来是农民，可靠近却挨了枪，吃了亏。有的在对阵时，明显地把枪抬得高高的，朝天打。"

贺龙果断道："凡是拿枪打我们解放军的，肯定都是敌人，不管他穿什么衣服，一律坚决消灭。但是，经过喊话，放下武器的，就不能打了。至于那些朝天打的，肯定是基本群众，是团结的对象喽。要特别注意政策，救济当地群众。"

贺龙说到这里又发表了看法："四川是国民党反动派据以顽抗的最后的中心地区，特务分子特别多，他们在这里所做的反革命部署也较周密。当我们大军挺进的时候，打乱了他们的组织，打昏了他们的头脑，可是，当他们稍事喘息之后，便重整反动力量，乘我们尚未巩固，扰乱社会秩序和破坏人民政权，这是不足为怪的。"

刘金久："是这样的。最近成都周围几个县的匪特叛乱就足以证明这一点。"

贺龙继续说："有些土匪长期吃农民、穿农民，现在叫拿点出来给农民，像挖了他们的祖坟。有人说，土匪暴乱，就是因为人民政府实行合理负担，禁用银元引起的，提出要修改人民政府的政策。这显然是为土匪、特务和封建势力说话。刘伯承主席在重庆讲过一段话，很恰当地回答了这个问题，他说：'有些人说封建势力在此次剿匪中要来点手法，做点脸色给我们看。脸色是吓不倒人的！'我们见过土匪袒着臂膀、拍着胸膛、装腔作势、运用敲诈伎俩的脸色，但最厉害的脸色也不过是美式的、现代化的飞机、大炮、坦克了。这又算什么？蒋介石的几百万军队都被我们打败了，土匪、特务有什么了不起。有些土匪扬言要跟我们打游击。我们共产党是打游击的祖师爷，我看他们是坚持不了多久的。土匪一定要消灭，特务一定要肃清。"

贺龙停了下来，思考着。他认为打蛇先打头，擒贼先擒王。只要头领被搞掉，匪特就会惊慌失措，阵脚大乱。他问刘金久："这次成都附近暴乱的中心点在哪里？也就是匪特的指挥中心。"

刘金久："据我们掌握的情况分析，中心在灌县巨源场。"

贺龙："好。我们来个以集中对集中，以分散对分散，以隐藏对隐藏的剿匪战术。马上召开会议，研究剿匪方案。"

通过研究，确定60军先集中8个团的兵力，围剿成都市周围和郫县、灌县等地的匪特。刘金久前往协助。另外，18军军长张国华的部队也参加进来。

清剿的部队打到灌县一个偏僻的村子来了。刘金久发现这个村子里没有人，多数的门也是锁起来的。他站在屋外，叫战士把锁起的门贴上封条。这时，他听到一间没有锁的屋里传出了婴儿的哭声，而且声音越来越大。他便走进去看，发现床上睡着一个婴儿，没有大人照顾。他忙去抱起来，但婴儿还是哭得厉害。他分析饿了，就叫战士把煮饭的米汤拿来喂婴儿。他想到光喂米汤不行，但又没有人奶。正在着急时，他发现牛棚里有一头小牛正在母牛身上吃奶。他的主意一下来了。他去拿来饭碗，来到母牛下，挤压着牛奶。他再把奶拿去精心喂婴儿。喂了婴儿后，他又把牛牵出去放。他要求部队不骚扰老百姓，在屋外打灶煮饭，住屋檐，住牛棚。

天快黑了。刘金久抱着婴儿在屋外堆有草堆的坝子上慢慢地走动着，嘴里还哼着催眠曲。

突然，一个妇女从草堆里走出来来到刘金久面前跪下大声道："解放军真好！解放军真好！"

这妇女是那婴儿的母亲。由于解放军来得太快，她没有来得及上山，便躲藏在坝子边的草堆里。她在草堆里亲眼看到解放军的行为，很受感动，便跑了出来。

抱着婴儿的刘金久看到一个妇女突然跪在自己的面前，忙蹲下去用左手把她扶起来。他看了看这妇女，很像正在喂奶的妇女便说："这婴儿是你的吧？""嗯。"

刘金久把婴儿还给了她说："我们剿匪特的目的，是消灭为首的，对其他的则做团结争取工作，以分化与孤立敌人。"

这位妇女对解放军有了进一步的认识，她说出了一个秘密："村里的人怕你们来要杀他们，都跑到山上去了。"刘金久："解放军怎么会干那种坏事呢？那是特务造的谣。""我去喊他们回来。"

山上的老百姓都陆续回村了。就连那些在土匪里面的许多人也回村了。只有少数顽固的土匪特务逃进深山去了，解放军冲上山去把他们消灭了。刘金久完成任务后，才和贺龙回到了重庆。

星期天的上午，浮图关下，茂密的树林散发出清新的空气。这里是城边风景最好的地方。

贺龙无心欣赏这新鲜的空气，而是坐在办公室里的藤椅上看一份清剿匪特的简报。同时，他在等邓小平来谈重大的事情。

邓小平来了，他一走进屋就说："贺老总，叫我来是谈有关匪特的事吧？"贺龙放下简报笑道："你可真是诸葛亮。"

邓小平在贺龙办公桌的对面坐下来了。他说起话来语气很有力："我们西南地区是什么时候开始剿匪特的？"

贺龙很清楚地说了出来："解放军在成都战役结束后，未及时休整，即一面协助地方建立政权、征收公粮、接收与改造 90 万起义投诚之蒋介石军队，一面全力清剿匪特，并作为全军的中心任务。"

邓小平："嗯。一年来，全军上下不分兵种，不分部队、机关、学校，均参加了这一紧张而艰苦的战斗。歼匪接近 85 万人，缴获各种炮近 800 门，轻重机枪近 4000 挺，长短枪 40 余万支，建立了 10 余万地方武装及 80 余万人民武装自卫队，秩序逐渐好转。另外，还抓获了一大批特务。估计西南区内还有大小匪股几万人。"

"歼匪 85 万，还有几万人，加起来又是一个 90 万喽。""可能还要超出。"

贺龙把左手放在桌子上："我们根据抗战时对敌斗争的经验和西南的特点，发出了组织一元化斗争的指示，确定各二级军区、军分区和各县、区、乡、保组织剿匪特委员会，作为一元化领导的组织形式，原则上以党委书记为主任或副主任，以军事首长为副主任或主任，并尽可能吸收一些党外人士参加。乡、保两级委员会如无我党我军人员做骨干时，则召开村民大会推举组成。区、乡、保委员会，一般作为组织形式，统一履行西南军政委员会及西南军区颁发的公约。这一办法，使各级干部解决了依靠群众的问题，使我们得以在总的口号下，孤立匪特，团结最广泛的人民群众进行斗争。"

邓小平坐在椅子上，腰杆挺得直直的："我们将野战军全部分为军区、军分区及县区武装，统受同级党委领导，并抽调大批军队干部到地方工作，使各区工作能迅速展开，也加强了统一斗争的力量。各部队经过一定时期之后，在政策思想水平上也普遍提高了。不少部队的班长、排长都可在剿匪特中发动政治攻势，担任领导群众的工作。"

贺龙把左手从桌子上拿下来，再伸到衣包里拿出烟斗："我们在步骤上，系先集中兵力，肃清富庶区及主要交通线两侧地区危害最大的股匪，放松次要地区，对某些边沿及贫瘠地区，则不惜暂时撤出，以便集中兵力主动进剿。贵州曾撤出 20 余县。在兵力部署上，则先集中于四川，全力施剿，然后又从四川抽调兵力进入贵州、云南等省助剿。对省与省、县与县之衔接地区，则集中各相关地区部队组成会剿指挥部，统一行动。"

邓小平也摸出了香烟："我觉得军事进剿、政治攻势、发动群众这三者做得较好，但又以军事的歼灭打击为基础。一般是先集中优势兵力，对股匪占据地区组成各方面的纵深包围圈，在外线则留一至二层的封锁部队，控制渡口及大小道路等要点，断匪特逃路，然后则以若干小型合击，迫匪特向我预定之合围圈内逃窜。各合围部队再以十数路至数十路梳子队形向心合击，纵横扫荡，以歼灭有组织之股匪，跟着以连、排、班为单位，划分地区，分散清剿驻剿，号召匪特投降自新。同时，取消旧乡、保、甲统治机构，另由我派干部充任区、乡、保长或农会主任，起暂时的政权作用。"

贺龙吸了一口旱烟："西南主要匪首多为蒋匪留下来的特务、反动恶霸地主和惯匪。捕杀匪首，对肃清匪患，开展反霸、减租、退押运动关系极大。"

邓小平也吸了一口香烟："是的。我们捕捉匪特的方法很多，采取了在清剿中严肃搜捕、盘查行人、依靠群众和投降自新之匪特检举指认、组织便衣捕捉队等。"

贺龙："另外，我们还争取少数民族参加剿匪特。""取得的成绩不小啊。"贺龙："我看，我们要把 1950 年的剿匪特情况向党中央、毛主席报告一下。"邓小平很干脆："好。"

报告写出来报到中央去了。毛泽东看了后非常高兴，很快来了嘉奖电：

> ……你们送来剿匪特工作的总结报告，收到阅悉，路线正确，方法适当，剿灭匪众 85 万，缴枪 40 余万支，成绩极大，甚为欣慰，望即通令所属，予以嘉奖。尚望你们继续努力，为干净剿灭残存匪众而奋斗。
>
> 毛泽东

然而，这项工作还没有完，毛泽东又给刘伯承、邓小平、贺龙下了一道"死"命令。

第十一章　解放西藏

1 准备

一天，贺龙在重庆西南军区办公室，把桌子上的电话等东西移开，从抽屉里拿出一张西藏地图，双手牵开，摊在办公桌上，弯下腰认真地看起来。他正在做进军西藏的准备工作……

在成都战役刚刚结束后，中共中央、中央军委于 1950 年 1 月 2 日发出了指示："以西南局和第二野战军为主，在西北局和第一野战军配合下，于 4 月开始组织向西藏进军，10 月以前占领全藏。进军部队到西藏后，要认真执行党的民族政策、宗教政策和做好统一战线工作，要争取上层，影响和团结群众，保护爱国守法的喇嘛寺庙，尊重信仰自由和风俗习惯，团结一切可以团结的爱国力量，集中打击帝国主义及其忠实走狗——亲帝分裂主义分子。"

不久，毛泽东对刘伯承、邓小平、贺龙发出了"进军西藏宜早不宜迟"的指示。

邓小平对贺龙说："你是军区司令员，就由你来具体筹划准备进军吧！大致方针由西南局根据中央精神来决定。"

贺龙感到肩上的担子非常重，西南地区的川、康、云、贵刚刚解放，要改造起义部队，清匪反霸、稳定物价、恢复生产等等，工作十分繁忙，现在又要进军西藏。但再大的困难也是吓不倒的。

贺龙在西南

接受任务后，他立即开展工作：请专家详细介绍康藏的历史和现状，虚心听他们的意见和建议；查阅资料，从历史、宗教、地理、民俗等方面进行研究；为解放西藏出谋划策。经过一番准备，贺龙向毛泽东、刘伯承、邓小平写出最早反映康藏情况的很有价值的报告：

一、经康进藏，通常所走的路线有三：

1. 由打箭炉经甘孜、德格、昌都、嘉黎到拉萨。此路终年积雪，最难走。

2. 由昌都至恩达西北，行经类乌齐、德庆、萨尔松多、索克宗至黑河，再向拉萨。此路要绕过两大雪山，路较平坦，山少些。

3. 由甘孜至玉树西行，经布母拉，沿格尔吉河上行，至唐古拉、黑河。此路是高原脊背，海拔4000米以上，平坦山小，有可能修公路。

二、康藏部队情况。据说其常备军为代本（相当于营），每代本500人，其中有一个代本为达赖的警卫军，约1000人。再加"民兵"，共约万人，均骑马，有步兵炮、机枪之装备。我们进去的人数不宜太多（因供给极为困难），需要精壮，装备好。

三、气候。康藏的谚语是：一、二、三，雪封山。四、五、六，霜得苦。七、八、九，正好走。十冬腊月学狗爬。

四、教派。康藏教派有黄、白、黑、红之分，以黄教为合法，掌握政权，教主为达赖与班禅。

五、已找到几个研究康藏问题的人。他们对宗教方面有深刻的研究。现在北京尚有研究康藏问题的人，请设法将他们介绍到西南局集中研究。

进军西藏的部队，经刘伯承、邓小平、贺龙研究决定：由张国华率领。贺龙看着地图，想到我解放军怎样过昌都，到拉萨。据最新获得的情报，我中央人民政府为了和平解放西藏，多次通知西藏地方当局派出代表到北京谈判。但地方当局自持有帝国主义的支持，拒绝和平解放，并大肆扩军备战，从外国运进大批军火、电台，把主力部署在昌都一线，派出的代表也滞留在印度。

正在这时，李达抱一包东西走进办公室来了。

贺龙直起腰来说："李参谋长，你来得正好。"他等李达把东西放在桌子边时道："关于进军西藏的问题，从已了解到的情况看，有两个问题最困难。第一个是运输问题。这个问题要比用兵难好多倍。地是冰冻的，雪很厚，卡车很难进去，好的卡车一小时只能走5公里。修路又需有特别的工具，因为路比崖还坚硬。路修不起来，运输就很难解决。因此，对修路及运输要有一个长远计划。据了解，西藏还有帝国主义势力，对此，兵还是要多去点，但要精。电影队、剧团之类的东西可以慢点去。多路进军也是一个办法，可能比较容易些。第二个是政治问题。现在这方面的情况了解得还太少。要组织一个学习委员会，把对边疆有经验的人组织在里面，集中学习民族政策，约法八章。同时，有针对性地准备进藏宣传品。政教分开的提法不妥，还是提倡信仰自由为好。我们必须把以上问题很好解决，如果搞得不好，还是要被打回来的。"

李达站在贺龙对面："所以说，邓小平政委有句精辟的话，进藏问题'政治重于军事，补给重于战斗'。这将成为整个进军西藏的指导方针。"

贺龙收起地图。他拿出了烟斗："小平的这句话很重要。我们这次进军西藏，在军事上打胜仗是没有问题的，因为解放军是经过考验的。现在对于我们来说是在政治上怎样争夺民心的问题。你要给后勤部队说明，后勤支援工作的主要任务之一，是研究如何使装备轻便，减轻战士的负担。因为进藏以后，汽车用不上，只有靠牲口，靠牛车运输。有些山道，牲口、牛车也过不去，比我们在四川时过剑门关的路还难走，就只能靠人背了。"

李达目视着贺龙："我一定给后勤的领导讲。"

贺龙拿出了旱烟："前方部队需要什么，后勤要用一切力量供给什么，并根据地形、气候、交通、经济、敌情和我军人马装备具体条件订出计划，实施补给。如，康定以西气候寒冷，人烟稀少，宿营困难，特制发人用帐篷、马用头罩和解冻剂。服装每人一件皮大衣、皮上衣、皮裤、高腰毛里皮鞋、毡子裹腿、皮帽、皮手套、绒衣、绒棉背心、棉被、风镜等。为防湿防雨,每人还发给雨衣、斗笠。"

李达也发表了自己的见解:"中高级干部每人一个行军床怎样?"

"行。"贺龙在烟斗里装着旱烟:"为了保持战士身体健康,力求食品中营养充足。特以黄豆、小麦、花生、奶油等原料制成饭粉,以面粉、白糖、精盐、鸡蛋、酵母等原料制成饼干。以白糖、精盐、淀粉、味精等原料制成蛋黄腊和酱油粉,这里面含有大量的维生素 B、C,同时,还要给每个战士维 C 药片,以补充营养,防止色盲。"

李达:"这样做后,战士们个个身强体壮。"

贺龙点火后说:"准备工作想周到一点有好处。总之,部队装备,既要适应高原的生活条件,又要适应作战的需要。多在保证部队吃饱、穿暖、减轻负荷等方面出主意、想办法。服装的样式一定要设计好,质量要高一点。"

说到服装,李达一下想起了他带来的东西。他把桌边那包东西往桌子中间推了一下,从中拿了一双手套递给贺龙:"这是后勤部队做的防寒手套。"

贺龙接过来,翻来覆去看后,右手把烟斗放在电话机边,左手放了一只手套在办公桌上,剩下这只手套戴在右手上。戴好后,他在手套外面摸了摸、捏了捏,发现手套的手指打得不好。中指小、幺指又大:"你看,我的中指伸都伸不进,而幺指还可在里面打转转。质量没过关嘛。"说后,他把手套取出来往办公桌上一丢,脸色十分难看。

"其他任务紧了,质量关没把好。""任务再紧,也不能忽视质量呀,乱弹琴!"

李达又把一件新军装递给贺龙:"手套和这军装都是样品,等你检查满意后再成批生产。"

贺龙双手拿着军装看了看,又在身上比了比。然后,他把自己的外衣脱下来,穿上新的军装,扣好扣子,低头看后说:"这军装的包大了一点,小一点就好了。总的看来，军装还算可以。"说后，他把新军装脱了下来，穿上了自己原来的衣服。

李达整理着手套和军装，心里想着改进的办法。

贺龙拿起烟斗吸了两口对李达道："前不久，我下部队去检查了进军西藏准备的武器，总的感觉不错。部队的装备好，就可以振奋人心嘛。"

经过一段时间的准备，18 军于 1950 年 3 月成立了前进指挥所和先遣支队，召开了向西藏进军的动员誓师大会，4 月到达西康的甘孜。

贺龙对部队前进的情况时常做到心中有数。这时，他在办公室里踱着步。由于修路进展迟缓和空投没有成功，先遣部队有耗无补，发生了粮荒。部队到甘孜后受阻了。后来，空军在甘孜、康定空投成功后，粮荒才得以缓和。但是，到甘孜空投的只有两架飞机，部队那么多人，怎能保证全部的粮食供应？这是个大难题呀。他一时想不出好办法。于是，他来到桌前，摇了电话，拿起话筒："接邓政委办公室。"

"小平同志吗？我是贺龙。照目前这个速度，保证在 9 月份在甘孜屯粮 150 万公斤，准备昌都作战，可能完不成呀！不加强空运不行，但又没有多的飞机哟！"

"贺老总，你向军委、向毛主席要嘛。"

贺龙豁然开朗："对，你这个点子出得真好。"

贺龙放下电话，以他和邓小平的名义向毛主席写了报告。毛主席接到报告后，极为重视，立即批准购买一批运输机来空运进藏物资，并指示要一面进军一面修路。

经过几个月的准备，这一工作基本就绪了。

2 昌都之战

　　贺龙叼着烟斗踱着步。他在考虑一个严肃紧迫的问题。用和平的方式解放西藏是中共中央的基本方针，但西藏当局一方面故意拖延时间，另一方面加紧军事准备，企图以武力阻止解放军。在这种情况下，格达活佛主动提出来要亲自到拉萨去，做西藏上层的工作。现在格达活佛已经去了，工作能否做通还很难说。地方当局又调整了军事部署：将藏军一部置于黑河地区，阻挠解放军南下，指使逃到西康北部的国民党军残部在甘孜地区阻止解放军西进，部署在昌都周围和金沙江西岸，企图阻止解放军从西康西部、青海南部和云南西北部进藏。我解放军到达金沙江以东的地区时，受到甘孜等地藏族同胞的热烈欢迎和全力支援。他们知道解放军很需要粮草，就主动供给。特别是金沙江西岸的藏族人民，悄悄派代表来告诉解放军，他们已暗中准备了许多燃料和牦牛，等待解放军过江。

　　贺龙想到这里，刘金久跑了进来："不好啦，不好啦！"

　　贺龙见刘金久神色紧张的样子，觉得一定出了大事，右手从嘴上取下烟斗拿着，站在办公桌旁，目视着刘金久。

　　这一段时间，刘金久为了给贺龙当好助手，也是随时都在注意西藏方面的情况。特别是格达活佛从甘孜出发去西藏后，他经常是深夜都没有睡觉，掌握着格达活佛的线路、动态。因为，他很明白，格达活佛去西藏不但责任重大，更是危险重重。如果格达活佛能够说服西藏当局，那和平解放西藏的进程不但会快一些，而且还会减少双方的人员伤亡。他来到贺龙面前："格达他……他……"

贺龙有些着急了，看着刘金久："格达他到拉萨啦？他做通西藏地方当局的工作了？"刘金久："不，格达在昌都被害了！"

贺龙听到这里，睁大了双眼，右手上的烟斗松动了一下，险些落了下去："是怎么遇害的？""现在还不清楚。"

贺龙："这说明和平解放西藏的道路被堵死。中央知不知道此事？"刘金久："知道。"

贺龙把视线从刘金久身上移开："看来，受帝国主义控制的西藏当局挑起的这场军事较量要不可避免地发生了。帝国主义不但干涉我国内政，还干涉朝鲜。南北朝鲜内战爆发后，美国武装援助南朝鲜。"

为了打击顽固势力，促使其内部分化，争取西藏和平解放，西南军区致电毛泽东，决心以18军一部、青海骑兵支队和云南军区，共6个团的兵力，在炮兵、侦察分队、工兵各一部的配合下，运用正面攻击和迂回包围相结合的战术，发起昌都战役，以打求和，歼藏军主力于昌都地区。

得到毛泽东复电后，贺龙把李达喊到他的办公室里来。他对李达说话时拿着烟斗的右手时而在身前动一动的："请以邓小平政委和我的名义下达《昌都战役基本命令》。"

李达记录着："……18军主力应于9月上旬在甘孜、玉隆、邓柯之线集结完毕，9月中旬由该线发起进攻，争取于10月10日前后占领昌都。另以该军53师1个团，同时由巴塘出动，歼灭藏军，尔后向昌都攻击前进，配合52师钳击昌都。以14军一部，同时歼灭盐井和竹瓦根之敌。西北军区之玉树部队归52师指挥，加强昌都作战……"

贺龙在屋内走动着，时而吸一口烟。他说："针对整个作战地区辽阔，藏军熟悉地形，战役开始后对藏军难以捕捉的情况，我人民解放军用少量

贺龙在西南

部队正面佯攻、吸引敌人，而将主力部队从昌都南北两面实行大包抄、深远迂回。注意，解放军不管在什么环境下，都不能进寺庙，不住民房，不动群众一草一木，也不向群众征粮。"

下达战役命令后，贺龙显得很重视。他知道，昌都为西藏东部的门户，是进藏的咽喉之道，是历来兵家的必争之地。藏军布防于金沙江西面，南北长一千多里，从江边到昌都纵深有700多里，要在如此辽阔的地域内消灭藏军，确实困难不少，但只要把敌人包围住了就是胜利。

果然，刘金久来向贺龙报告道："我进藏部队北路从邓柯渡江成功，南路也从牛古成功渡江。"

贺龙："解放军是怎样渡江的？"

刘金久看着走动着的贺龙报告道："当解放军担任佯攻的正面部队快到江边时，天已黑了，但战士们不怕困难，抬着牛皮船和木船在羊肠小道上抓着岩石拉着树枝，摸索着前进。深夜3点钟，突击连终于到达渡江的隐蔽点，火力队在岸上也筑好了工事。天亮后，我解放军发出了强渡的号令。突击连的一个排在强大的火力掩护下，开始向对岸强渡。藏军发现我解放军已开始抢渡，忙沿江疯狂扫射。有的船被打穿，有的战士负了伤，但战士们不怕伤痛，捂着伤口，堵住漏船，英勇前进，很快进抵对岸，占领了藏军阵地。我南北两路主力正飞速向昌都两侧迂回。"

几天后，刘金久又来向贺龙报告："南线迂回的部队，踏着艰难的荒坡峡谷，翻山越岭，而且气候又寒冷、空气又稀薄，但战士们没有叫一声苦，身背七八十斤重的东西，秘密地插到敌人的屁股后面去了。"

贺龙把右手上的烟斗举得比肩高："这一下好了。北线怎么样？"

刘金久："北线迂回的先遣团，从邓柯渡江后，日夜急进。他们缺粮，但能克服困难，快速前进。当他们听说正面部队已向昌都守敌发起进时，便加快步伐，有时一天要行100多里，一气抵进昌都西北要隘类乌齐，直插昌都。"

"昌都很快就要解放了。"

刘金久："昌都总督阿沛·阿旺晋美已宣布起义，命令1700余名官兵

216

停止抵抗。"

"简直是大快人心。"贺龙吸了一口烟走动着说："电示 18 军，加紧对俘虏或起义官兵的争取工作，用高度的热情和诚恳的态度去对待他们，严禁侮辱和虐待。缺粮的，我们要从自己有限的口粮里给他们每人匀出一份，他们随军的老婆孩子也享有同等待遇。伤了的，给予及时安慰治疗。死了的，按民族风俗习惯安葬。对于藏军高级军官，要采用座谈方式，以便他们回去影响拉萨政府，早日脱离英美影响，速派代表到昌都或北京商谈和平解放西藏问题。"

昌都解放了，上空飘起了五星红旗。

刘金久很高兴，来到贺龙办公室。贺龙也很喜悦，他拿着烟斗，走着慢步道："昌都一解放，歼灭了藏军主力，其上层顽固势力肯定会发生动摇、爱国进步力量肯定会更加坚定，这就为和平解放西藏创造了有利条件喽。"

刘金久想到昌都战役的情况道："各路部队在实施千里大包抄的战斗中，首先想到民族政策。在行进中，无论是在大风雪里，还是在茫茫的黑夜里，战士们都严守纪律。对藏胞的宗教设施和神物，都一律加以保护和尊重。战士饿了，几个人分碗炒面，喝点雪水，也不去占群众的便宜。人民解放军的这些行为，影响了藏族人民。他们说是祖祖辈辈没见过的'新汉人'，是'菩萨兵'。有的主动带路，有的又积极修补桥梁。"

"昌都解放得这么快，只经过了 18 天的战役，与这些因素是分不开的。"贺龙说后问刘金久："昌都解放后，格达的情况了解到没有？"

刘金久："基本情况掌握起来了。格达一到昌都，就对群众和僧侣宣传中央的政策，并举出他的所见所闻，来证明人民政府和人民解放军尊重信仰自由、尊重少数民族风俗习惯和帮助人民改善生活。格达的这些言行，深得藏族人民的拥护，但却遭到帝国主义及其分裂分子的忌恨。外国特务派人监视他，不准他离开昌都，并给他喝毒茶，不准他的弟子去看他。格达在中毒后，仍要打电报给拉萨的朋友，请他们设法说服当局派人到北京谈判，并说：'我死也不悔，只要拉萨能回到祖国的怀抱。'格达中毒后逝世了。特务为了消灭罪证，将格达尸体焚毁，并将其随行人员押送拉萨。"

贺龙听到这里，表情很沉痛。稍过片刻，他才严肃道："格达是中华人民的优秀儿女、藏族同胞引以为荣的模范人物。在为争取西藏人民和平回到祖国的大家庭来牺牲了。他是生得伟大，死得光荣。他的血没有白流。一切侵略阴谋和暗害阻挠，都阻挡不住藏族同胞以及全中国人民的意志！灿烂的红旗，不久的将来，一定要飘扬在拉萨，直到喜马拉雅山祖国的边疆！格达永垂不朽！"

昌都战役结束后，以阿沛·阿旺晋美为首席代表赴北京谈判，签订了《中央人民政府和西藏地方政府关于和平解放西藏办法的协议》。根据《协议》，毛泽东指示进藏部队以战备姿势，分路向西藏腹地进军。18 军率领统战、公安、外事等方面的干部，同阿沛·阿旺晋美等西藏地方代表前往拉萨。1951 年 10 月，18 军抵达拉萨，并举行了庄严的入城仪式，向全世界宣告：西藏解放了。

3 关心修路

　　一天，贺龙午睡后，来到会客室的阳台上，观赏着那盛开的海棠花、秋菊，欣赏着那翠绿刚劲的兰草。这一段时间，他的身体有些不好，患有高血压等疾病。但他仍关心着康藏公路的修筑情况。

　　观赏了花草后，贺龙的心情很愉快。他坐在会客室的凳子上看着《人民日报》，等着刘金久。

　　突然，贺龙看到一则消息使他大吃一惊：任弼时同志逝世。他几乎不相信自己的眼睛，又认真看，才确认是事实。

　　"多好的同志呀！"贺龙说后放下报纸回忆着他和任弼时相处的情况。任弼时同志在酉阳南腰界和我们的红三军会师后，使我们红三军及时了解到中央的精神，给红三军指出了前进的方向，虽然那时有王明"左"倾思想的破坏，但红三军和红六军团会师后，方向比较明确，指战员的信心倍增，为以后打胜仗打下了基础。任弼时的一生为中国民族解放、人民解放和工人阶级解放的伟大事业贡献了全部精力，建立了不可磨灭的功绩……红六军团的同志到达南腰界后，把一路在敌人那里缴获的枪支、弹药、医药等战利品送给我们红三军。这与任弼时的领导是分不开的……

贺龙在西南

刘金久来了，手上拿着一张卷着的地图。"你好呀，金久兄。"贺龙忙站起来去握刘金久的手。

刘金久忙把地图夹在腋下，握着贺龙的手："你好，贺老总。我们又有好久没有见面了。"

刘金久是去检查康藏公路修筑情况后回来的。本来，贺龙是想去看看的，但毛泽东、周恩来不同意。刘金久看到贺龙整天为康藏公路而操心便主动要求跑一趟康藏。贺龙考虑到康藏的条件差，加上刘金久身体也不很好，不要他去，可他坚持要去。

贺龙松开了手，去阳台端来一盘香蕉，放在桌子上："你是从康藏高原修路前线来的，在那里吃水果不容易。快来打个牙祭吧！"

刘金久笑了，但他没有去拿香蕉。贺龙便掰了一支香蕉下来递给刘金久道："康藏公路修得怎么样啊？"

刘金久站在贺龙面前一边吃着香蕉，一边说："我们的部队在修路的过程中，克服种种困难，连续作战，打通了二郎山、折多山和雀儿山，现在已把公路修到了昌都。"

贺龙："剩下的就是修从昌都到拉萨这一段的路，是不是？"

"是的。"刘金久把香蕉皮放在桌子角，把夹着的地图拿出来打开铺在桌子上："现在的问题是不知走哪条线路好。有两条线路。"刘金久用手在地图上指着："一条是北路。从昌都经类乌齐、丁青、索县等地到拉萨。沿线多为牧区，大部分路段比较平坦，工程比南路小，但地势高寒，海拔一般都在4000多米，个别垭口在5000米以上，冬季冰雪封山严重，而且缺乏燃料和木材等建筑材料。"

贺龙趴在桌子边，双目随着刘金久的手指移动着。

刘金久的手指继续指着地图："另一条是南路。从昌都经邦达、波密、林芝等地到拉萨。海拔较低，气候较好，沿线多为农区，有波密、色霁拉等不见天日的森林地带，问题是地形地质较复杂，沿路有怒江激流，还有冰川、泥石流等险阻，工程十分艰巨。"刘金久说到这里，把手从地图上拿开："对于是走北路，还是走南路。工程人员有争论。一部分同志虽然倾向于走南路，但也没有十足的把握。国防公路，百年大计。事关重大，我特来向你请示。"

贺龙仍趴在桌子上看地图。他边看边思索，像战争年代制定行军路线图，又像是战前审查作战计划。他看得很认真。他知道这是在世界屋脊上修筑第一条横跨东西的公路。他不仅对巩固西藏边防，支援部队有着重要和迫切的意义，而且对建设西藏也有着深远的影响。他问刘金久："走南路走北路，争论的关键在哪里？"

刘金久："走北路，进展要快些。走南路，不但进度慢，而且费用可能也要高一些。"

贺龙经过反复询问，深思熟虑后，用手指点了一下地图，果断道："公路走南路！"他站起来看着刘金久："第一，南线气候温和，海拔低。在西藏高原，这是拿黄金都买不到的优点。第二，南线经过森林、农业区、草原、湖泊、高山，物产比北线丰富，不仅我们修路时有木材、石料等建筑材料，而且还有青稞、牛羊、水果、燃料等，方便生活。我看费用不一定比北线高。更重要的是将来开发西藏，进行建设，有着极大的经济价值。公路走南线，更符合西藏人民的长远利益。这就是我们考虑一切问题的出发点。"

刘金久想到贺老总的高瞻远瞩，使他的心胸更加开阔了。但他马上又想到南线的冰川、流沙、奔腾的怒江等艰险工程，又有些迟疑了。他又把眼睛落在了地图上。看着这些地方。

贺龙看透了他的心，用手拍着他的肩膀，目光炯炯地看着他："当然，怒江天险、冰川、流沙，会给我们找麻烦，甚至带来意想不到的艰险困难。但是，怒江也好，冰川也好，流沙塌方也好，它们能挡得住中国人民解放军？挡得住中国人民吗？我们的技术人员能叫激流、冰川、流沙统统让路！至于北路，将来仍要修。在西藏高原上，我看将来还要修很多很多的公路，要修成四通八达的路网呢！"

刘金久认为贺老总真有远见卓识和气魄胆略。他的眼睛和贺龙的眼睛对视了一下，双方都会心地笑了。他们坐在凳子上继续摆谈着，而且内容更多。

刘金久："踏勘从昌都到拉萨段的线路工作，部队先后派出了 6 个队。他们在从来没有公路的世界屋脊上，找出一条合理的线路来，这是一项多么艰巨而又光荣的任务啊！踏勘队员，常在深山峡谷中攀登爬行，坐溜索渡过汹涌的江河，冬季冒着零下 30 多度的严寒，爬雪山、过冰河，夏天在多雨的原始森林里，踩着腐烂的树叶，随时要提防野兽的突然袭击，忍受着蚂蝗、蚊子的叮咬，冒着生命危险通过了人迹罕至的悬崖绝壁，越过 14 座高山，共跋涉了一万多公里，爬过了空气稀薄的高山 300 多次，终于揭开了康藏公路沿线地理的真面目。"

贺龙："同志们的辛苦，将给西藏人民带来甘甜。"

刘金久："我们的筑路部队，仅有铁锤、钢钎、铁锹等简单工具，但他们凭着饱满的劳动热情和集体智慧，以惊人的毅力，同大自然进行顽强的斗争。战士们有时在雪山上住下来，严重缺氧，还冒着严寒，劈开坚石，铲开冻土筑路；有时在高达数十米甚至数百米的悬崖上悬空作业，开出路面；有时跳入刺骨的滚滚激流，打固桥桩；有时还从几十里外砍伐木柴来烤化冻土，以开路基。"

"在这样艰苦的环境中作业，出现很多动人的事迹吧？"

"多得很呢！"刘金久开始绘声绘色地讲了起来："有一个叫张福林的筑路英雄就很典型。一天，张福林在离开工地时，发现 3 排准备装炸药的炮眼有毛病。他怕放炮时减低药效，就趁吃午饭没人的时候帮助修理起来。他没有想到，这里头一天放过炮，石头有些松动。正当他聚精会神地工作的时候，一块巨大的石头滚了下来，砸在他的右腿和腰上。连里的指导员发现他没有来吃饭，就带着战士去找。指导员看到他被石头压着，忙和战士们把石头搬开。他这时已经昏过去了，地上的冰雪已被他的鲜血染红。隔了好一阵，他才苏醒过来。他没有呻吟一声，睁开眼睛望着战友们，然后看着指导员发出了轻微的声音：'指导员，我怕是不能再工作了，我衣服包里的钱，请全部作为党费交给组织吧！'当卫生员要给他打针时，他竭力用手推开说：'不要打，不要打，替国家节省了吧！我不行啦……'他牺牲了。同志们在收检他的遗物时，在他的挎包里，找到一本日记和5包菜籽。日记本里记的全是他自我批评和施工作业的体会。那5包菜籽是他进藏以前，用津贴费在四川买的，准备拿到西藏高原去播种，为了日后让部队和藏族人民都能吃上新鲜蔬菜。"

贺龙听了很受感动："要追认张福林同志为一等功臣……"他又问刘金久："战士们有些什么困难？"

刘金久："由于运输很差，有时主副食供应不上，战士们就吃地老鼠。"贺龙感慨道："这和我们长征时一样啊！"

"战士们把树枝放在雪地上当床铺，并风趣地称这是钢丝床。"

贺龙笑了："哈哈哈，办法真不少呢。"

"战士们白天在雪雨里修路，夜里住在方块雨布搭的帐篷里，漏雨飘雪，衣被都湿透了。遇到大雪，帐篷常被刮倒，被子上常结着一层冰花，鞋子常冻结在地上搬也搬不动。"

贺龙皱起眉头。他对刘金久说："你叫后勤给筑路部队特制帆布帐篷，补发雨衣。"

刘金久说出了最重要的一件事："战士们都处在高寒地带，常年吃不上蔬菜，缺维生素，手指甲盖都陷下去了，没有生过病的人少得可怜。得关节炎、心脏病、口腔疾病的人多得很。"

贺龙立即站了起来，在会客室里走来走去。他认为这是一个非常严重的问题，如果战士们都病倒了，谁还来修路，西藏的老百姓没有公路，生活也好不起来。稍过片刻，他站在刘金久面前严肃道："立即派人到上海去买维生素C。必须让每个战士吃上。从后方多输送些肉类罐头去。为保证筑路部队的营养量，按每人每日4两猪肉、1两猪油、5钱蛋粉、1斤青菜、7钱盐、7分生姜、7分辣椒、26两（旧市制）粮食供给，保证定质定量。"

刘金久听到这些话，十分激动，认为贺老总对战士们的生活这么关心，而且非常具体。他见贺龙是站着的，便直起身来。

贺龙看着刘金久问："藏族同胞对修路有何反映？"刘金久："很积极。许多群众和西藏上层人士赶着牦牛，冒着雨雪，为筑路部队驮运粮食。"

贺龙在西南

"藏族同胞越是支援我们，我们就越应该尊重他们。这是我军的光荣传统，又是我军攻无不克、战无不胜的一个重要因素。"贺龙说。

刘金久突然想起了一件事："贺老总，你派去的文工团，深入筑路部队，进行慰问演出，表现很不错，还创作出了很多文艺节目和歌曲呢。《歌唱二郎山》这首歌特别好听。"说到这里，刘金久怀着丰富的感情唱了起来：

> 二呀二郎山，高呀高万丈
> 古树荒草遍山野
> 巨石满山冈
> 羊肠小道难行走
> 康藏交通被它挡哪个被它挡……
> 解放军，铁打的汉，
> 下决心，
> 坚如钢，
> 要把那公路，
> 修到那西藏
> ……

"这样好的歌曲，应该向全国推广嘛。"贺龙说。

刘金久了解到西藏的很多情况："西藏的古建筑物不少，部队都能自觉的保护。像大昭寺，是西藏最早的建筑之一，过去的拉萨城便是围绕着它而发展起来的，寺内还供有文成公主从长安带来的佛像呢。还有布达拉宫，它是我国著名的古建筑，是西藏现存最大最完整的古代建筑。"

贺龙："这是我国的文化遗产嘛，当然应该保护。"

刘金久认真地谈了起来："西藏的婚姻以一夫一妻制为主……"贺龙："嗯。"

刘金久又道："离婚手续也很简单。西藏的丧葬方法有几种：塔葬、火葬、天葬、水葬、土葬。最流行的是天葬。"

贺龙转题道："修筑康藏公路，难度大。要建设，没有公路是很难想象的。所以这条公路不但坚决要修，而且一定要在1954年把汽车开到拉萨。不知有困难没有？"

刘金久走到桌子边，伸手卷着地图："筑路部队的领导表示，如果1954年年底汽车通不到拉萨，愿提头来见。"

贺龙："哈哈哈。还有两年多的时间，我等着为通车庆功吧！"

1954年12月，康藏公路全线通车。此时，贺龙已不在重庆，而在北京。他写文章说："……在世界屋脊上修建康藏公路是中国历史上亘古以来没有的创举，在世界也是罕见的奇迹……希望进藏部队和全体工作人员，戒骄戒躁，勤勤恳恳，热忱而切实地从政治上、经济上、文化上帮助藏族人民，稳步地发展西藏的建设事业。"

等刘金久汇报完后，贺龙脑海里又在构建一幅宏伟而漂亮的蓝图。他要给西南人民和重庆的人民来一个惊喜。

第十二章　提议

1 两大建筑

一辆吉普车来到了重庆城内蒲草田附近的公路边停下了。贺龙从车上下来，他后面跟着刘金久。他们走过公路，下了一道深沟，来到蒲草田和马鞍山之间的一个山头上。这里是一个山坡，稀疏的树木，零星的房屋，山头的西北面是不太宽的深沟。

贺龙觉得这地方不错，对刘金久说："这里就是用来修建大礼堂的。"这是贺龙多次和技术人员勘查后最后做出的决定。

在重庆解放初期，贺龙发现重庆没有一个像样的大礼堂，西南地区举行大的会议很不方便。在他的戎马生涯中，他到过许多城市，一些宏伟的建筑给他留下了深刻的印象。他多次给刘伯承、邓小平提议：我们要给重庆人民建一个亚洲第一流的大礼堂。经过研究，贺龙、刘伯承、邓小平共同决定修建一个能容纳数千人集会的大礼堂和附设一个招待所。

决定形成后，贺龙便指示有关部门进行设计。他提出大礼堂的风格要吸收北京天坛、南京中山陵、广州中山堂的外形，既要有宽阔的石梯、汉白玉石雕栏和高大的牌楼，又要有中山陵和中山堂的气势。

按照贺龙的要求，工程师们经过精心设计，大礼堂的总体方案出来了，一共有 5 个候选方案。其中一个是礼堂设在中间，四周是水，修桥进去。但这个方案没有被采纳。还有一个是张家德设计的：礼堂的屋顶为直径 46 米的半球形钢网壳屋架，重 280 吨，用 36 片经杆，19 根线杆和 75000 多枚铆钉联结组成，底部支座还设有能适应热胀冷缩的自然滑动轴承装置。

方案出来后，贺龙和西南局的其他领导会同规划、设计主管部门进行了认真筛选，最后选定张家德设计的方案。

确定了方案，贺龙带着刘金久又来看建设大礼堂的地址。贺龙觉得在蒲草田和马鞍山之间建大礼堂，不占农田，又在城里，集会比较方便。

同时，贺龙还提议为西南人民建设一个雄伟壮观、设备完善的体育场馆。他的这个提议同样得到了批准。地址就选在浮图关下面的大田湾荒坡上。

贺龙站在马鞍山山头上看了一阵，对刘金久说："派西南军区工兵营开着推土机来马鞍山削山填沟，还要带炸药来，拿个 10 多吨吧。另外，通知重庆市城市建设委员会，发动机关干部、群众到大田湾去修体育场馆。"

刘金久去执行贺龙的指示去了。一时间，重庆城内的两大建筑工地沸腾起来了。

一天，贺龙来到蒲草田工地，见这里机器轰鸣，如火如荼。原来的山沟填平了，山头也削了很多，但没有削完。这山头本来不大，贺龙以为应该全部削了，他问张家德为什么不全部削，可张家德根本不理贺龙，带着喜色看着这繁忙有序的工地。

刘金久走到贺龙跟前："张家德工程师的耳朵有些背，加上这轰鸣的机器，他听不到。我们到僻静一点的地方去谈。"

他们来到较清静的地方。当张家德听清贺龙问话的意思后比划着手："马鞍山的山头用不着全部削平，削一半就差不多了。山头那削平的地方，将来大礼堂的地基就在那点。"

贺龙大声道："招待所在哪个位置？"

张家德用右手指了一下南北工地："大礼堂两边是招待所。"他把手放下来继续说："大礼堂前面是宽敞的石梯，上面紧接招待所的是汉白玉石雕栏。从牌楼到大礼堂，中间有 3 级宽大的石梯，有的中间有平台，可以停车子。"

贺龙弄懂了，他知道大礼堂占地面积是 6 万多平方米，但对礼堂的高记不太清楚了。他问张家德："礼堂总高是多少？"

张家德没听清楚，贺龙又重复了一遍。

"70 米。"张家德侃侃而谈："整个建筑物完全是按贺老总的要求设计的。它采用中国轴线对称的传统手法布置，配以柱式的南北翼，并以塔楼收尾。立面比例匀称，再加以绿色琉璃瓦屋顶，朱红色抱廊大柱，亭台楼阁格式，画栋雕梁，金碧辉煌，壮丽美观，民族特色非常明显。"

贺龙了解到大礼堂内设有大型舞台，四楼一底的观众座位有 4000 多个。他很高兴："到时，重庆就有一个比较好的大礼堂了。"

张家德不知道贺龙在说什么。他的兴趣很高，用手指着工地的前面部分大声道："主建筑物的前面有很多花台，栽黄桷树、栽菊花等花草树木，让大礼堂四季芳香，绿树成荫，而且整洁幽美。"他把手放下来继续道："建筑物的顶部再装上彩灯，到了晚上，灯火相映，琼楼玉宇，蔚为壮观。"

贺龙被张家德说笑了。但他想到工程预算的事，很有些担心。他把嘴巴递到张家德耳边大声问："工程的费用超不超出预算？"

张家德："可能要超出一点。""抓紧干吧！"贺龙说后就和刘金久来到大田湾工地。

这里更是热火朝天。人们有的用箢箕挑着泥巴，有的用胶轮车推着泥土，还有的拿着二锤在钢钎上打甩锤，那动作比打铁的还好看，还优美，还娴熟。

贺龙发现一个雏形的体育场地出来了。他想张之槐这个体育爱好者今后有可能要来这里活动，不过，话说回来，张之槐现在是西南军区司令部干部处处长了，不知还来不来。

贺龙对刘金久说："今后这里要有标准的足球场，还要修看台。看台内要能够容纳 3 万人以上的观众。看台是否方便群众，进出场地是否拥挤，在建设前都要考虑到。要多设几个通道，在五六分钟内就能让观众全部退出场去。要建成新中国成立后第一个较完整的甲级体育场。光有体育场还不行，在这块地盘上要建一个体育馆。体育馆采用钢筋混凝土结构，馆内的球场用楠木嵌花地板，可供篮球、排球、乒乓球、羽毛球及体操等活动使用，馆外采用人造大理石墙面，方形拱面屋架。要建游泳池、体操房、乒乓球房、举重房、足球、篮球、排球练习场，还要有花圃，把这些建筑连接成一个整体，成为重庆人民体育活动和举行盛大集会的中心。我说的这些，请你向有关部门讲一下。"

刘金久答应了下来。

他们来到今后是体育场的大门外。这里是一座山包。许多干部群众正在加油地干活，见贺龙来后即喊道："贺老总好！"

贺龙招招手："同志们辛苦啦！"他来到同志们中间问："累不累呀？"人们见贺龙来了，都停下手上的活，望着贺龙微笑着。当他们听到贺龙的问话后都说："不累。"

贺龙说话时也带着笑容："不累是假。只不过，你们是在为西南、为重庆干一件有益的大事，再累恐怕也说不累喽。"

贺龙和他们摆谈起来。当贺龙听到有的人提出为什么把体育场大屋顶结构的设计方案取消时，贺龙耐心解释道："大屋顶结构是好看也实用，但费工、费料、增大开支，造成铺张浪费。我们国家才解放不久，经济实力不强啊。建筑工程应该从经济、实用、坚固、大方出发嘛。"

贺龙从大田湾出来，回到了西南军区办公室。他在处理其它事务的同时，从来没有忘记这两大建筑的修建情况。他经常关心和支持大礼堂和体育场馆的建设，使工程进展很顺利。

然而，在修建大礼堂和体育场馆的过程中，不幸的事情发生了。全国的"三反"（反贪污、反浪费、反官僚主义）运动开始了。《人民日报》发表文章点名批评重庆的一些建筑花钱很多，华而不实。

一天，贺龙坐在办公室里看一份有关建设经费的报告。报告说大礼堂建设费用比预算的要超过很多。

刘金久来了："贺老总，张家德工程师成了铺张浪费的典型，有人要整他。"

贺龙把手上的报告往办公桌上一丢，迅速站起来气愤道："关张家德什么事。是我叫他搞的嘛！"他停了一下又道："要保护这位工程师……"他说到这里，突感头痛，想呕吐。他赶忙用右手压着头部，顺势坐在座位上。

刘金久忙来到贺龙跟前："贺老总，你怎么了？"贺龙不说话，仍用手压着头，脸色十分难看。

贺龙被送到医院去了。他是高血压发了。出院后，组织上安排他到缙云山去休养。缙云山，景色十分优美，山上的松树、楠竹遍山都是。

贺龙来到缙云山，住在狮子峰的北面。这里山清水秀，空气清新。组织上叫他来这里的目的，是要他好好养病。可他怎么也安不下心来，整天都在考虑大礼堂和体育场馆的建设情况。

一天，贺龙来到鱼塘边，坐在一把有靠背的竹椅上，右手拿着钓鱼竿钓着鱼。微风轻拂，使鱼塘边的树枝轻轻摇摆，好像在给他说悄悄话，要他开心，要他安心。从表面上看，他是在静心钓鱼，实际上他的心根本没在山上。他想象着大礼堂快要建好了，那金碧辉煌的大礼堂出现在重庆城里，格外引人注目。他想象着体育场馆建好了，许多体育健儿弛骋在绿茵场上。

刘金久从城里来了。他来到贺龙身边："贺老总，身体好一些了吗？"贺龙心里很不安："我得这病算得了什么哟。有一次打仗，我突然听到贺锦斋牺牲了。由于极度的悲伤，加上血压不听话，一下失去了知觉，倒在地上。战士们把我抬到一个清静的地方休息一下就没事了。"他站起来把鱼竿一甩冒火道："医生硬要我钓鱼，我硬是没有这份耐心，简直不耐烦了。事情一大堆，我要去办呀！""贺老总的事业心真强。"

贺龙："一个人，没有事业心就没有工作积极性，没有积极性，更不会有创造性。"

刘金久安慰道："贺老总，你就好好休养吧。你要办的事情，我们会帮你处理的。"

贺龙在西南

贺龙看着刘金久:"大礼堂建设得怎么样?"刘金久把右手扒在竹椅子上:"进展还算顺利,就是费用有点高。"

贺龙认真道:"我的意见,大礼堂不搞自然滑动轴承装置了。这样可以节约一笔开支。你回去给有关领导报告,召集工程技术人员开个会,讨论一下。"

刘金久答应后说:"体育场馆也正在修建。你就不必操心了。"

刘金久向贺龙汇报情况后又进了重庆城。

贺龙在缙云山住了一段时间,身体好了一些又返回城里。他经常去视察两个工地,解决遇到的一些实际问题。

这个时候,中国人民志愿军正源源不断地开赴朝鲜,配合朝鲜人民领袖金日成主席领导的人民军狠狠打击侵略者。邱少云作为志愿军之一,入朝作战。李达任中国人民志愿军参谋长,到朝鲜去了。

贺龙对朝鲜战争很关注,但他仍没有忘记两大建筑的建设。

大礼堂建好后,贺龙题了名:西南行政委员会大礼堂(现重庆市人民大礼堂)。为了节约开支,大礼堂竣工时没有剪彩仪式,免费对社会开放3天,让群众参观。

一次,贺龙到北京去开会时,在周恩来面前主动承担责任:"我在重庆盖了个大礼堂,钱花得多了点。"周恩来哈哈笑说:"盖了就盖了嘛!"

这个大礼堂建好后,引起了许多外国领导人和建筑专家的关注。印度总理尼赫鲁曾来要过设计图纸。英国皇家建筑师学会出版的《建筑史》记载,在中国当代建筑首次载入世界建筑史册的工程中,张家德的此项作品被列第二位。

1957年,贺龙随周恩来出访亚非国家结束回国,路过重庆,来到大田湾,巡视了重庆市体委大楼,还兴致勃勃地观赏了体育场、体育馆、南开中学等。

② 运动会

大田湾体育场，彩旗飘扬，人山人海。

西南地区第一届人民体育运动大会在这里举行。这次运动会是在贺龙的提议下召开的。在筹备的时候，贺龙认为人民体育运动与国防建设和经济建设至为密切，希望大家应在节约的原则下积极开展，并必须有计划地精确地做好大会的一切准备工作，以便大会顺利进行，为今后西南人民体育运动奠定基础。贺龙还为运动会题词："开展人民的体育运动，为祖国的国防建设与经济建设而服务。"

这次运动会是西南地区各工厂、部队、机关、学校、农村、少数民族精心选拔出来代表参加的。大家认为肯定会创造一些优异成绩。

体育场的主席台上坐着邓小平、贺龙、熊克武。

贺龙看了看场内的观众，对左边的邓小平道："今天的人真不少呢。"邓小平抿着嘴看了看体育场，人确实很多。

在贺龙右边的熊克武看到这热闹的场面也激动了，对贺龙说："这次运动会如果开得好，今后还可继续举行。"

贺龙："肯定还要举行。"运动员开始入场了。他们迈着矫健的步伐，向观众挥手致意。

该贺龙讲话了。他拿着稿子，来到话筒前大声地讲道："同志们：西南地区第一届人民体育运动大会今天开幕了……"全场响起了巨大的掌声。

贺龙等掌声过后又继续讲道："大众的体育是爱国主义教育的一个重要部分，也是一项革命事业。发展体育对加强我国的国防力量与经济力量，是紧密联系而不可分离的任务。一定要把体育运动正真普及到劳动人民中间去，成为他们生活中不可缺少的一部分，这样体育才有生命、有力量，并能发挥它应有的作用……目前，大力提倡与发展体育事业，以提高健康水平，培养新的道德作风，特别是青年一代，都锻炼成身体强壮、勤劳勇敢、刚毅而机智的新人物，使之成为建设祖国的优秀工作者，保卫祖国的英雄战士……"

运动员开始退场，各自准备比赛项目去了。

贺龙讲话完后坐回主席台上，看着退场的运动员。他知道在这次运动会中，还要表演一些节目：西南军区两百多人表演《联合兵种式》，有坦克、骑兵、炮兵、步兵、工兵等兵种参加，那气魄威武雄壮，表现出了中国现代化国防军各兵种联合作战的伟大力量；西康的藏族代表，在会上要表演藏族人民所喜欢的民间歌舞《巴士唐弦子》，这歌舞十分好看，十分精彩；重庆的少年儿童队还要表演《光荣人家》，是专门歌颂我抗美援朝志愿军的……

运动员退场后，是足球比赛，西南军区队对重庆队。贺龙将要为比赛开球。

参加比赛的足球运动员来到足球场上。

一个黑白相间的足球放了球场的中间。贺龙走下主席台，微笑着来到足球前，双眼看了一下足球场上已做好准备的运动员，再低下头去看着足球，右脚提起来向足球踢了一脚。运动员们开始在足球场上拼杀。贺龙回到主席台上专心地看着。

西南军区队球员穿的是红色运动服，重庆队穿的是蓝色运动服。足球在西南军区球员的脚下迅速地飞奔着。这时，球在8号运动员脚下。8号带球连过 3 人，眼看离球门不远了，飞起一脚，进了重庆队的球门。

看球的观众沸腾了，有的高吼，有的大叫，有的跳了起来，还有的吹着口哨。

重庆队的运动员见西南军区进了一个球，也不示弱，拼命追赶，但还是没有进球。最后西南军区以 1 比 0 获胜。开幕这天，只进行了一场足球比赛。

比赛结束后，贺龙来到足球场边，对重庆队的运动员说："这次输了，不要紧，回去好好总结。胜败乃兵家常事嘛。但一定要有一个好的作风。赢了球要看到不足，做到胜不骄，输了球，要看到自己的长处，做到败不馁。我们就要提倡这种精神。"

西南军区队的运动员也来到了贺龙身边，他们带着喜悦的心情和贺龙谈着话。那个 8 号见贺龙说话多是维护着重庆队，便对贺龙道："贺老总，你是我们军区的司令员，应该向着我们才对，为什么老是为重庆队说话呢？"

贺龙笑道："军区队、地方队都是中国队。水涨船高嘛。双方都发挥出好水平，才能互相促进，取长补短，共同提高。赢或输，不是目的。你们队提高了，将来跟外国队比赛时，才能为祖国争光呀！"他觉得 8 号在这场足球赛中表现不错："8 号，你踢得很好，叫什么名字？"

8 号答："杨永平。"贺龙又问："是西南军区'战斗队'的吧？""是。"

西南军区"战斗队"包括篮球、排球、足球、棒球、乒乓球、田径、游泳、体操等项目。自从组建以来，贺龙曾多次来到"战斗队"担任场外指导。乒乓台前、田径场上、足球场边……处处留下了他的足迹。

贺龙发表了自己的看法："西南军区的'战斗队'要和西南地区队团结起来，为西南的体育发展作出贡献。"他说话时一会儿看看军区的运动员，一会儿又看看重庆的运动员，因为他知道重庆的运动员有好多都是西南地区队的。

杨永平接过贺龙的话："我们按照你的指示，在这样做。"

贺龙："对的，你们严格训练，严格要求，再苦再累，也从不叫苦。想

贺龙在西南

当初，田径、足球等队没有场地，你们就经常到 10 多里外去借用场地训练。不管酷暑严寒，不顾场地有多差，老队员带头苦练。青年队员也不甘落后，每次训练课，都主动要求增加运动量，轻伤不下火线。我记得，有几个足球队员，是由原来打棒球、篮球和田径转项来的，基本功较差，但他们，抓紧一切空隙时间，练脚法，熟悉球性，没有场地，利用房前屋后的空地刻苦练习。有个守门员表现最突出，他要求队员狠踢猛踢足球，尽管场地有泥块、碎石，又缺乏运动保护器材，但他毫无顾忌，勇猛摔扑救球。"

杨永平："我们足球队现在最需要的是有一个好的教练。"

"要找，要找。"贺龙想到了西南军区的战斗女排："军区的女排表现也不错，在全军比赛中获得过第一名，在全国比赛中，获得了冠军。但前不久，军区女排在对西南地区女排时，信心有些不足了，有时在比分领先的情况下，还输球。这样不好嘛。球场就是战场，打球也要有人民军队那种天不怕、地不怕的精神，要敢于战斗，敢于胜利，不要有轻敌麻痹的思想才对呢。西南地区男子排球队在这方面做得很好，有一次在和西南军区男子队比赛时，在先负两局，第三局又以 9 比 14 落后的情况下，毫不气馁，顽强拼搏，只要有一线希望，就要力争胜利，他们一分一分地往回扳，士气越来越旺，最后终于反败为胜。西南地区男子排球队由水平较差的队，一跃成为全国第 2 名，成绩不小啊。"

杨永平："他们训练好刻苦哟。"

"当然苦。"贺龙转题道："西南军区'战斗队'和西南地区队不但自己严格训练，打出了较好的水平，而且对开展群众性的体育活动也起了极大的促进作用。"

杨永平讲起了到基层去的心里话："我们深入边远山区的连队，与战士共同生活，辅导部队体育活动的开展，那辛苦更不用说了。"

贺龙："西南地区队也不错，运动员深入工矿基层和偏僻地区，培养体育骨干，利用业余时间为职工表演，辅导开展群众性的球类和广播体操活动。人人严格要求，不怕苦，不怕难。个个争先恐后多做工作。每到一处，都不住旅馆，而借住在工厂、学校，有时还住在农民家里，挤着睡觉。尽管生活艰苦，运动员们仍以饱满的热情，一心一意地搞好表演和辅导。"

杨永平又提到教练："贺老总，你叫我们'战斗队'要有猛、准、狠、稳的战斗风格，可是，我们还差一个带领我们的队长、足球还差教练。"

贺龙想到了张之槐："这个好说，队长我给你们找一个。至于教练，等队长来后就设法找。"他说后就和运动员们走出了体育场。

在这次运动会中，贺龙除了听汇报外，还经常到会指导和观看比赛。运动会闭幕那天，邓小平、贺龙又来到主席台。

贺龙特别高兴，他坐在位子上，把头偏向邓小平："这次运动会共进行了210场篮球、排球赛，29项田径赛。"邓小平："有没有打破解放后全国纪录的？"

贺龙肯定地说："有。女子800公尺、400公尺、200公尺接力赛跑，女子400公尺短跑，男子200公尺跨栏赛等打破了全国纪录。"邓小平："成绩不小。"

贺龙："这次运动会大大地提高了体育事业的向前发展，创造出了优良成绩，出现了许多优秀的运动员和体育工作者。这是我们西南人民的重大收获，是全体运动员和体育工作者努力的结果。"

大会举行了发奖仪式。当大会宣布西南军区获得团体第一名时，贺龙把毛泽东的银质肖像授予代表杨永平。此时，军乐队响起来了，掌声响起来了……

第十三章　揽人才

1 求名医

在重庆城一个较偏僻的街口，有一个"蒋医民"的诊所。

贺龙这几天眼睛常常流泪，一时又查不出原因。刘金久就建议他到"蒋医民"那里去看。贺龙知道"蒋医民"的医术很高。

贺龙和刘金久穿着便装，穿过大街，走过小巷，来到屋外挂着"蒋医民"招牌的门前，见屋里穿着白衣服的医生正在忙，就走进去坐在凳子上等候。

刘金久给贺龙轻声介绍那个穿白衣服的正是蒋医生。

贺龙摸出烟斗，装上旱烟，吃了起来。他等蒋医生忙过后和气道："蒋医生，你的生意还不错吗？"

蒋医生见此人身材高大，说话大方，一定是个大人物。他双手在穿的白衣服上拍打了两下道："今天还算好的，要是往日，我这个诊所的人都站满了。"

刘金久见蒋医生来到贺龙面前介绍道："这是我们西南军区的司令员贺龙。"

蒋医生打量了一下贺龙："你就是南昌起义的总指挥贺龙啊，我怎么就没有认出来呢？"

贺龙摆摆手："那是过去的事，不提了。我今天是来看病的。"

"大人物。大人物。"蒋医生一边说，一边来到桌子前坐着："你看什么病。"

贺龙走到桌子边坐在凳子上："我的眼睛不知是怎么回事，经常流泪。"

蒋医生右手拿着电筒，左手去把贺龙的头抬仰一点，用电筒光照着贺龙的左眼。他牵着眉毛看了看，又掰开眼睛检查了一遍，看了后，又检查右眼。检查完，他双手搁在桌子上很有把握地说："你的眼睛没有什么大问题，就是眼睫毛倒长和小泪点（鼻眼管）不通，需要动个小手术。"贺龙："那就动吧。"

蒋医生有点犯怵了，他怕贺龙发脾气，看着贺龙试探道："通小泪点可痛啊！"

贺龙拿着烟斗的右手一挥："没关系，你做吧。我这个人打仗都不怕，这点痛算得了什么。治眼病不就是那么通一下嘛。"他讲起他在战争年代的一件事："有一次打仗，我们正在吃饭，敌人的子弹把我警卫员的饭碗打掉了，警卫员很紧张，要我快走。我不怕死，就是不走。警卫员又催我。我说，要走，也得吃饱了再走，不然，万一打死了就是饿死鬼。要知道，我一走，部队就会乱了呢！"他说后爽朗地笑了起来。

蒋医生见贺龙这开心的笑声，心中的顾虑也消失了："好，我可以放心给你做手术了。"他叫贺龙坐在手术凳子上，拿来手术器械给贺龙的小泪点做了几次扩张。贺龙顿时疼痛难忍，但他坚持着，过了一阵，便感到舒服些了。

做完手术后，贺龙从位子上站起来，对蒋医生道："好多了，好多了。你头一次给我看病就很见效，谢谢了。"

蒋医生站在贺龙面前："你对待我们医生和睦可亲，犹如知己。国民党的大官蛮横无理，稍不如意，便破口大骂，杨森就是这样的人。"

"所以说国民党不得人心呢。"贺龙看着蒋医生："你一直在重庆行医？"

蒋医生也目视着贺龙："不是。我原籍是天津的，北京医学院毕业，曾在南京国民党中央医院行医。在中央医院，上海医学院曾慕名来聘请我去担任兼职教授。抗日战争期间，我随中央医院迁来重庆。抗战胜利后，中央医院要迁往上海，我看不惯国民党官僚，不愿同行，便留在重庆，立志只给人民治病。"

贺龙："你这种精神很好。"他想到蒋医生确实有真才实学，应该让他为人民作更多的贡献："你是有学问的人，如果到第七军医大学去教书，带带学生，培养人才，比你在这里行医的贡献就大得多喽。教书，工资也不会低于你开业的收入哟！"

蒋医生把视线从贺龙身上移到地下。他觉得开诊所行医很好，生活也不错。他不愿意穿军装。他抬起头来看着贺龙："你的话，我会考虑考虑。如果愿意去，我就通知你。"

贺龙离开了蒋医生后，眼睛好了很多。他随时都想到蒋医生是个人才。他耐心地等待着蒋医生的回话，可等了好几天，都没有音讯。他再也等不下去了，便派刘金久去动员蒋医生，并顺便了解蒋医生的经济收入。

刘金久来到诊所，趁人少时，就与蒋医生摆龙门阵，一是设法说服蒋医生到七医大，二是问明月收入多少。可蒋医生还是不表态，月收入也摸不清。因为病人看病，不论交多少钱，他从不找补。他每日关门回家，把装钱的包包提起就走，从不点数。刘金久看过好几次，都是这样。

不行，一定要摸清他的情况。刘金久想。"你每天平均有多少收入？"刘金久终于发话了。

蒋医生："我的诊费没有定数，病人给多少算多少。没有钱，我照样给病人看。谁来借，我一把就给他了。不还，也没有关系，反正每天都有一包袱。"

刘金久这才明白了蒋医生的收入，但具体是多少还是不知道："看来，你开诊所也不光是为了赚钱。你到七医大，把技术传下来多好。"

蒋医生："我也想关了这个诊所，到七医大去，但我听说你们共产党约束人，待遇也低。我开这个诊所，还是比较富裕的。一个月的收入，供我一家花销，还有余。"

"你家里有几个人，一个月要用多少钱？""4口人。一个月要花销200多万元（解放初的人民币）。""还结余多少？""100万元。"

刘金久算出来了，是300多万元。他对蒋医生说："先请你到七医大去当教授，不穿军衣，只讲课。愿意开诊所，还可以同时开。去兼职也行。"

蒋医生听到这样优厚的待遇，动心了。但他还是心有余悸："去可以，但你们必须答应我的几个条件"，刘金久："你说嘛。"

蒋医生开始说了起来："你们正在搞'三反'运动，我不了解情况，也不懂政治，去了以后，能不能不参加你们的政治学习？"

蒋医生提出的这个问题，把刘金久难住了。他见刘金久没有表态，以为是在考虑，便又道："学校能不能分给我一栋房子？如果房子一时盖不起来，希望上下班有车接送一下。最后一个问题是，能不能每天供应我一磅牛奶，我多年来养成了这个习惯，吃惯了？"

刘金久考虑后答："后面两条我看都好解决。不参加政治学习这一条，有点不好办。不过，我回去给贺老总如实汇报后再说吧。"蒋医生："好吧。"

刘金久离开了蒋医生诊所后，匆匆来到贺龙的住家。贺龙正在会客室里看报纸。刘金久来到贺龙身边坐下把蒋医生的要求讲了出来。

贺龙听后，爽快道："我们搞的'三反'运动，他不参加也可以嘛。他不参加政治学习，也不必强求，可以把书和学习资料发给他，他愿意在家里看也行，愿意参加学习讨论也欢迎。他来带学生，传技术，就是为社会主义服务嘛。房子和汽车，人家原来就有嘛，到七医大来，当然要给人家解决。牛奶问题，现在重庆市的供应很困难，但七医大要想法保证供应。他谈到薪金没有？"

刘金久："没有。"贺龙："至于薪金，他要多少给多少，就等于我们把他的诊所包下来了，包他一辈子。"

刘金久把他和蒋医生接触的情况讲了出来："我看，蒋医生还有顾虑。"贺龙觉得应该找蒋医生亲自谈一谈："你去把蒋医生喊到我家里来。"

刘金久坐车去把蒋医生喊到贺龙的会客室里来了。这时，薛明快把晚饭弄好了。贺龙亲自给蒋医生泡茶。

他们坐在凳子上。贺龙对蒋医生笑道："你这个名字取得真好，蒋医民。为人民医病，好得很喽。"

蒋医生端着茶杯笑道："那是我看不惯国民党当官的，开了诊所后，我把原来的名字改成了蒋医民，立志给民众治病。"

"共产党解放全中国，目的就是为人民服务。咱们的目的是一样的。从此，你可以实现自己的愿望了。不过，共产党、解放军的官，也是群众的一员呢。"

蒋医生感到贺龙这些话很新鲜。贺龙又转题道："你给我看的眼睛现在好多了。"

"还要坚持看几次。从长远着想，我劝你配一副眼镜。"蒋医生和贺龙越谈越亲切。"你要我配，我当然要配。"蒋医生："这件事就包在我身上。"

贺龙"哈哈"大笑后说："你到七医大提出的要求，我们都同意。"他又把对刘金久说的话稍稍做了变动说了出来。

蒋医生听了很感动。他喝了一口茶，把想说的话都说出来了："杨森在撤离重庆时，派人送来一封有 3 个 X 的紧急信件和飞机票，要我赶快去台湾。我不愿意，躲在一个朋友家里，才没有被国民党拉走。"

贺龙："你做得很对。我们七医大正需要你这样的人。"蒋医生："贺老总这样反复要我到七医大工作，我不好不去了。"

薛明喊吃饭了。刘金久、蒋医生站起来要走。贺龙也忙站起来："都不要走，就在这里吃晚饭。"他叫薛明把饭菜端到会客室的桌子上来。

刘金久和蒋医生走不脱，只好和贺龙一家人坐在桌边的凳子上吃饭。桌子上的菜很简单：一碗南瓜丝、一碗凉豇豆、一钵番茄肉片汤。

贺龙给左边的蒋医生拈南瓜丝后，又给右边的刘金久拈了一筷子。他本人拈了菜扒了饭吃下后对蒋医生说："你到七医大后，我给你配一名公务员，帮你处理生活上的一些事。"

蒋医生拿着筷子看着贺龙："谢谢！"贺龙又继续说："我还要送你一支美制象牙柄银色左轮手枪，用来自卫。"

"太感谢了。"蒋医生说后暗想：贺老总真是个好人，我忘不了他对我的关心。吃了晚饭，贺龙叫刘金久把蒋医生送回去了。

蒋医生这一晚非常激动。第二天，他就去七医大报到了。

蒋医生到七医大后，住了一栋小楼房，还得了一辆吉普车。

蒋医生在同解放军的接触中，逐渐建立了信任和感情，并高兴地穿上了解放军的军装，担任了医院副院长兼眼科主任。

2 发脾气

贺龙吃了早饭，就急急忙忙向大田湾体育场赶去。今天，他板着脸孔，很不高兴。

这时候，西南军区"战斗队"的足球和田径运动员正在大田湾体育场训练，因天气很热，早上是训练的最佳时间。

为了提高干部的体育意识，贺龙还特地叫西南军区司、政、后机关主要负责人来观看。

贺龙来到大田湾体育场看了一阵后，训练就结束了。

杨永平见贺龙在观看的人群中，即来到贺龙面前，擦了身上的汗水道："贺老总，你说要给我们'战斗队'配个队长，可直到现在也没有落实。我们'战斗队'的成绩时起时落，不能说跟没得队长无关。"

贺龙本来心里都有气，听到这些话，就更来气了。他对着众多干部问："张之槐来了没有？"

张之槐是河北蠡县人，毕业于北京体育专科学校，曾参加过华北运动会，是华北著名的篮球高手，以投篮极准被誉为"神投手"。他在贺龙部队经常组织一些体育活动，并担任由贺龙组建的篮球队队长。后来又当了西南军区司令部的干部。贺龙考虑到西南军区"战斗队"很缺队长，便叫他去当。他想到自己的年龄不小了，不适合再搞体育了，接到任命书后，便迟迟不去"战斗队"。

张之槐看到贺龙来到大田湾体育场后，害怕贺龙找他谈话，便有意与贺龙离得远远的，但他还是被贺龙点到了。他来到贺龙面前，发出了细小的声音："贺老总，我来了。"

贺龙看着张之槐，毫不留情，厉声道："叫你当队长，你还不愿意，是嫌这个'战斗队'队长的职务小了吗？告诉你，我是'战斗队'的发起人，第一任'战斗队'的队长就是我。现在'战斗队'的副队长就是我的队员。外国人不是叫我们'东亚病夫'吗？我们中国人要有这个志气，把这顶帽子摘掉。我们也要建立体育大国，也要在奥运会上拿奖。"说到这里，贺龙把视线从张之槐身上转移到其他干部身上："我们在座的同志都有责任把体育工作搞好。"贺龙又把目光转向了张之槐："不要以为你这个干部处处长权力大，你要是看不起体育工作，不愿意当'战斗队'的队长，我把你的处长职务撤了！"

张之槐脑里像一片空白，任凭贺龙的严厉批评。

贺龙在大庭广众之下，批评他手下原"战斗队"的一名名将。这是他到西南后第一次发脾气，可见他是多么重视体育啊！

贺龙对张之槐的气还没有消，但声音比先前缓和了一些："自从西南地区召开第一届人民体育运动会后，体育运动在群众中得到了蓬勃发展。就拿西南军区来说，在各级领导干部的带头参加下，群众性的体育活动十分活跃。每当公余假日，军区大院的走道上、球场上、外面的公路上，到处都有做体操、打球、跑步的人群，棒球、垒球活动也开展得比较普遍。军区各大小部门都组织有球队或锻炼小组，坚持锻炼身体。各部门的篮球、排球代表队，还经常举行小型比赛。有时，我贺龙还亲自担任场外指导。你以为这是搞起好耍的吗？体育运动的广泛开展，不仅增强了同志们的体质，有利于工作，而且还活跃了群众生活，密切了上下级关系。"

贺龙说到这里，双手背在身后把目光转向地下走了几步又目视着张之槐毫不客气道："有些人只想当干部、工程师、医生等，把体育看作'四肢发达，头脑简单'的事，看不起，要是作为终身职业思想不通。我看你张之槐就是这样的人。俗话说'身体是革命的本钱'，没有这个本钱，什么事情都谈不上。在那炮火连天的年代，我常叫部队加强练兵，练兵一方面可以提高技术，另一方面可以锻炼身体，有时候还专门进行体育锻炼。这是为了什么？还不是为了有一个健壮的体魄，好打敌人。"

贺龙当众批评张之槐还有一个目的，目视着大家道："体育运动是党的工作，是重要的工作，无论哪一级干部，都不要瞧不起，都应该把这项工作搞好。"他又看着张之槐："张之槐，你可能不安逸我对你的批评，语气有点重，但我的出发点是好的。"

张之槐觉得贺龙对越是喜欢的干部，越是批评得厉害，越不讲情面。责之愈严，爱之愈深。他跟着贺龙多年，深知贺龙的脾气，低着头说："贺老总批评得对，我今天就去'战斗队'报到。"

"对喽，这才像话嘛。"贺龙脸上现出了高兴的表情："今天你就不去了，回去把处长的工作交代一下，处长还是要当，但你的主要精力应该是在'战斗队'。明天去报到。"

"是。"张之槐答应了下来。他想：贺老总那么信任我，非要我干，我只有努力，尽量干出成绩来，不然，对不起贺老总呀！

张之槐兼了西南军区"战斗队"的队长后，工作兢兢业业，尽心竭力，受到了贺龙的表扬。

不久，贺龙兼任了国家体育运动委员会主任，他感到体委十分缺乏干部，加上国家又处在百废待兴时，干部一时很难配齐，又由于受到传统观念的影响，很多人都不愿意把体育当作正式职业。为了把国家体委的机构建立起来，他认为必须首先解决干部问题，从中央、大区、部队调人，作为体委的骨干。在西南地区，他首先想到了张之槐。

一个星期六的下午，贺龙在办公室里处理一阵工作后，打电话叫张之槐来。

张之槐迅速赶来贺龙的办公室，见贺龙正坐在藤椅上看一份文件，轻声道："贺老总找我有事？"

贺龙在西南

贺龙看了一下站在门口的张之槐，把文件放在桌子上，用右手指着办公桌对面的藤椅："坐嘛。"

贺龙见张之槐坐下后有些拘谨，便笑了起来："你什么时候变得这样谨慎。怕我吗？"张之槐不回答，低着头搓着双手。

贺龙："哈哈哈。你跟我多年，还不了解我？"他见张之槐仍不说话，便主动进攻："你当队长累不累呀？"张之槐终于开腔了："不累。"

"不累可不是实话吧。"贺龙又问："'战斗队'的运动员们，最近怎么样呀？"

"训练很刻苦。有的脚扭伤了，还要坚持跑步，有的头上撞起青包，都还要在绿茵场上踢足球。""精神不错，但要注意身体。"

张之槐的情绪放松了一些，他抬起头来说："伤势较重的，我一律不准他们训练，以免把病情搞重。当然，轻伤是不能下火线的。"

贺龙："对，你这个当队长的就是要把好关，要严格训练，但又不要把人搞成残废。"

"有个别运动员有懒散思想，我要求就特别严，但对大多数来讲，我还是注意了分寸的。"

贺龙见张之槐消除了拘谨，便认真地说了起来："今天，我找你来，是想给你另外安排工作。"张之槐盯着贺龙："什么工作？""调你到国家体委去工作。"

张之槐又低下了头。他认为部队正在酝酿评定军衔，这个时候转到地方去不划算。

贺龙知道张之槐有想法，便开导道："以前我们是打天下，现在要管天下。体育同样是建设新中国的一条战线。不久前，我到北京去开会，住在北京饭店，马路对面就是体育场。每天晚上我都看到，灯光球场里总是挤得满满的，门外还拥着一大片人。群众那么喜欢体育，需要有人来领导和组织呀！你是学过体育的，科班出身，是干这行的专家。你不干，谁干？"

张之槐仍想不通，轻声嘟哝道："在部队工作也是一样重要嘛。"

贺龙见张之槐还是不愿意去，又发起脾气来了："呵，原来是这样。你光想当官，不考虑事业，不愿意当老百姓。那怎么行？"张之槐低头不语了。

贺龙见下班时间早已过了，右手拿起桌子上的文件，左手拉开抽屉，把文件放在抽屉里，再用钥匙锁上，板着脸看着张之槐："你回去好好想想。想不通，就开支部大会，咱们辩论辩论。你讲讲不去的理由，如果你把大家说服了，可以不去。如果说不服，就得去。3天以后，我听你的回音。你走吧。"

张之槐极不情愿地站起来，极不情愿地走出了贺龙的办公室。他本想再说说不去的原因，但看到贺老总那不高兴的样子，知道说也是白说，只好走了。

张之槐出了贺龙的办公室，心里老是想着去不去国家体委的事，老是想着贺龙那严厉的表情和话语。他吃不下饭，睡不好觉。他觉得留在部队好处很多，既当干部，又当队长，而且还有评军衔的资格。如果到国家体委去，这些好处就要被取消，光搞体育前途不大。但他又想：我有特长，这样的事情不干，是对国家不利的，国家的发展，需要很多各种各样的专门人才，贺老总要我去，是看得起我。想到这些，张之槐觉得应该找贺老总好好谈谈。

第二天一大早，张之槐便来到贺龙的家里。贺龙正在会客室打台球，他看到张之槐来了，故意不理，仍伏在台球桌上打球。

刘金久忙叫张之槐凳子上坐，并给他泡了一杯茶后，来到贺龙身旁说："贺老总，张队长来了。"

贺龙一边打着球，一边大声道："是来辩论的吗？"张之槐来到贺龙身边："我想通了。我到国家体委去。"

贺龙忙站起来，紧绷着的脸现出了笑容，放下枪，左手搭在张之槐的右肩上："想通了就好。我们去坐在凳子上慢慢谈。"

贺龙亲切地坐在张之槐身旁，热情道："要认识体育工作的重要性啊！现在，中国人站起来了。'东亚病夫'这顶帽子谁来摘呢？搞体育工作的人有责任嘛！这个任务很艰苦，也很光荣。党中央、毛主席要我当体委主任，需要我当我就当。能把体育工作搞好就不错了。你想通了就对。去了好好干，和大家一起把体育工作开展起来。"

张之槐表白了自己的态度："请贺老总放心，我去后绝不辜负您的期望。"贺龙拍了一下张之槐笑道："好样的。在去国家体委之前，你还得先到上海去一趟。"张之槐有些不理解："去干什么?"贺龙笑了笑，慢慢地讲了起来……

3 挖教练

滚滚长江水，滔滔东流去。

江面上，一艘客船从重庆顺江而下。船上有张之槐带领的西南军区"战斗队"的足球运动员。他们是到上海观摩全国青年足球比赛的。贺龙叫张之槐带起去，并在上海物色足球教练。

长江两岸的景色十分秀美，张之槐和杨永平来到轮船的过道上欣赏着，摆谈着。

"张队长，我们到上海去，参不参加足球比赛呢？"杨永平双手扒着栏杆面向江水问。

张之槐的手也扒着栏杆答："我们要和上海国棉 17 厂的足球队比赛。"杨永平："一个厂队和我们比，不用说，我们肯定赢。"

"不要这样说。厂队有厂队的优势。在任何情况下，我们都不能轻视对方。要胜不骄，败不馁。这是贺老总常常教育我们的。"

"张队长，我们来赌，我如果赢了，你请我吃顿饭。我如果输了，我不但要请你吃顿饭，还请你看一场电影。"

张之槐把左手从栏杆上拿起来摆了摆说："不赌，不赌，但愿我们能赢。"

到了上海，他们看了全国青年足球赛，积极和足球队员交流经验，互相学习，并和上海国棉 17 厂进行了比赛，结果对方以 8 比 0 胜了西南军区"战斗队"的足球队。

张之槐通过和各方面的足球队员和教练接触，深感西南军区足球队差一个有能力的教练。他感到贺龙真有远见。于是，他到上海体委，请上海体委为"战斗队"推荐一名足球教练。经过会商，大家觉得在这次全国青年足球比赛中获得冠军的上海青年队的教练镡福祯比较合适。

张之槐把镡福祯的情况了解后，向在重庆的贺龙打来长途电话。

贺龙正在为一个幼儿园题名：西南军区八一保育院。写好后，他刚刚把毛笔放下，电话就响了。他把话筒拿起来："喂。"

电话里传来了细小的声音："贺老总吗？我张之槐。"贺龙知道是张之槐从上海打来的长话后问："你们在上海怎样？"

"我们和上海国棉 17 厂的比赛，我们输得很惨。"

贺龙并不十分吃惊。他知道"战斗队"的足球运动员虽然训练很刻苦，但没有一个好的教练。常言说"名师出高徒"，没有好的教练，怎么会打得出好的成绩呢？

"物色教练的事办了没有？"贺龙问。他右手拿着的话筒紧紧地贴着右耳，以便听得更清楚些。

"找到一个，他叫镡福祯，原籍辽宁黑山县，曾在大学体育部读书，在足球方面是一名宿将。"张之槐说。贺龙感到不很具体："你说详细一些。"

张之槐把他所了解到的情况讲了出来："1936 年，镡福祯毕业后在天津北宁铁路任职，以他为中锋的北宁足球队在参加天津的一次国际联赛时，击败了英、意等外国队，第一次打破外国足球队称霸中国的局面。"

贺龙对镡福祯有了印象："他后来怎么样？请你把声音说大声一些，我听不很清楚。"

张之槐的声音大了一点："从那以后，几乎每次参加国际比赛，北宁队都捧杯而归。"贺龙想：不错。

张之槐继续说："有一次，北宁队赴日本比赛，北宁队以 1 比 0 战胜了一流强队"早稻田队"，镡福祯被日本队员凶狠地踢肿了脚。"早稻田队"

输给中国队后，队员们气得割破了球鞋。镡福祯是一位公认的最好的中锋。"

贺龙大声道："人才也。"张之槐还没有说完："镡福祯到上海后，又加入了华东足球队，以后担任上海青年足球队的教练……"

贺龙想：镡福祯有本领，担任教练就夺得了冠军。他问张之槐："镡福祯在哪个单位工作，月薪是多少？"

"在华东第一针织厂工作，是总务科的副科长，月薪250万元左右。"

贺龙高兴道："一个总务科长容易找，可一个足球名将难寻呢。你给他说，我贺龙请他来重庆执教，薪金他要多少给多少。""好的。"

贺龙放下电话，开心地笑了。他看了看他的题名，墨汁也干了。他双手轻轻把宣纸收了起来。

在上海新闻路的一栋房子里，张之槐、镡福祯对坐在小方桌旁。他们谈了开场白后，张之槐开始游说了："镡教练，贺龙的名字你听说过吧？"

镡福祯想了一会看着张之槐："就是两把菜刀闹革命，后来担任南昌起义总指挥的贺龙吗？"

"是的。"张之槐目视着对方说。镡福祯："我在学校读书时就知道这个名字了。"

张之槐："贺龙现在是西南军区司令员。他很重视体育，也很重视人才。他派我带足球队来上海学习，并要我物色教练。我把你的情况向他汇报后，他特别让我转达他对你的敬意，希望你能去重庆担任西南军区'战斗队'的足球教练。"

镡福祯想到我在上海有固定工作，月薪不算低，而且还有一些补贴，更主要的是我在上海有一栋房子，楼上楼下各两间，外加两个亭子间。这房子不算差了。在上海垒这么一个窝不容易啊。他对张之槐说："我在上海还算过得去。我曾经想回东北老家，都没舍得这个窝。"

张之槐："你到重庆后，条件不比这里差。薪金随你要。"

镡福祯想到西南军区足球队这次在上海比赛的情况："西南军区的足球队基础太差了，要训练成强队，困难实在不少。不久前，南京军区也来要我去当教练，我都没有去。我还是不想去重庆。"

张之槐听到最后这句话，心都凉了半截。但他并不灰心，继续邀请，不管怎么说，镡福祯还是坚持不去重庆。

张之槐把这个情况打电话告诉了贺龙。贺龙接了电话在办公室走来走去，连续说了几个"可惜，可惜。"

正在这时，刘金久拿着一份文件走进了贺龙的办公室："贺老总，有两件事给你汇报一下。在西南局斜对面的人民小学楼和宿舍楼建好了，学校邀请你去参观指导。"

贺龙知道人民小学的宿舍楼是他设法筹款建成的，但这时没有必要去，他对刘金久说："你告诉学校领导，我就不去了。免得给学校领导增加工作量。何况我不久前去看过。"

"第二件事非常重要。"刘金久把文件递给贺龙道："你作为中国人民第三届赴朝鲜慰问团总团长，将率领8个分团赴朝对中国人民志愿军、朝鲜人民军以及朝鲜人民进行慰问。"

贺龙看着文件，主要是赴朝慰问的具体安排。他对刘金久说："这件事，我在北京开会时就知道了。朝鲜停战协定签字后，是应该去好好慰问慰问。"

贺龙说到这里，电话响了。他把文件用左手拿起，右手抓起话筒。是张之槐打来的。

"贺老总，镡福祯表示愿意来重庆当教练了。"张之槐说。贺龙："哦，他是怎么想通的？"

"主要是镡福祯爱人的功劳。当然，我事先给他爱人做了工作。他爱人对镡福祯说：'你平时老说要为革命作贡献，现在贺龙司令员派人来请你，你还不去。如果你不去，恐怕不好哟。'镡福祯仔细想了想，就同意了。"

贺龙高兴道："哈哈哈，镡福祯的爱人真有办法。好！好！那就叫他快点来吧！"

张之槐："还有个难题。"贺龙本来很高兴，听到有难题，不知又出了什么事："什么难题？"

"镡福祯的爱人所在单位借口照顾她的工作为由不愿意放她走。我给她单位做工作，怎么也做不通。"

贺龙知道是这个难题："你不要急，我马上给上海市委联系，我想问题是会得到解决的。"

贺龙放下话筒后便给刘金久说："你立即给上海市委发封电报，说华东第一针织厂镡福祯的妻子，我们西南军区可以安排工作，请她的所在单位批准她与丈夫同行。"说后，他在拿的那份文件上签了字还给了刘金久。

几天后，镡福祯夫妇就把房子、家具处理完毕，携着一儿一女乘船逆江而上。

一天，贺龙坐在办公室里戴着眼镜看着重庆刘家台兵工厂的生产情况简报。自从刘伯承、邓小平相继调到北京去后，他就主持西南局的全面工作了。

张之槐带着镡福祯进来了："贺老总，镡教练来了。"贺龙看着身高体壮的镡福祯，忙放下文件，取下眼镜，站起来，走过去，伸出双手，紧紧握住对方的手笑道："镡教练来重庆不容易啊！"

贺龙握了手后，伸出右手指着他座位对面的那把藤椅说："坐，坐。"他去把他坐的藤椅端过来和镡福祯坐在一起："欢迎你从大上海来西南工作。我们西南军区的足球队水平很低，非常需要'能人'来'加工加工'啊！你们上海是个大地方，但不要看不起西南啊！西南有上亿的人口，天府之国，人杰地灵，是很有发展前途的哟。"

镡福祯笑了笑道："我们现在来西南了，也给西南增加几个人吃饭了。"

"无事，无事。"贺龙说后认真道："足球是军球，战士们非常喜欢它。希望你到部队里传艺，多教几个学生，为发展足球运动作出贡献。"

镡福祯："我将尽自己最大的努力。"贺龙："好。你一家人都来了吧？""是的。"

贺龙想到镡福祯的妻子没有工作，便对站在办公桌边的张之槐说："把镡教练的妻子安排到西南军区八一保育院去工作。她一上班就发给她3个月的薪金。"镡福祯很激动："谢谢！谢谢！"

贺龙在西南

贺龙和镡福祯摆谈了一会，贺龙想起一件事："镡教练你等一会，我给北京挂个长话，看赴朝慰问的时间最后确定下来没有，我好做准备。"说后，他就起身挂电话去了。

镡福祯想到贺龙工作很忙，不能耽误他太多的时间。他趁贺龙去挂电话时，给张之槐作了一个手势，走了出去。

贺龙挂了电话后，准备再来和镡福祯摆谈，一看，没有人了，看到张之槐走到门口去了。他问张之槐："镡教练呢？"

"已经走了。""你叫住他。"

张之槐以为贺龙还有什么重要的事要说，就快步走到门外去把镡福祯叫了回来。

贺龙也走到门口，碰到了镡福祯。他紧紧握着镡福祯的手："你走了，我也没有和你告别。"

镡福祯："没什么。贺老总，你去忙吧。"贺龙："具体情况就让张之槐给你安排吧。咱们以后再谈。"

镡福祯感到踢了大半生的足球，从没受到过这么高的待遇：我走都走了，贺老总还追到门口和我握别。古人说"士为知己者死"，我如果不好好干，就对不起贺老总了。

镡福祯到西南军区"战斗队"的足球队任教练后，每日披挂上阵，勤勤恳恳。他要求运动员做到的动作，必须自己准确地做一遍。他技艺高超，运动员们经他"加工"后，茅塞顿开，球技来了个飞跃。经过训练，镡福祯率领运动员重返上海，与上海国棉 17 厂再战，西南军区队竟以 8 比 1 取胜，前后判若两队。

后来，这个足球队涌现出了几位全国著名的足坛宿将。这与镡福祯教练是密不可分的。

贺龙在西南地区工作期间，为西南的体育发展、为国家的体育工作揽了很多人才，成为新中国体育事业的奠基人。

镡福祯被挖到西南军区不久，刘金久给贺龙送来了一份中央急电⋯⋯

第十四章　赴朝慰问

1 会见金日成

在朝鲜停战协定正式签字后，以贺龙为总团长的第三届赴朝慰问团于 1953 年 10 月中旬乘专车到朝鲜慰问。

到朝鲜后，贺龙了解到朝鲜军民和中国人民志愿军的很多情况。

慰问团到达平壤后，贺龙穿着新的中山服，在地下会客厅里会见了朝鲜人民的领袖金日成主席。两人进行了热烈的握手，热烈的拥抱。他们坐在会客厅的沙发上摆谈了起来。

贺龙笑着目视着金日成："朝鲜军民终于迎来了击败美帝国主义、保卫自己祖国的伟大胜利。不容易呀！"

金日成也笑道："没有中国人民的支持，就谈不上这个胜利。"

贺龙谦虚道："哪里，哪里。"他接着说："你们所取得的辉煌胜利证明：一个为正义事业而战斗的人民军队是不可战胜的；一个觉醒了的、敢于为祖国的光荣和独立而奋斗的民族是不可侵犯的。这就增强了全世界爱好和平人民的斗争勇气和胜利信心呢。中朝人民不单是血凝在一起，而且心也是连在一起的。我们是为反对帝国主义和争取世界和平的事业联结在一起的。在今后朝鲜人民恢复和建设的时期中，中国人民决心继续深入抗美援朝运动，并帮助朝鲜人民恢复战争创伤与发展国民经济，直到朝鲜重建工作的完成和朝鲜问题和平解决为止。"

金日成："非常感谢！在这次战争中，中国人民志愿军出现了像黄继光、邱少云等很多的英雄呢。"

贺龙想到邱少云的老家就在重庆城附近的铜梁县。这也是重庆的光荣。但他这时又想起了一个独胆英雄："关崇贵的事迹也不简单。"

金日成一下想起了关崇贵："他是一个副班长，率领一个班坚守山上的制高点。敌人的飞机、大炮、坦克不停地向制高点袭击。他们坚持战斗，打退了敌人20余次进攻。但敌人并不甘心失败，不放弃对制高点的进攻，班里的战友们都先后牺牲了，就剩下关崇贵一个人。他隐蔽在石头缝里坚持阻击。敌人一次又一次的攻击都失败了。关崇贵的弹药没有了，他就利用战争的间歇时间去被打死的敌人手里取，食品吃光了，他到敌人尸体中找。这样坚持了两天两夜，终于等到了增援部队。"

贺龙："关崇贵的英勇行为，他被跳级使用，当上了副连长。"

金日成又想到了一个问题："美帝国主义在朝鲜战场上除了原子弹没有使用外，什么手段都使出来了。"

贺龙："敌人黔驴技穷。在使用细菌战时，美国侵略者还想狡赖，不承认。但我们中国协和医院的专家用大量事实揭露了这一罪行。专家们将美机投下带细菌的昆虫——蜘蛛，用来磨碎制成乳剂，作为培养和注射动物实验用。专家取这种乳剂做鸭子的皮下注射，约七八小时后鸭子呼吸加快，精神萎靡不振，12小时后就死喽。死亡后的鸭子，经解剖发现肝胆表面有腹膜炎性渗出物，肝内多数脓肿。在美机投下的糖果、干鱼、干虾之类的东西，经化验，也带有肠杆菌呢。"

金日成："侵略者的行为引起了朝中人民的强烈愤恨。"

贺龙认真道："实际上，我们早就防到敌人要进行细菌战，早就做好了准备，粮食进行了储存，饮水进行了储存，弹药武器藏于洞中，连煮饭用的木炭也都准备好了。不但想到敌人打细菌战，还想到敌人打原子弹。"

金日成想了想说："志愿军42军阵地是细菌战的重灾区。敌人一共空投带细菌的载体 3 次。"

　　贺龙点了点头，很佩服金日成能掌握全面情况说："第 1 次是傍晚，也是最惊心动魄的。敌人的大批飞机高低不同地向志愿军阵地轮番俯冲，但又不见敌机向我阵地投弹和扫射。这很奇怪。42 军所属各部，都向军部报告了这种情况。军部向志愿军总部报告后，立即做了部署，准备打恶仗。到第二天早晨，42 军阵地内到处发现苍蝇、蜜蜂、小狗、小猫、小猴子等，它们身上都有多种细菌。这是敌人打的细菌战。"

　　金日成把双手搁在沙发的扶手上："细菌战也难不倒 42 军，他们连美帝国主义都不怕，还怕细菌战吗？"

　　贺龙也把双手搁在沙发的扶手上："是不怕。对细菌战，42 军采取了很好的措施：组织了专门的班子指挥灭菌消毒工作，动员战士们打扫、挖坑、土埋等；官兵一致，上下一致，彻底把敌人投下的昆虫和小动物打扫干净，消灭病菌源，把坑道洞口都装上门，加以封闭，连当地群众的洞子，也装上了门，打扫时，先打扫外面的，再打扫爬进洞内的，做到彻底消灭，防止繁殖；吃用泉水的地方，要把昆虫污染过的水除尽，对于食用水井，把被污染了的水井填掉，再重新挖井，并加盖密封；对于厕所一律放火烧，用土填平，再重新挖，并加封好；粮食、食品、仓库都要加以整理，凡是昆虫爬过的粮食、副食品，一律不得食用，待处理后再用。"

　　金日成分析道："敌人搞细菌战的目的，是想造成我们军队的混乱，向我们发动军事进攻，以配合敌人谈判，迫使我们接受他们的苛刻条件。那是不行的。细菌要消灭，敌人的进攻，也要彻底打垮，以利我们的谈判。"

　　"对。"贺龙在茶几上端起茶杯说："以打求谈。只有在战场上打了胜仗，才能在桌面上谈得胜利。"

　　金日成左手在扶手上动了动："是呀，敌人的细菌战并不可怕，只要我们认真对待，是完全可以战胜的。"

　　贺龙："敌人的两三次细菌战，42 军都进行了彻底的消灭，还击落击伤好几架敌机呢。"他看着茶杯，揭开盖子喝了一口茶，目视着金日成道："这次，我急于赴朝慰问，没有带什么礼物给你。"

金日成左手从扶手上抬起来一摆道："你们送给我们的礼物太多太多了。志愿军入朝作战，这是最大最珍贵的礼物。其次，还有一些小礼物，其实也是大礼物。我们有40多个孤儿，是志愿军从美帝国主义及其帮凶军屠杀朝鲜人民的尸体和血泊中救出来的。志愿军把他们带到部队里，又派人回国，给他们做新衣服、新鞋子、新被子，把他们养育起来。你说这是多么贵重的礼物，比黄金都还贵重呢！"

"这是志愿军应该做的嘛。"

金日成又举例："志愿军从朝鲜南面带回来30多个人，并为其中的老弱病残治病，为他们挖洞子，按时给他们送粮食油盐，安排他们的吃住，还为他们打水井。朝鲜人民真是感恩不尽啊！"

贺龙放下茶杯："这件事，我听说过。"

金日成又道："志愿军过江的本领很强，主要是修了水下桥。这是军事上的一个重要发明啊。我们朝鲜是一个多江河的国家。在打仗时，我们借鉴了志愿军的这一经验，打了很多胜仗。志愿军在鸭绿江、大同江、清川江、南北汉江修了水下桥，战时作为打仗用，战后又可做民用交通，不简单啊！我青年时参加中国的革命战争，看到过不同的古建筑：秦始皇修的万里长城，目的是防御外来侵略；唐朝李世民功绩卓著，到处修一些纪念塔；宋朝赵匡胤，国家不富，不能打敌人，只能在城市边修围墙，以防外侵。志愿军修水下桥，与敌人斗争，这是个创举啊！志愿军还修坑道地洞，这个地下长城，美帝国主义拿它没办法，怎么攻都攻不破。我们坐着的这个会客厅都是从你们铁道兵开隧道的办法学来的呢。"

贺龙对金日成谈到中国有关情况时说："看来，主席对中国的历史还很了解嘛！"

"了解不多。"金日成想起一个问题："南朝鲜傀儡李承晚的王牌师，志愿军用两天两夜就打垮了他们，不知使用的是什么方法？"

对这个问题，贺龙入朝后有所了解："方法主要有3条：第一，采用近距离打。把敌人放到200米以内来打，这样敌人的飞机、坦克、大炮就发挥不了大的作用，使其变为劣势，而我们的炮兵、轻重机枪、步枪、手榴弹充分发挥了作用，变成了优势。第二，采取夜间作战，使敌人的飞机、坦克等先进武器得不到发挥。夜间，我们夺回一些要点，等敌人白天来反攻时，我们再组织力量狠狠打击，这样反复进行。以消耗敌人的力量。第三，采取迂回战术。我们正面钳制敌人，再派部队迂回敌后打击，这样打效果很好，往往还能捉住敌人的指挥官，使之丧失灵魂，动摇军心。另外，志愿军还采用了迷阵法。"

金日成有些不解："怎么打的，迷阵法？"

贺龙："志愿军小分队潜入敌后，到处放火，乱打枪，用小号角到处吹，搞得敌人人心惶惶。等我大军打来时，敌人放弃武器就跑了。"

"打得好。打得好。"

贺龙的双手在沙发的扶手上一动不动。他想到停战的问题，很想在金日成口里了解到一些情况："两年多的谈判，争论的主要问题是什么？"

金日成："焦点有 3 个：一是战争在什么地方停下来；二是如何监督停战的问题；三是战俘交换的问题。谈判是艰苦的。其实敌人不想坐下来谈判，是想用战争来解决朝鲜问题的，但这个目的达不到，而且自己伤亡大，困难也大，就只好来谈判。"

"为什么争论这么久呢？"

"敌人虽然打了败仗，但并不甘心，因而在谈判中不是以平等协商的态度，而是以胜者的姿态，提出了许多极端无理的要求。如，在军事分界线的问题上要强占我方土地，在监督问题上要干涉我内政，在战俘问题上要扣留我们的人。所以时间谈得很久。"

贺龙："我们终于看到了美国侵略者的凶恶残暴，看到了他们在谈判桌上是如何的蛮横、奸诈和无耻，也看到了侵略者的惨败。敌人虽然被迫停战了，但还在施行种种诡计，使朝鲜停战处于不稳定状态。我们必须加倍提高警惕，制止敌人破坏停战协定，严防侵略战争再起。如果侵略者敢于重新发动战争，那中朝人民和中朝人民军，必将奋起反抗，直到取得最后胜利。"

金日成笑道："说得好。"会见结束后，金日成就带贺龙参加宴会去了。

2 到上甘岭

　　贺龙到志愿军总部进行了慰问，并把一面写着"抗美援朝胜利万岁"的锦旗赠给了总部。在总部，志愿军参谋长李达见自己的老领导来了，格外高兴，进行了长时间的交谈，并亲自陪贺龙到上甘岭去慰问那里的战士。

　　吉普车在朝鲜那崎岖的山上行驶着，车上的后排坐着贺龙和李达。他们后面还跟着文工团的车。

　　坐在贺龙右边的李达怀着浓厚的兴趣给贺龙介绍道："上甘岭是一个山村，只有 3.7 平方公里，位于金化以北五圣山南麓。美帝国主义为了迫使我军转入守势，扭转其所处的被动局面，以便在谈判时对其有利，便于 1952 年 10 月发动了上甘岭战役。在这么小的地方，有两个山头是重要的战略要地，那就是 597.9 高地和 537.7 高地。上甘岭右翼还有敌人盘踞的 391 高地。"

　　贺龙知道了这两个高地的重要性忙问："两个高地的位置怎样？"

　　李达右手扒在前面座位的靠背上："都是五圣山的前沿要地，山势险要，地形复杂，对敌人的金化防线产生很大威胁作用。如果敌人占了五圣山，我中部防线就被突破，敌人就可进到平康平原，其坦克就会发挥优势，对我军极为不利。敌人很清楚这两个高地的重要性，当然我们也更清楚。"

贺龙很想了解志愿军的部署情况："上甘岭地区我们的防务是哪支部队？"

李达明确道："主要是15军和3兵团。"

贺龙想起了邱少云："邱少云好像也是15军的？"

"是。"李达说后讲起来了："敌人多次对这两个高地发动猛烈进攻，动用飞机、坦克、大炮。我军坚决还击，死守阵地，那战争之激烈，战士之勇敢，事迹之动人，可在我军战史上写下光辉的一页。"

"听说阵地一会在我军手里，一会被敌人夺去了，一会又被我军夺了回来？"

李达："由于敌人进攻得凶，有时地表阵地被敌人占领，我军战士就转入坑道作战，然后利用晚上趁敌人未站稳脚时，进行反攻，又夺回地表阵地。敌人失去了阵地，更加丧心病狂，调动更多的武器，动用更多的兵力，寻找机会，进行反扑。我军战士与敌人反复争夺，地表阵地昼失夜复，战斗异常残酷。但坑道基本上没有失守。有一次，敌人在夺得地表阵地后，抓紧抢修工事，并对我坚守在坑道里的部队采用轰炸、熏烧、放毒、堵塞等手段，并成营成团向两个高地派兵冲锋。我部队在坑道内坚持战斗，尽管遇到缺粮、缺弹、缺水、氧气不足等困难，但他们不怕困难，在我炮兵保护下，积极作战。"

贺龙想到战士们在坑道作战，如果没有增援，难以持久，但想到敌人大量进兵，认为机会来了："这正是歼灭敌人于野外的好时机，怎么不组织力量反击？"

李达："你说得很对。志愿军总部知道敌人大量派兵占领两个高地后，认为这是敌人用兵上的错误，应抓紧这一时机，配合坑道部队，大量杀伤敌人。于是，我们组织了足够的兵力、弹药进行了反击。经过几天的浴血奋战，击退了敌人数十次反扑，两个高地得到了巩固。上甘岭战役以我军的胜利而结束。"

贺龙吃起旱烟来了。在抖动的车子上，他费了很大的劲才点燃吃了起来。他一边吃，一边听李达讲。李达讲完后，贺龙又吸了两口烟问："整个战役用了多长时间？"

"43 天。"李达把右手从靠背上取下来放在身上："开始，我们并没有认识到这次战役会如此激烈，只是后来才发展成这样的。"

贺龙吸了一口烟："我军投入多少兵力？兵器多不多？"

李达肯定地说："多哟。在那么小一个的地方，我军投入 4 万余兵力，火炮、高炮近 200 门。敌人发射炮弹近 200 余万发，投掷炸弹 5000 余枚，最多一天发射炮弹 30 余万发，投炸弹 500 余枚。"贺龙："敌人的兵力肯定还比我们多些。"

"敌人是 6 万多人，更不要说飞机、坦克了。"李达停了一会又道："两个高地的土石都被炸松了一两米，人走在上面，松土没膝。地表阵地全部摧毁，许多岩石坑道被炸短几米。在世界战史上也是罕见的。"

贺龙："这次战役，完全是对我军坑道作战的一次严重考验。我军的坑道不仅是囤兵坑道，而且是战斗坑道，是两种坑道的结合，它不但可以进行战术性反击，而且还可防御敌人的大规模攻击呢。"

李达把背倒在靠背上后觉得有点不妥，又马上坐起来说："它还是一次拼钢铁、拼后勤的战役。43 天中，我们消耗各种物资一万多吨。仗打得最紧张时，一个团打仗，要两个团搞运输。运输部队四五十人把物资送上去，回来只剩下两三个人。"

贺龙叹息道："战争是残酷的。"李达："是呀，我们是不愿意打仗的，但美帝国主义要来侵略，我们就只好坚决回击啊。"说着，说着，他们来到了上甘岭阵地。

贺龙走下车来，只见这里山势陡峭，山上有少许的白雪。贺龙来到戴着棉帽的战士们面前一一握手，微笑道："辛苦了！辛苦了！"

战士们见祖国的首长来了，格外高兴。贺龙握着最后一个战士的手问："你是哪里人啦？"

"我是重庆市人。"贺龙笑道："嗬。我们还是家乡人嘛。""首长也是重庆人？”

贺龙说：“我是在西南、在重庆工作。也算半个重庆人吧。现在西南人民正在搞建设，搞生产，努力把西南，把重庆建设好。打仗很艰苦吧？”

“为了保卫祖国，为了朝鲜人民的幸福生活，再艰苦我都不怕。”贺龙伸出左手拍了拍那战士的肩：“好样的，有志气。”“首长，给我们讲几句话吧？”

“好。”贺龙来到战士们前面大声地讲了起来：“我代表祖国人民和毛主席向你们致以亲切的慰问与崇高的敬意。”

顿时，阵地上响起了热烈的掌声。掌声过后，战士们又齐声高呼：“中华人民共和国万岁！”“毛主席万岁！”

贺龙等口号停下来后又继续说：“祖国人民感谢你们，因为你们的胜利，保卫了祖国的安全，使祖国能够安心进行恢复和建设工作。祖国的建设成就，和你们的英勇作战是分不开的。祖国人民在享受着和平幸福生活的时候，永远不会忘记你们为祖国立下的功劳，永远怀着感激的心情来尽力地支援你们，因为你们忠于祖国人民的委托，在反对侵略者的战争中，表现了英勇顽强的气概和舍身为祖国的品质。现在战争看来是停下来了，但要防止侵略者耍花招，你们要坚持到最后的胜利。你们是战无不胜的伟大战士！”

激烈的掌声又响起来了。贺龙讲话后，文工团给战士们表演了精彩的节目。贺龙在这个阵地慰问后，又和李达一道坐车到391高地去。

汽车在公路上颠簸着前进。贺龙看到志愿军的指战员们面对美帝国主义的侵略表现得那么坚强，很受感动。

他们来到了391高地。这里地势十分险峻。他们沿着高地走着，来到了一处开阔地。

李达用右手指着那开阔地：“这里曾发生过动人的事件。”贺龙看着那片地：“什么动人的事件呀？”

李达收回右手，见贺龙很想听，便慢慢地讲了起来：“在上甘岭战役进行决定性反击之前，邱少云那个连接受了反击391高地的任务。391高地山高壁陡，行人很难上去。敌人一个加强连，在这里固守了一年多，到处是地垒、工事，就是铁丝网都有 12 道，而且在高地周围埋设了很多地雷。唯一平坦的就是在敌人阵地和我军阵地之间有一块开阔地。这开阔地对居高临下的敌人很有利，白天可以看到开阔地里有什么变化，晚上又有探照灯，我军要是去攻打敌人，要经过这开阔地，很容易被发现，一旦打起来，不但伤亡大，而且很难攻下。"

贺龙听到这里有些着急："那怎样才能占领敌人的这个高地？"

李达继续说："在讨论作战方案时，邱少云提出了悄悄埋伏，然后突然发起攻击的办法。这个办法得到了上级首长的同意。"贺龙："是怎么实施的？"

"就是在战斗前一天晚上，我军战士伪装后，秘密潜伏到这片开阔地里，一直等到第二天黄昏战斗打响。要潜伏 20 多个小时。"

贺龙知道在敌人眼皮底下设埋伏要多么的小心："这个任务很艰巨，时间长，关键是一点都不能出差错。"

"战士们说，为了胜利，不说潜伏 20 多个小时，就是 200 多个小时也不怕。"

贺龙想到潜伏战士的安全说："等战士们潜伏好后，部队就要进入战斗状态，一旦发生意外，马上向敌人进攻，给潜伏的战士们以最大的支援。"

李达："是的，战士们进入潜伏地后，我部队就做好了战斗准备。坦克兵坐在驾驶室里，等待命令。炮兵们装上了炮弹，一旦有情况，马上就开炮……"

贺龙看着这一片开阔地："潜伏的战士们任务执行得怎么样？"

"当天晚上很顺利。第二天上午也比较平静。到了中午，危险就来了。敌人的交通沟里跳出 5 个人，向开阔地走来。邱少云带着爆破组，潜伏在距敌人阵地 60 米的草地里，邱少云离那几个走来的敌人最近。邱少云知道，他个人的生命安危是小事，关键是敌人如发现这开阔地有志愿军埋伏后，后果不堪设想。那几个敌人离邱少云越来越近了。怎么办呢？开枪打死那几个敌人是完全办得到的，但整个目标将会暴露。在这千钧一发之时，起风了，风吹着一人多高的蒿草成波浪形的摇动。邱少云突然来主意了。他趁草动之机，熟练地移动着身子，到了另一个地方。敌人来了，从他身边走过，也没有被发现。敌人刚刚一走过，邱少云的喉咙就痒起来了。小时候，他得过支气管炎，没有彻底好，再加上在这湿润的草地里潜伏了很久，有点着凉，一受凉就要咳嗽。他强忍着，用闭气的方法来控制喉咙，但这只能管一会儿，稍过片刻，喉咙又痒起来了，而且用前面的方法已控制不住了。他不停地咽口水，但还是痒，痒得马上就要咳出声来。他忙用右手塞住嘴巴，这样稍稍好一点，但只能是短暂的，控制了一会儿又不行。他的眼泪都流出来了，还是不行。他伸出左手扯来身边的草放在嘴里吃，让草刺激喉咙，吃了几口，才勉强控制住了。那几个敌人走了一阵，没有发现异常情况便转去了。"

贺龙："看来，敌人对这片开阔地也不放心。"

"更大的麻烦还在后头呢。"李达大声地说："那几个敌人回去不久，敌人的飞机就来对这片开阔地一阵乱扫，然后又是炮弹打过来。但我军战士一动不动，警惕地注意着一切。突然，一颗燃烧弹落在邱少云不远的地方，他身上伪装的草着火了。这时，他如果起来扑打，或是滚到不远处的水沟里，是可以脱险的，但他知道这样做会暴露目标，整个战斗会失败。他没有这样做。他的衣服着火了，头上冒出豌豆大的汗珠。他的眼睛睁得大大的，在和死神做殊死搏斗，最后光荣牺牲了。不远处的战友只能眼睁睁地看着，心里很难受……下午太阳下山时，我部队发起了反攻，潜伏在开阔地的几百名战士怀着为邱少云报仇的怒火向敌人阵地猛攻。顷刻之间，391高地喊声、杀声连成一片，敌人脑袋开花、肢体横飞，全部被我军歼灭。"

贺龙听了很受感动。他走动着，观看着，发现在那坚硬高耸的石壁上出现了两排金光闪闪的大字：

　　　为整体为胜利而自我牺牲的伟大战士

　　　邱少云同志永垂不朽！

　　李达指着那大字说："这是战士们用邱少云生前使用的铁钎、大锤，精心刻写的。"

　　贺龙感慨道："一名优秀的志愿军，并创下了可歌可泣的英雄壮举，多好的战士啊！"

　　李达："在战前动员时，还遇到一点麻烦。战士们很激昂，纷纷表了态，可邱少云倒闷不吭声。连里的领导对他很不放心。数百人藏在敌人的眼皮下几十个小时，要是有一个人暴露了目标，后果极为严重。领导就多次找邱少云谈心，讲革命道理。邱少云表了态：就是被敌人的子弹打中了，也不暴露目标，暴露目标就是革命的罪人，为了战斗的胜利，愿贡献自己的一切。他还向党支部交了一份入党申请书。"

　　贺龙："邱少云严守纪律，自我牺牲的精神难能可贵。"贺龙慰问了守卫在这里的志愿军战士后，离开了391高地。

　　在朝鲜的慰问结束后，贺龙回到了北京，回到了重庆。在工作中，他看到有损害群众利益的行为，紧锁的眉毛显出了很生气的样子。

第十五章　全面领导

① 抓生产

夕阳在山边挂上树梢了，贺龙才从刘家台兵工厂回到了西南军区办公室。

进屋后，他没有去坐藤椅，而是叼着烟斗在屋内踱步，回想一天来的工作。

这一天，他很忙。上午，他到西南局党校讲话，要求每个干部通过学习都能成为具有一定理论水平的、联系群众的骨干，成为生产建设的中坚力量。在党校讲话后，他又立即给报社写迎接祖国伟大建设的文章。他认为西南人民从自己的切身经验中体会到：我国的人民民主制度有很大的优越性，各民族、各民主党派、各人民团体发挥出了无穷无尽的力量。为迎接大规模的经济建设，必须继续贯彻爱国增产节约运动，力争完成或超额完成上面下达的节约计划。文章写好后，他吃了午饭，来不及休息，就到刘家台兵工厂去参观。

贺龙吸了一口烟，正回想着参观的体会时，刘金久拿了一封信进来："贺老总，你老家来信啦。"说后，他把信递给了贺龙。

贺龙接过来见是湖南桑植县来的，认为是家信，就不拆，丢在办公桌上，站着问刘金久："金久，今天你跟我一道去兵工厂参观，有何感想？"

刘金久站在贺龙面前发表了看法："工人们生产干劲还是很大的，白天干，晚上也加班干，而且不要加班费，在改革技术方面也取得了一些经验，预计全年要创 133 亿财富，不得了啊！"

贺龙把烟斗拿到嘴里吸了两口，取出来道："这是好的方面，不足的有没有？"

刘金久低着头，用右手抠了抠脑袋，抬起头来望着贺龙："我觉得有的领导对生产重视不够，对工人提出的一些合理化建议也不积极采纳。"

"嗯，你说得对。"贺龙右手拿着的烟斗向刘金久前面伸了一下又收回来说："西南地区省、市委领导的重点必须转向工业。当前还做得不够，因而对于生产的领导还是一般化，都还没有真正地深入生产，有的还没有下决心。这怎么行？生产不搞好，会带来一系列不利因素。我们在清剿土匪、政权巩固基本完成后，就应该抓生产，改善人民的生活嘛。老百姓的生活得不到改善，社会主义的优越性就体现不出来，我们就没有真正为老百姓做好事。领导对生产不重视的情况必须改变。"

刘金久知道贺龙讲这些话是他了解到西南地区的生产情况后说的："只有领导重视，生产才能真正搞上去。"

贺龙在屋内走动着："对于只是一般化的号召，而不是切实钻进去具体领导的官僚主义必须坚决反对。领导要深入厂矿，熟悉情况，要善于掌握新的问题，必须重视工人的合理化建议，坚决支持工人的先进思想和先进经验。"

刘金久看着走动着的贺龙："有很多领导认为你抓生产还很内行。"贺龙："什么内行哟。这是没办法，被逼上梁山的。"刘金久突然想到一个问题："我们去参观这个厂的机器设备还保存得很好呢。"

贺龙吸了一口烟："这个厂在重庆要解放时，国民党特务把炸药拿到厂里要炸，工人们看到要砸他们的饭碗，便自动起来护厂，使特务的阴谋没有得逞，但工人也牺牲不少啊！"

"是的。"刘金久见早就过下班时间了："贺老总，该回家了。"

278

贺龙对参观兵工厂有很多感想。他叫刘金久先走后，自己坐在藤椅上，找来纸笔，迅速写起贺信来了：

同志们：

当西南各地厂矿正在大力进行生产改革、积极迎接国家第 1 个 5 年经济建设之时，你们在厂党委、行政、工会、青年团的统一领导下，发挥了高度的生产积极性和创造性，在短短的 1 个多月的时间里，就试验成功了很多先进经验，预计全年可为国家创造 133 亿财富。喜报传出，我欣喜异常。特向你们全体员工表示热烈祝贺。深望你们进一步团结互助，继续努力，巩固既得的成就，争取更大的创造，为完成国家经济建设和国防建设任务而奋斗……

贺龙写好了，把毛笔放在桌子上，等贺信干了收起来准备明天送出去。事情做完后，他才把那封家信从办公桌上拿起来放在衣包里回了家。

回到家里，他吃过饭，就来到会客室打台球。他把球摆好，拿着枪用力一打。这时，他才发觉枪拿倒了，便换了过来。

其实，贺龙此时的心思根本没有在台球上，他脑海里想的是怎样把西南地区的生产搞上去，他感到有很大的压力。近来，为了对工厂的生产情况有所了解，他经常深入下去，强调抓生产的重要性。这个重要性，他不但在工厂里讲，在青年团的工作会上讲，在体育会上也讲。他认为搞好体育运动，群众有了健康的身体，才能把经济建设搞好。因此，体育工作要到厂矿、机关、部队去开展起来，为经济建设服务。

贺龙打进了一个球，他没有按球的高低分数打，而是在乱打。那些球也在球桌上不停地乱滚着。

他继续想着，刘家台兵工厂的先进经验值得向西南地区推广，使西南地区的生产有一个大的改观。各厂矿应该集中力量做好经济工作，领导干部对自己的业务必须要钻进去，不能站在门外看，看是很难精通的，似懂非懂是不行的。要向群众学习，逐步精通业务，由外行变成内行。要依靠工人阶级，发动群众，搞好生产。这是每个干部天经地义的事。

　　贺龙这时才发现球打得不对。他去洞内捡出来，放在台球桌上重新摆好，重新开球。但他所想的仍然是抓生产。他认为目前厂矿里有些人有不正确的思想，这是不对的。当前迫不及待的是在厂矿工人中发展党的组织，这是搞好厂矿生产极为重要的任务，是国家计划经济胜利开展的重要保证。想到这些，贺龙突然想起放在衣包里的那封家信。他放下枪，坐在凳子上，拿出那封信，撕开信封，取出信笺。他牵开信笺时，发现里面夹有一张照片：一个瘦个子站在树下，看样子岁数不小了。他认出来了，这是贺锦斋的弟弟贺锦章。贺锦斋的个子大，而其弟弟瘦小，悬殊真大呀。

　　自从贺龙来到重庆城工作后，他没有忘记贺锦斋，便托人带话回去问候贺锦章。贺龙看了照片后，放在桌子上，怀着急迫的心情看起信来：

　　贺龙哥：

　　　　工作忙吧？

　　　　……我没有想到贺锦斋哥牺牲后，你还在关心我，我真有说不出的高兴。

　　　　锦斋哥在战场上献出生命，我非常悲伤。家里的事，主要由我承担。我很想念他呀！

　　　　……听说你们城里正在抓生产建设，让群众生活好些。这是很好的事，也是你贺龙哥时时想到的事。我们农村正在有计划地开展互助合作运动，发展、巩固互助组和供销合作社，正在搞农业增产运动。我们的生活比解放前好多啦，就像芝麻开花节节高……

　　贺龙看了信，沉默了，不说一句话。他又去桌子上把那张照片拿起来反复看。看了一阵，他站起来，去找来一张他一家照的照片，找来纸笔墨，坐在桌子旁不停地写起信来：

锦章弟：

　　你好！

　　来信收悉。看了你的照片，感到你确实很瘦，精神又不太好。你这一生可以说完全是靠辛勤劳动过日子。这正是你的美德。

　　锦斋弟为革命牺牲了，我的心里很难过。我从湘西来到酉阳龙潭，追随孙中山，在熊克武、石青阳的领导下，打军阀。锦斋就跟着我来到了龙潭。不过，他那时还是一个战士，才华还没有完全显露出来。有一次，我在万寿宫和他练劈刺时，发现他很有本领，便把他破格提起来当排长。从此以后，锦斋便成了我的一名战将。打仗，他处处冲锋陷阵，惩处恶霸周曰庠动作干净利落。枪毙阎俊臣绝不心慈手软。解救丰都知事刘愿庵，机智勇敢。在江口镇请川剧演员，他认真负责。几次攻打重庆城，几次很出色。截获日船军火，机敏果断。撤退永川时，他又当先头部队。当了红军后，他更是英勇顽强。过大昌镇时，他侦察敌情，使大部队巧妙地过了母猪峡。在酉、秀、黔、彭，他多次和周化树交锋，英勇负伤，伤未全愈，又投入战斗。红三军和红六军团在南腰界会师向湖南转移，他留下来掩护主力东征，不幸又负了伤……

　　我们大西南也和全国一样，正在抓经济建设……生产搞上去了，群众的生活好了，我也就高兴了。

　　顺便寄上我家的一张照片，仅缺大女儿一人。给你留念。

　　祝

身体健康！

　　　　　　　　　　　　　　　　　　　　　　　哥　贺龙

　　贺龙写好信，写好信封，把他的照片放在信笺上夹起，折好，装进信封里，封好，交薛明，叫尽快寄出去。

2 在办公室

贺龙坐在藤椅上，双手搁在桌子上拿着材料看。

外面的天空乌云滚滚，电闪雷鸣，吹起了大风。

他看过一份重要的材料，心里生起气来，自言自语道："这像什么话？"他把材料放到一边，又拿起第二份来看，觉得第二份同样不像话。他又看了其他材料。

他刚刚把材料看完，刘金久拖着病态的身体进来了。他来要事：一是工作方面的，一是涉及他自己的。

刘金久坐在贺龙办公桌对面的藤椅上，尽量振作精神："贺老总，后天西南军区要开高级干部会议，你做个总结发言吧？"

贺龙听到这话，把背倒在藤椅的靠背上，压了压心中的气："你看，我从哪几个方面讲？"刘金久道："我以为你心中有数。"

贺龙想了想认真道："西南军区的部队处于我国西南边防的重要地位。随着我国建设的进展，帝国主义在东南亚的阴谋活动，更直接威胁着祖国西南的边防，因此，警惕地保卫边防、巩固内卫、加速现代化国防建设，就是我们一切工作的出发点。"

刘金久："认识军区部队所处的环境和所担负的任务很重要。"

贺龙说得很严肃："国家工业化与国防现代化是党的两项中心

任务。而国防现代化，首先要有国家工业化的基础，要有巩固的后方和雄厚的物质做后盾，才能有强大的现代化军队。所以，无论国防军，还是军区系统、兵役工作、军事工程等等，都要为加强现代化国防建设贡献力量。"

"对，要认识军区工作与现代化国防建设的关系。"刘金久说。

贺龙的语气一点也没有变："我军区许多部队，目前还担负着营建、修路、剿匪等任务。在进行当前各项工作中，必须随时提高警惕和抓紧部队训练，应做到每周擦一次枪，尽量争取每月打一次靶，以保持和提高部队的战斗力。"

刘金久咳嗽了几声："这实际上是国防当前工作和长远建设的问题。"

贺龙继续道："我军区的后勤工作，近两年来有很大进步，但距离现代作战的要求，还有很大差距。我在朝鲜慰问时，了解到一个团在前方打仗，要两个团担任后勤工作。在现代战争中，没有后方的充分物质保证，没有强有力的后勤工作，就不可能取得战争的胜利。但这一点尚未引起所有领导的重视，不少后勤部门的同志也存在着一些不正确的认识。在后勤系统中，要贯彻为国家负责和为部队负责的思想，要面向连队、面向边防、面向困难地区，更好地为现代化国防建设服务。"

天上一个红闪，过后又是雷鸣。大雨下起来了。贺龙直起腰来在桌子上拿起一份材料："给西藏部队的补给运输，是你提出来的吧？"

刘金久发觉贺龙今天说话好像有很大的气，不知是为什么："公路快要修到拉萨了，运输跟不上，这是个大问题呀！"

贺龙放下了材料："对西藏部队的补给运输最突出的有两个问题：一是在雨季以前迅速增加昌都方面的物资储备问题。二是公路终点至施工地区的短途运输问题。"

刘金久："这两个问题如何解决呢？"

贺龙双手放在藤椅两边的扶手上："昌都及其附近地区，目前所存粮食尚够部队用4个月。据以往经验，雨季期间，康藏公路的故障很多，或桥梁冲坏，或发生塌方，此修彼坏。据气象部门预报，今年（1954年）雨量特多。雨量的增多和雨季的延长，将会造成公路桥梁的损坏，以及补给运输的延误，如不及早解决，部队有供应中断的危险。为解决这一问题，除原有的运输部队要努力完成预定计划外，另加派一个汽车团参加运输，从成都等地运输大量粮食到昌都。"

贺龙说起了第二个问题："由公路终点到筑路工区的补给运输，我们曾派去由3000多名人力运输团，但主要仍靠当地雇用牲畜。现在公路伸至很远，由昌都地区至工地远的要走月余。藏民有些出高价到工地附近雇牲口。"

贺龙很不高兴地说了起来："因牲畜动员量大，影响了农业生产。藏民因不堪负担，有的全家逃走，有的将牲口赶来，称愿将牲畜交公，只求本人不参加运输。这是十分严重的情况。我建议，昌都大部的地方支援任务全部免除，不给老百姓增加负担。对工地附近的地方支援可动员的运输力量进行酌情分配，务求不能过量，对于工地内的运输，主要组织部队自己背运，并把每一段工程的距离缩短，增加几个工期，力求先行通车，然后再做加宽整修工程，以争取多用汽车运输。"

刘金久见贺龙说完了，正想把他自己的大事说出来时，贺龙又关心起了另一件急事："现在驻在拉萨部队的生活怎么样？"刘金久："还可以。"

贺龙右手在扶手上动了动说："我记得，部队进驻拉萨不久，便发出向沙滩要粮食、要蔬菜的口号。"

刘金久："不这样不行啦。当时，部队刚结束艰苦的行军，各方面的条件相当困难。拉萨河边有一片沙滩荒地，战士们在天寒地冻、雪花纷飞的季节，清除丛丛荆棘，把冻硬的土地翻过来。他们手上打起了血泡，饭也吃不饱，但毫无所谓，坚持开荒，终于开出了1000多亩土地，当年就收了20多万斤粮食。蔬菜也获得了丰收。大的莲花白，一个都有30斤重，大的萝卜一个有20斤重。以后又得到了一些荒地，种的粮食就更多了。所以藏胞唱了一首歌：高原荒地千千万，千年万年无人翻，自从来了新汉人，荒地打滚笑连天。"贺龙："好呢。"

刘金久又咳嗽了几声："内地有很多人都想到西藏去看一看，可惜交通不方便。"贺龙："快啦，康藏公路在今年年底通得了车。"

"通了车路程也远，恐怕要通航才行。"

"只要国家富强起来了就好说。"贺龙表现出了气愤的样子："可有的人不珍惜这来之不易的大好时光，在工作中乱来。下面的部队占用群众耕地做演习场，你知道吗？""知道。"

贺龙拿出一份材料，用右手举着，把心中的气彻底吐了出来："这个例子说明，一方面空着大量荒地、坟地以及暂不使用的机场可做演习场地而不用，另一方面却占用大量良田良土，严重地损害了老百姓的利益，是脱离群众的表现。乱弹琴！"刘金久："这个问题要解决才行。"

贺龙把材料放下说起话来很严肃："现在，机关、部队以及地方企业的基本建设，过多地占用、过早地圈了群众耕地的现象相当严重。中央的一个机械部，以极低的价钱在成都过早地圈了七八百亩上等水田，据说要几年后才能施工，要荒废几季庄稼。成渝铁路各大车站均占用了过多的土地。有些农民无地可种，便与工人抢搬东西，常常引起冲突。"

刘金久："中国人口多，耕地少，占一亩就少一亩。占得太多，可能会影响人们吃饭这个大问题。"

贺龙干脆地说："不能让这种现象继续下去了。西南各省委、部队要派出得力干部下去检查处理，将过去多占用了耕地的，坚决退给群众，并赔偿损失。已经圈了但暂不使用的土地，应尽量让群众耕种，绝不能让它荒起。购买土地的价格太低的应补足，免使老百姓吃亏。今后，所有占用耕地的，必须经西南局批准才行。这件事你去催办。"

刘金久咳嗽着答应了下来。闪电越来越亮。雷鸣越来越响。雨水越来越大。刘金久不停地咳，咳得几乎喘不过气来，连话都说不出来了。贺龙看到这种情况忙说："金久兄，你的病这么严重，怎么不去看呢？"

刘金久还是咳，他想给贺龙说，但说不出来。咳了一阵，稍稍松了一些，他才说："看了的，我这个老毛病，看也没用。"说后又咳起来了。其实，他的病比较严重，医生开了假条，要他休息，可他把假条放在身上，不交出来，也不给任何人说。

贺龙在西南

　　贺龙见刘金久咳得很厉害，心里很担心。他等刘金久好一些后说："你的工作暂时不要搞了，去休息。"刘金久摇了摇头："我要站好最后一班岗。"

　　贺龙很受感动："中央决定撤销大区一级的行政机构，任命我为国务院副总理和军事委员会副主席，不久我就要到北京去，你跟我去北京好好治病。"

　　"我不去北京。"刘金久摇了摇头，说出了他自己的想法："我回农村老家去养病就行了，免得给国家增加负担。"

　　贺龙吃惊起来："那怎么行。在战争年代，你出生入死，到了西南，到了重庆城后，你又忘我工作。你不想升官发财，但为革命立下了汗马功劳。现在有了病，应该好好治疗嘛。"

　　刘金久又摇了摇头："我没有那么大的成绩，只是做了自己认为该做的一点事。我回老家能够得到家人的照看，生活方便些，我的决心已经定了。"

　　贺龙见说服不了刘金久，便想了另一个办法："你如果坚决要回去，我派人给当地政府联系一下，给你适当帮助？"刘金久吃力地说："不。我家里有人照顾。"贺龙不说话，双眼湿润了。

　　电闪雷鸣之后，倾盆大雨哗哗哗地下着……

　　1954 年 11 月，贺龙带着家人和随同乘船离开了他依依不舍的重庆，离开了西南，到北京赴任去了。到北京后的第二年，贺龙被授予中华人民共和国元帅军衔。

后记

　　2014 年 12 月，人民出版社编审、宣传策划部主任孙兴民专程从北京来到重庆，就我出版发行的长篇传记作品《周恩来在重庆》组织新闻发布会。会后交谈中，我说到我的另一部长篇《贺龙在西南》经过多次修改，现快要完稿了。他认为这也是一个好选题。发布会后，他就很快返回北京了。不久，他给我来信说《贺龙在西南》的书稿脱稿后给他发去。我便抓紧校对，定稿后发了。借此书出版的机会，我要对本书的责任编辑孙兴民先生以及其他朋友的帮助表示最真诚的感谢！

樊家勤

2015 年 10 月 5 日